AF233465

ÉTATS-UNIS
FRANCE

8° Pb
5425

" Les Pays Modernes "

CHAQUE VOLUME IN-8 ÉCU, BROCHÉ . . . . . 4 fr. »

L'Italie au travail, par L. BONNEFON-CRAPONNE, conseiller du commerce extérieur de la France, président de la Fédération industrielle d'Italie, 26 photogr. hors-texte et 1 carte (2ᵉ *édit.*).

La France au Travail. — I. *Lyon, Saint-Étienne, Dijon, Grenoble*, par Victor CAMBON, ingénieur E. C. P., 20 photogr. hors texte et 1 carte; II. *En suivant les côtes : de Dunkerque à Saint-Nazaire*, par M.-A. HÉRUBEL, docteur ès sciences, 20 photogravures et 1 carte; III. *Bordeaux, Toulouse, Montpellier, Marseille, Nice*, par Victor CAMBON, ing. E. C. P., 22 photogr. et 1 carte.

La Belgique au Travail, par J. IZART, ingénieur civil, 20 photogravures hors texte (6ᵉ *édition*).

La Russie et ses richesses, par Étienne TARIS, ingénieur, ancien élève de l'École polytechnique, 24 photogravures hors texte et 1 carte (4ᵉ *édition revue et augmentée*).

Aux Pays balkaniques après les guerres de 1912-1913, par A. MUZET, ingénieur civil, 26 photograv. hors texte, 1 carte. (*Nouv. édit.* 1914.)

L'Allemagne au Travail, par Victor CAMBON, Ingénieur E. C. P., 20 photogravures hors texte (12ᵉ *édition*).

Les derniers progrès de l'Allemagne, par V. CAMBON, ing. E. C. P., 21 photogr. hors texte, graphique et plans (8ᵉ *édit.*).

Le Canada : *Empire des blés et des bois*, par A. G. BRADLEY, traduit par G. FEUILLOY, 20 photogr. h. texte et 1 carte (8ᵉ *édit.*).

L'Amérique au Travail, par J. FOSTER FRASER, traduit par M. SAVILLE, 32 photogravures (12ᵉ *édit.*).

Le Mexique moderne, par BIGOT, ingénieur A. M., 26 photogravures hors texte (5ᵉ *édition*).

Panama : L'œuvre gigantesque, par J. FOSTER FRASER, adapté de l'anglais par G. FEUILLOY, 20 photogr. h. texte et 1 carte (3ᵉ *édit.*)

Les Cinq Républiques de l'Amérique centrale, par le comte M. de PÉRIGNY, 26 photogravures hors texte, 1 carte. (*Epuisé.*)

L'Argentine moderne, par W. H. KŒBEL, traduit de l'anglais par M. SAVILLE et G. FEUILLOY, 24 phot. hors texte (7ᵉ *édition*).

Aux Pays de l'or et des diamants, par H. H. FYFE, *Cap, Natal, Orange, Transvaal, Rhodésie*, adapté de l'anglais par G. FEUILLOY, 22 photogravures hors texte et 1 carte (4ᵉ *édition*).

L'Australie : Comment se fait une nation, par J. FOSTER FRASER, adapté de l'anglais par G. FEUILLOY, 20 photogravures hors texte, 1 carte (5ᵉ *édition*).

La Chine Moderne, par Edmond ROTTACH, 26 photogravures hors texte, 1 carte (4ᵉ *édition*).

A travers la Hollande, par Léon GÉRARD, 48 illustrations à la plume par J.-B. HEUKELOM. 1 volume in-8 carré. Broché. . . . . 3 fr. 50

779

ÉTATS-UNIS
FRANCE

PAR

Victor CAMBON

INGÉNIEUR DES ARTS ET MANUFACTURES

---

26 PHOTOGRAVURES HORS TEXTE, CARTE ET PLAN

PARIS

PIERRE ROGER ET Cie, ÉDITEURS

54, RUE JACOB, 54

Droits de traduction et de reproduction réservés.

Copyright by Pierre Roger et Cie 1917

AU

GÉNÉRAL LYAUTEY

L'ORGANISATEUR DU MAROC

LE GUIDE INFATIGABLE DE L'ACTIVITÉ FRANÇAISE

*l'auteur dédie ce livre, où il s'est
efforcé de montrer à nos compatriotes l'organisation et l'activité américaines.*

Victor CAMBON.

Préface

La guerre, en bouleversant le monde, a forcé les Français à s'intéresser à la géographie. Maints pays dont ils
savaient tout juste le nom, bien des territoires, des villes,
des rivières, dont nous n'avions jamais entendu parler,
reviennent à chaque instant sous la plume des publicistes,
qui s'abstiennent généralement — faute de papier,
assure-t-on — d'y ajouter aucunes notes explicatives.

Mais c'est principalement sur la géographie économique
que les nécessités de l'heure appellent notre attention.
Toutes les parties, tous les peuples du monde, combattants ou neutres, fournisseurs d'armes, de denrées ou
d'or, oppresseurs ou victimes, ont un rôle actif dans la
gigantesque et longue tragédie.

Le grand public français se préoccupe rarement à l'avance
des événements qui le guettent. Pas plus il n'étudie les
projets de lois qu'on votera demain, qu'il ne voulait envisager hier les prodromes de guerre les plus menaçants. Il
a coutume de se laisser surprendre par les catastrophes,
sans cependant s'affoler outre mesure quand elles fondent
sur lui. Alors seulement il consent à s'instruire.

Nous avons manqué d'armes, d'acier, de machines, de produits chimiques, de wagons et de navires. Nous manquons aujourd'hui de combustible et de sucre; demain nous manquerons de blé. Le moment est propice de parler aux Français des nations d'où ils tirent des produits et des denrées aussi nécessaires pour combattre que pour subsister.

L'Amérique est au premier rang de nos fournisseurs. Dès le premier jour, les États-Unis nous ont offert l'aide de leur formidable industrie, puis de leur amitié de jour en jour plus affirmée.

L'intérêt est donc puissamment éveillé sur ce précieux pays, d'où nous parviennent, comme par bouffées, des récits parfois si extraordinaires que nous les prenons trop souvent pour des légendes.

Ces légendes cependant sont des faits et je viens, après les avoir constatés, en décrire quelques-uns choisis parmi les plus instructifs. Je dirai les causes de ce développement si prodigieux qu'il laisse beaucoup d'entre nous invinciblement sceptiques. Je montrerai quels hommes sont les Américains du Nord[1], comment ils ont bâti leurs villes, aménagé leur industrie, formé leur personnel dirigeant, développé leurs voies de communication. Je donnerai des exemples typiques de leurs grandes exploitations, sans négliger, toutefois, de noter au passage telles lacunes

1. Voir également le Canada, Empire des Blés et des Bois (librairie P. Roger et Cⁱᵉ, Paris).

qui me sont apparues et que la technique allemande ne présente pas[1].

Rapprochant leurs méthodes de travail de nos traditions étroites et vétustes, je m'efforcerai de montrer en quoi leurs initiatives nous peuvent être profitables, et nécessaire leur collaboration.

Je ne me dissimule pas que bon nombre des idées émises dans ces pages paraîtront aux esprits timorés d'une excessive audace. Mais il importe de nous convaincre que les circonstances ne nous permettent, si nous prétendons survivre à l'épouvantable secousse, ni la continuation de nos errements, ni même les demi-mesures dans la reconstitution de notre pays.

Considérons comme une bonne fortune inappréciable d'avoir par delà l'Atlantique un peuple ami, laborieux, entreprenant et riche dont l'exemple et le concours sont l'unique moyen de relever nos ruines et de reconquérir notre prospérité.

Le présent ouvrage était composé quand les États-Unis ont définitivement rompu toutes relations avec l'Allemagne. Cette situation nouvelle ne donnera que plus de poids à mes arguments.

1. Voir l'Allemagne au Travail (1910), et les Derniers Progrès de l'Allemagne (1914).

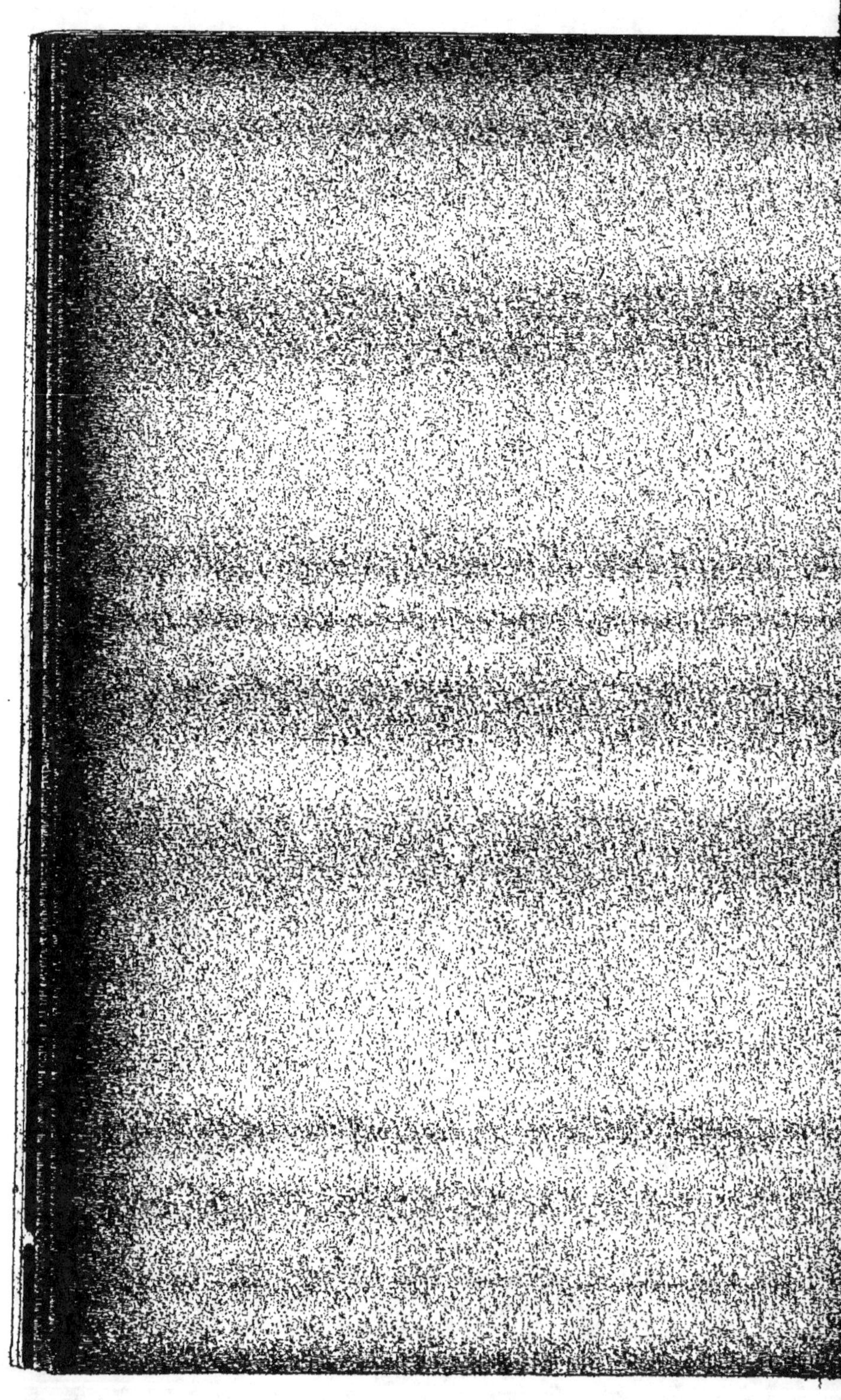

CHAPITRE PREMIER

L'Américain

> ... Partant, ivres d'un rêve héroïque et brutal,
> Ils allaient conquérir le fabuleux métal...
>
> J. M. DE HEREDIA.

L'or européen fuit en Amérique. — De peuples vieux jaillit un peuple neuf. — La constitution américaine. — Ressources inépuisables. — La puissance de la liberté. — Réalisme et générosité. — L'aiguillon du patriotisme. — La vie large. — La femme américaine. — Les affaires commandant, les fonctionnaires s'inclinent. — Le politicien yankee.

Depuis le 1er août 1914, chaque jour qui se lève éclaire un nouvel affaiblissement de l'Europe et un accroissement nouveau de la prospérité américaine. Il semble que l'humanité s'acharne à précipiter le mouvement qui la porte, comme le soleil, inexorablement vers l'ouest. Longtemps, des millions d'hommes se sont rués à travers l'Atlantique à la conquête de l'or, et voilà que, maintenant, l'or les suit vers le Nouveau Monde, cet or que des générations économes avaient péniblement amassé au cours des siècles dans la vieille Europe; cependant que les possesseurs, dépouillés de ces trésors accumulés, ne songent plus qu'à s'entre-détruire. Quel Bossuet gravera dans la mémoire des hommes cette sombre page de l'histoire universelle!

Les aventuriers espagnols qu'entraînait le Gênois Christophe Colomb, les Hollandais qui fondèrent New-York, les puritains britanniques, premiers colonisateurs de la Nouvelle-Angleterre, les hardis Français qui, au sud, découvrirent la Louisiane, et explorèrent le Mississipi, tandis que les Normands de Jacques Cartier remontaient le Saint-Laurent, ont-ils jamais entrevu, dans leurs rêves les plus extravagants, un aussi imprévisible avenir?

Depuis un siècle surtout, les hommes d'imagination et d'audace, les assoiffés d'indépendance et de convoitises du vieux monde sont fascinés et attirés là-bas; ils y accourent par millions, et il se trouve que, non seulement leur exode les a enrichis, mais qu'il a sauvé leurs fils de la destruction par le fer et par le feu.

L'hégémonie mondiale est désormais, sans coup férir, assurée aux État-Unis d'Amérique.

**

Le phénomène extraordinaire, sans précédent, est que ce rassemblement babelien d'éléments ethniques si dissemblables ait pu former, en un siècle, un peuple puissant, uni, parlant une même langue, volontairement soumis à une même constitution, et si fier de sa jeune personnalité nationale que chaque citoyen des États-Unis, oubliant ses origines, tient à honneur de s'affirmer Américain, alors qu'en Europe ces mêmes éléments dissociés, dispersés sur des territoires et sous des régimes différents, se jalousent, s'exècrent et périodiquement s'entre-choquent, ainsi que nous le voyons aujourd'hui.

C'est la contemplation de l'Union américaine qui fit naître les illusions pacifistes dans les âmes candides qui rêvaient des États-Unis d'Europe. Leurs théories nous coûtent cher. Mais il importe de faire ressortir pourquoi une utopie dans le Vieux Monde est devenue dans le Nouveau une réalité digne d'admiration.

Plusieurs causes y ont collaboré. D'abord les qualités exceptionnelles d'énergie chez les uns, de sagesse chez les autres, des premiers immigrants. D'énergie, tout le monde en convient, mais de sagesse, on le sait moins.

Les premiers puritains anglo-hollandais qui, en 1630, sur le *May-Floor*, firent voile vers l'Amérique, occupèrent les loisirs de la longue traversée à discuter et à élaborer une constitution pour l'État indépendant qu'ils projetaient d'y installer. On les considère, avec quelque raison, comme les fondateurs de l'Union américaine, et leurs descendants forment la seule aristocratie des États-Unis.

Ils débarquèrent à Boston, mais trouvèrent là les tout-puissants gouverneurs anglais de la London Company, qui coupèrent court à leurs aspirations. Un siècle et demi devait s'écouler avant qu'elles pussent se faire jour, mais il est aisé de démontrer que la constitution américaine procède de leurs conceptions, amalgamées avec le mode d'administration que les Anglais avaient donné à la Nouvelle-Angleterre.

Chassés dans l'hinterland, les puritains y avaient fondé des républiques qui n'avaient entre elles d'autres liens que la soumission commune à la domination britannique. N'est-ce pas là l'origine de l'autonomie des États de l'Union sous l'autorité suprême de la *Maison*

Blanche, avec cette différence que ce régime est l'expression du libre consentement de tous les citoyens, au lieu d'être, comme alors, subordonné à une puissance étrangère.

Cette puissance étrangère fut mise en échec et finalement rejetée, grâce au génie du Virginien George Washington, après huit années de la lutte la plus tenace et la plus héroïque que jamais peuple ait soutenue pour se soustraire à la servitude.

Les circonstances se prêtent à rappeler que, tandis que six mille Français, sous les drapeaux de Lafayette et de Rochambeau, partaient librement aider les Américains à conquérir leur indépendance, les petits roitelets germaniques vendaient leurs sujets aux royaumes occidentaux, afin de se faire construire pour eux-mêmes des palais, pastiches de Versailles et de Trianon. C'est ainsi qu'en 1776 les troupes anglaises reprenaient Boston, grâce à un corps de mercenaires allemands, hessois et brunswickois. Déjà l'Allemagne mettait ses forces au service de la tyrannie et la France portait secours à la liberté.

Plus rien ne devait arrêter l'essor de la jeune République jusqu'à la formidable guerre de Sécession, dont l'issue, après cinq années de lutte, fit encore triompher les principes d'indépendance, puisqu'elle affranchit les nègres de l'esclavage où les États du Sud voulaient les maintenir.

Et rien ne marque mieux la force des institutions américaines que la réconciliation sincère et définitive qui réunit de nouveau, après les hostilités, les combattants de la veille.

Cent trente années d'un développement continu

n'ont point lassé les Américains d'admirer cette constitution, la plus parfaite peut-être que des hommes
libres se soient jamais donnée.

Un président, élu du peuple, qui, pour un temps,
gouverne effectivement; des ministres responsables
devant lui, des corps élus qui contrôlent sans dominer;
et une bureaucratie, à qui manque sans doute quelques
vertus, mais laborieuse, docile et réduite quant au
nombre au strict nécessaire; puis une autonomie régio-
nale et locale qui fait de chaque État, de chaque cité,
une unité administrative presque indépendante; enfin
une mentalité universellement orientée vers les intérêts économiques et moraux de la grande République.

Sous ces institutions, loyalement acceptées, les
citoyens jouissent d'une liberté complète, à la seule
condition de respecter celle d'autrui, ce qui exclut la
licence. Une égalité effective, l'absence de toutes luttes
confessionnelles entre les adeptes de n'importe quel
culte, et une égale considération pour toutes les professions, le dédain n'étant réservé qu'aux oisifs et
partiellement aux politiciens de carrière : voilà ce qui
entraîne chez tous les citoyens des États-Unis la con-
viction qu'ils habitent le pays le plus privilégié qu'il y
ait sous le soleil.

* *
*

Comment s'est formée et comment se forme tous les
jours, ainsi qu'une terre d'alluvions, cette nation laborieuse qui a passé de 10 millions d'âmes en 1815 à
plus de 100 millions en 1915 et que le travail a démesurément enrichie? Par une sélection constante des
individus les plus énergiques de l'ancien continent.

Quand un homme trouve chez nous l'existence mesquine, quand il en a assez de la misère, parfois de la tyrannie, quand il aspire à des horizons plus étendus, quand il a soif d'un avenir que ses devanciers lui ont fait entrevoir gros de séduisantes promesses, il s'embarque pour l'Amérique. Là, un champ merveilleux s'ouvre à ses aptitudes diverses, à son activité.

Le sol des États-Unis possède, sur son immense étendue, tout ce qu'un pays peut souhaiter de ressources naturelles et en quantités, pour ainsi dire, illimitées. S'agit-il de productions agricoles? De nouvelles terres, sous tous les climats, s'offrent sans cesse à de nouveaux exploitants : coton, céréales, bois, maïs, sucre, pâturages, fruits et légumes de Californie, tabac de Virginie; le monde entier est leur tributaire.

S'agit-il de richesses minérales? Leur sous-sol en recèle de toutes sortes. Nulle part, on ne trouve autant de combustibles, houilles, anthracite, pétrole, gaz naturels, de minerais de cuivre, de gîtes ferrugineux, de soufre natif, de phosphates fossiles et de ces métaux rares que l'industrie moderne appelle de plus en plus à une utilisation rationnelle, grâce à la houille blanche, plus abondante aux États-Unis qu'en toute autre contrée.

Exaltées par la vue de tant de richesses à cueillir, l'activité, la confiance, l'audace de ce peuple ne connaissent plus de limites. Il s'est fait des ressources de son pays une conception qui touche à l'idolâtrie.

Je causais un jour avec un banquier de Bethléem, en Pensylvanie, qui avait été prospecteur dans sa jeunesse; il m'énumérait les richesses dont regorge le sol américain: « Y trouve-t-on aussi du platine? » lui demandai-je. « On n'en a pas encore trouvé, mais on en trouvera », me répondit-il imperturbablement.

Ne dites jamais à un Américain qu'une matière première, découverte ailleurs, manque aux États-Unis : il ne vous croirait pas.

Ainsi, ce développement prestigieux de l'Union américaine s'explique par trois causes : l'admirable système de gouvernement qui la régit, la sélection des individus qui l'ont peuplée, les incalculables richesses que le sol leur offre à exploiter.

Par elles se justifie, sur l'étranger qui débarque, cette puissance d'absorption dont le peuple américain a nettement conscience. Il sait, toutefois, que cette puissance échoue vis-à-vis de la race jaune, ce qui pose un problème qui n'est pas près d'être résolu. Mais il croyait, hier encore, fermement, que tous les types européens se fondaient dans le creuset yankee. Aussi, son étonnement fut-il amer quand il s'aperçut que les derniers venus parmi les Allemands n'étaient assimilés qu'à demi, puisqu'ils prétendaient conserver, concurremment avec la nationalité américaine, leur nationalité d'origine.

Je répéterai ici l'explication que j'en ai donnée ailleurs[1] :

« N'oublions pas que la vigueur et la persistance du sentiment patriotique chez un peuple sont proportionnelles à la puissance de ce peuple. Quand cette puissance diminue, le patriotisme décline ; si elle augmente, il se relève avec elle. L'Allemagne nous en donne une preuve saisissante. Rappelons-nous que,

1. *Notre avenir*, par Victor Cambon, librairie Payot.

dans le passé encore proche où elle n'était rien, un Teuton expatrié conservait à peine le souvenir de son pays natal. Si nos historiens officiels avaient été moins généralement hostiles, en ces derniers temps, à tout ce qui touche à notre épopée impériale, ils auraient pu démontrer, avec documents à l'appui, qu'au début du siècle dernier la population rhénane tirait orgueil d'appartenir à la grande nation d'alors. »

C'est qu'alors les populations incorporées à l'Empire français subissaient non seulement la puissance, mais plus encore le prestige d'un surhomme auquel personne, de son temps, ne parvenait à se soustraire, et qui domine, même aujourd'hui, une partie de l'humanité de son impérissable silhouette.

Mais, en général, les individus ne s'absorbent spontanément dans le milieu nouveau où ils pénètrent, qu'à la condition d'y arriver par couches minces, successives et qui se dispersent en tous sens. Dès lors, l'influence de ce milieu, la contagion de l'exemple agissent souverainement sur eux. L'assimilation est rapide et complète.

Un peuple brutal peut en soumettre un autre par la violence, il ne parviendra guère avec de tels moyens à se l'attacher. Les Américains l'ont compris. Personne ne me démentira quand j'affirmerai la bienveillance avec laquelle ils accueillent l'étranger non indésirable.

Voyez, par contre, la répugnance des plus clairvoyants parmi eux à annexer le Mexique[1]. Leur sens pratique les prévient que l'incorporation par la force de quinze millions à la fois d'hommes d'une autre race,

1. Voir *le Mexique moderne* (librairie P. Roger et Cⁱᵉ, Paris).

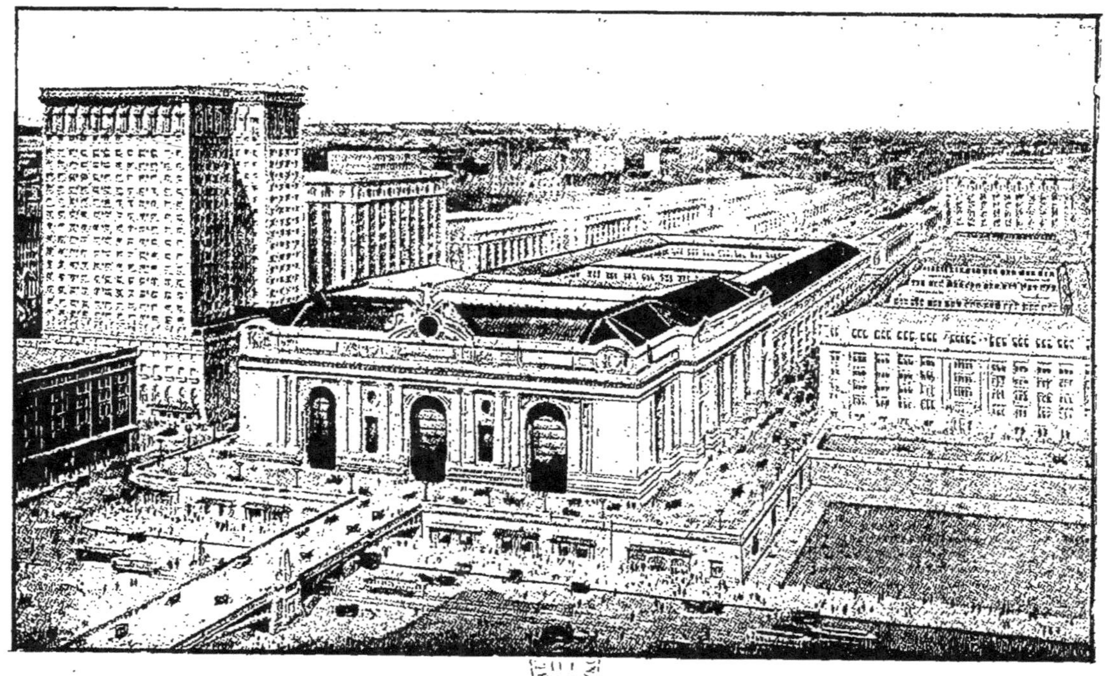

Gare centrale de New-York, à gauche l'hôtel Wiltmore

Université de Columbia à New-York. — La Bibliothèque.

et de mœurs dissemblables, groupés sur un territoire lointain, serait pour la République une cause de troubles graves et de désaccords tumultueux au sein même de leurs assemblées légales. Ils ne veulent sur leurs frontières ni une Pologne ni une Alsace-Lorraine américaines.

L'existence et la mentalité de ces millions d'hommes qui ont ainsi adopté une patrie nouvelle diffèrent singulièrement des nôtres, et même aussi de la vie anglaise à laquelle elles se rattachent, plus qu'à toute autre, par leurs origines et par le langage.

Beaucoup parmi nous s'en font une idée incomplète ou fausse. Il nous plaît généralement de considérer l'Américain du Nord comme un homme dépourvu de sentiment et d'idéal, uniquement entraîné pour la chasse aux dollars et sans autre préoccupation dans sa vie enfiévrée. Il suffit de parcourir les États-Unis pour reconnaître que ce personnage, qui n'est pas assurément un mythe, n'est pas non plus, à ce jour, une généralité.

Il est sans doute constant que l'homme qui s'est évadé de l'existence étroite, souvent misérable, où il végétait en Europe, n'a d'autre souci au début que de l'améliorer. L'axiome, *primo vivere, deinde philosophari*, est la loi qui régit tous ses actes : cet homme est tombé brusquement dans un milieu sans traditions de famille, sans patrimoine légué par les ascendants, sans distinctions sociales basées sur la culture de l'esprit, où l'exemple de ses nouveaux compatriotes l'excite exclusivement à tenter une fortune rapide. Longtemps, les Américains n'ont pas eu d'autre ambition que d'élargir sans frein leur existence matérielle. De là, est née

cette recherche du confort dans l'habitation, le vêtement, les moyens de transport, les lieux publics, qui
nous stupéfie. Puis, comme ce milieu, quoique imparfaitement cultivé, était très intelligent et plus réfléchi
que nous ne l'imaginons, il a associé étroitement les
règles de l'hygiène aux douceurs du confortable.
Millionnaires ou ouvriers, banquiers de New-York ou
fermiers du Far-West, veulent vivre largement et sainement ; et tous admettent que chacun, quel qu'il soit,
s'efforce de réaliser cette ambition.

Regardez ces immigrants qui débarquent, hâves,
hirsutes et loqueteux, d'un entrepont de navire. Chez
eux ils grouillaient dans la saleté d'un taudis, se
nourrissant de pain de seigle ou de polenta. Repassez
dans un an : les voici vêtus d'un complet sans tache,
rasés de frais ; il leur faut de solides beefsteacks ; ils
habitent une petite maison fort bien tenue, ma foi,
et pourvue d'un cabinet de bains. La transformation
est absolue ; ils ne diffèrent en rien des Américains
nés dans la Pensylvanie ou le Massachusetts.

C'est ce qui autorise les publicistes de là-bas à
écrire des phrases comme celle-ci :

« Depuis un demi-siècle, trente millions d'hommes
nous sont arrivés d'Europe, auxquels nous avons procuré un ensemble de richesse, d'abondance, de santé,
de joie de vivre et de civilisation à quoi ils n'eussent
jamais osé prétendre dans aucun autre pays. »

Voilà qui absout bien des méfaits de la chasse aux
dollars.

Tout cela, dira-t-on, n'est que matérialisme sans
idéal. Mais voyons la suite.

La fortune est venue, plus que la fortune, l'opulence,

et chez quelques-uns la pléthore des richesses. Leurs heureux possesseurs n'ont qu'un signe à faire pour que tous leurs désirs soient comblés. Cependant, ils se sont aperçus que certaines choses leur manquaient, que les dollars ne peuvent procurer. Les uns ont compris que l'homme sans culture intellectuelle est incomplet, les autres ont entrevu que leurs affaires eussent été plus faciles et plus prospères encore s'ils avaient eu la science pour guide ; d'autres, enfin, ont senti qu'il existe entre le riche et le malheureux une solidarité humaine. Et ce serait faire preuve d'un méprisable esprit de parti, que de méconnaître là l'in-fluence de la Bible et de l'Évangile, dont les fonda-teurs de l'Union américaine ont, pour ainsi dire, imprégné leur constitution.

Entre autres enseignements, les Écritures ont appris à l'Américain qu'il y a deux hommes en lui. Le pre-mier se livre aux affaires, où il se considère comme engagé dans une lutte sans merci. S'il ne mesure pas toujours la violence et la correction des coups qu'il donne, du moins il ne s'indigne pas davantage de ceux qu'il reçoit. Solidement trempé, rien n'altère sa bonne humeur et sa confiance dans le succès. Vaincu, il recommencera avec la même ardeur. Je ne sais rien de plus engageant que l'accueil d'un businessman de New-York City. Ni obséquieux ni distant, il vous reçoit avec une rondeur qui est certainement une de ses forces. Ce travailleur acharné ne manifeste pas de fièvre, pas d'impatience ; seules, les grandes entre-prises que sa volonté crée ou dirige donnent le spec-tacle d'un mouvement intensif. Au milieu de cette activité, son calme est impressionnant, son temps est

si bien calculé, il a si instantanément à sa portée les
appareils ingénieux dont s'entourent les hommes
d'affaires modernes, qu'il ne semble jamais pressé.

Lorsque six heures sonnent, on le voit sortir de son
bureau aussi posément qu'un de nos bureaucrates de
son ministère. Qui se douterait que le cerveau de l'un
bouillonne de gigantesques projets et que la tête de
l'autre est incurablement vide de toute velléité d'initiative !

Quand je dis qu'il sort posément, je parle seulement
du chef ; car, au contraire, les employés s'élancent hors
des hauts buildings en courant, comme des écoliers
au sortir de la classe. Mettons cela, si l'on veut, sur le
compte de l'habitude des matches et des sports
violents.

Tel est le premier des deux hommes, celui qui gagne
des dollars. Le second apparaît dans son home, c'est
celui qui les prodigue. Il va mettre autant d'ardeur à
dépenser sa fortune que l'autre à la conquérir. Pour
lui, l'argent n'est pas un but, mais un moyen. On dirait
qu'il n'y tient plus à partir du moment où il l'a gagné.
Il s'est préoccupé d'amasser, nullement de conserver.
Et ceci est tout à fait caractéristique dans toutes les
situations.

Quand un Français — je ne parle même pas d'un
avare — quand un Français s'enrichit, il songe, avant
tout, à mettre, comme on dit, son argent de côté ; il
le placera en valeurs de tout repos. C'est, dit-il, le
pain futur de ses enfants. Rarement, et toujours avec
parcimonie, il améliore son genre d'existence. L'économie parfera sa fortune. L'augmenter sou par sou, et
n'en jamais perdre une parcelle, est le grand problème

de sa vie. Après avoir vécu chichement et beaucoup travaillé, s'il laisse un bien qui permette à sa progéniture de ne rien faire, il mourra presque sans regrets.

Que deviennent au contraire les millions de dollars gagnés par l'Américain ? Tout d'abord, il s'offre, copieuses, les satisfactions que l'or peut lui procurer, et, du surplus, l'habitude se propage d'en faire profiter la masse de ses contemporains et les générations à venir.

Libéralités, donations, fondations d'œuvres charitables, créations d'hôpitaux, subventions aux universités, érections de monuments publics, achats de bibliothèques populaires se succèdent et se multiplient sans interruption.

Et leurs enfants ? Les Américains les élèvent et les instruisent largement, sans compter, afin qu'ils soient solidement armés dans la vie, leur laissant, en outre, de quoi y débuter avec aisance ; mais si ces enfants veulent devenir à leur tour riches, comme leur père, il faudra qu'à leur tour ils travaillent comme lui.

Dans ces derniers temps, tous les échos de la renommée ont retenti des libéralités de M. Carnegie. Chaque jour on citait, du roi de l'acier, de nouveaux dons d'une munificence toute royale. Ce que Carnegie, Rockfeller et tant d'autres ont envoyé pour secourir les victimes de la guerre européenne est incalculable ! Aussi, les journaux annonçaient-ils que le milliardaire d'antan, à ce jour âgé de quatre-vingt-trois ans, ne doit plus guère posséder qu'une vingtaine de millions de dollars. Carnegie répète ouvertement qu'il veut mourir pauvre et appuie ses actes des plus édifiantes paroles de l'Évangile. En France, sa famille pourvoirait le célèbre vieillard d'un conseil judiciaire.

Prétendre qu'il n'y a pas, dans ces belles actions, le plus petit soupçon de vanité serait faire preuve d'une bien courte psychologie. Qu'importe, si la patrie américaine en bénéficie.

La gloire que recherchent de nos jours les puissants meneurs d'affaires des États-Unis est que le public puisse lire au fronton d'un hospice ou d'une école, sur un institut universitaire, sur la frise d'un palais qui abrite des collections artistiques : « Ceci est un don de M. X. » Une telle ambition, qu'a-t-elle de déplacé?

Mais, de leur part, c'est surtout œuvre de patriotisme. Ces hommes qui, partis de rien, se sont élevés, sans culture, par leur énergie, leur intelligence et leur travail, au sommet des situations humaines, veulent en faciliter l'accès aux générations qui les suivent ; ils veulent aussi, à ceux qu'a trahis la fortune qui leur fut si favorable, assurer des secours dans leur misère, justifiant ainsi cette parole qu'on entend répéter si souvent aux États-Unis : « Nous voulons que chez nous, et grâce à nous, personne ne meure de faim. »

Les Américains comptent peu sur l'État pour instruire l'enfance et secourir la vieillesse, mais moins encore pour faire consacrer par lui, sous la forme d'une distinction honorifique, leur réussite dans les affaires.

Solliciter du Pouvoir, par la voie d'une association politique, un satisfecit portatif signalant qu'un tel a fait fortune dans les papiers peints est l'obsédante ambition des Français; ce ne sera jamais un geste américain. Lorsque l'empereur Napoléon institua, au camp de Boulogne, une récompense pour ses compagnons d'armes, pouvait-il prévoir une telle déformation de la Légion d'honneur!

Après les générations qui vécurent dénuées d'un fonds primordial d'éducation intellectuelle, artistique ou même scientifique, se forme une jeunesse à laquelle rien ne manque pour se cultiver l'esprit.

*
* *

Mais déjà, et depuis longtemps, cette éducation est l'apanage de la femme américaine, soit en vertu de son aptitude reconnue à s'adapter plus vite que l'homme à une situation supérieure, soit parce qu'elle jouit de plus de loisirs que lui pour s'orner l'intelligence. Quelle que soit la cause, l'Américaine apparaît comme la souveraine incontestée de la République des États-Unis.

Nous ne nous faisons chez nous qu'une pâle idée de cette puissance. Les autorités sont à ses ordres, les lois la protègent, un respect général, presque craintif, l'environne, la suit partout. Quiconque lui en manque a maille à partir, non seulement avec la police, mais avec la population qui toujours prend fait et cause pour la femme contre l'homme. Jeune fille, elle va où bon lui semble, en complète liberté; mariée, elle conserve son indépendance et règne dans son ménage; c'est elle qui loue l'appartement, choisit l'automobile et trace l'itinéraire des voyages; c'est pour elle que son mari s'acharne à gagner des dollars; son rêve est de s'entourer de luxe et de se conserver, par le sport, en bonne santé. Mais son mérite aussi, et son point d'honneur, sont de se montrer, en toutes circonstances, énergique et fière, et de supporter avec stoïcisme, sans se plaindre, le malheur quand, d'aventure, il entre à la maison.

A la première explication que j'ai donnée du prestige de la femme, s'en ajoute une seconde qui me semble la principale : aux États-Unis, le sexe féminin est moins nombreux que le sexe fort, donc il fait prime.

L'inégalité des chiffres provient de ce que la natalité, surtout dans l'Est, étant assezfaible, la population des États-Unis s'accroît principalement par l'immigration : or, l'immigration compte au moins deux fois plus d'hommes que de femmes.

L'Américaine n'a aucune répugnance pour le divorce; beaucoup de ces séparations sont dues à l'intempérance de l'homme, et, dans ce cas, toujours prononcées contre lui. L'épouse, ainsi rendue libre, a de grandes chances de trouver un autre époux; l'homme beaucoup moins de plaire à une nouvelle femme. Tant pis pour lui si la solitude lui pèse. Le puritanisme américain lui permet difficilement de trouver d'autres consolations.

Ce puritanisme sévère, presque ostentatoire, est, lui aussi, suivant bien des dires, une des conséquences de l'ascendant féminin.

***

Bien des lecteurs français, hantés par les vieilles traditions d'hiérarchie sociale, se demanderont quels sont, au milieu d'une société aussi fastueuse, les tendances et les sentiments du peuple. A cette question, voici ce qu'un Américain répondrait :

« Il n'y a pas chez nous de distinction de classes. Nous voyons des gens, arrivés pauvres, qui bientôt sont à leur aise; d'autres, qui sont à leur aise et qui demain seront riches; d'autres, enfin, qui sont riches

Vue de Baltimore la nuit.

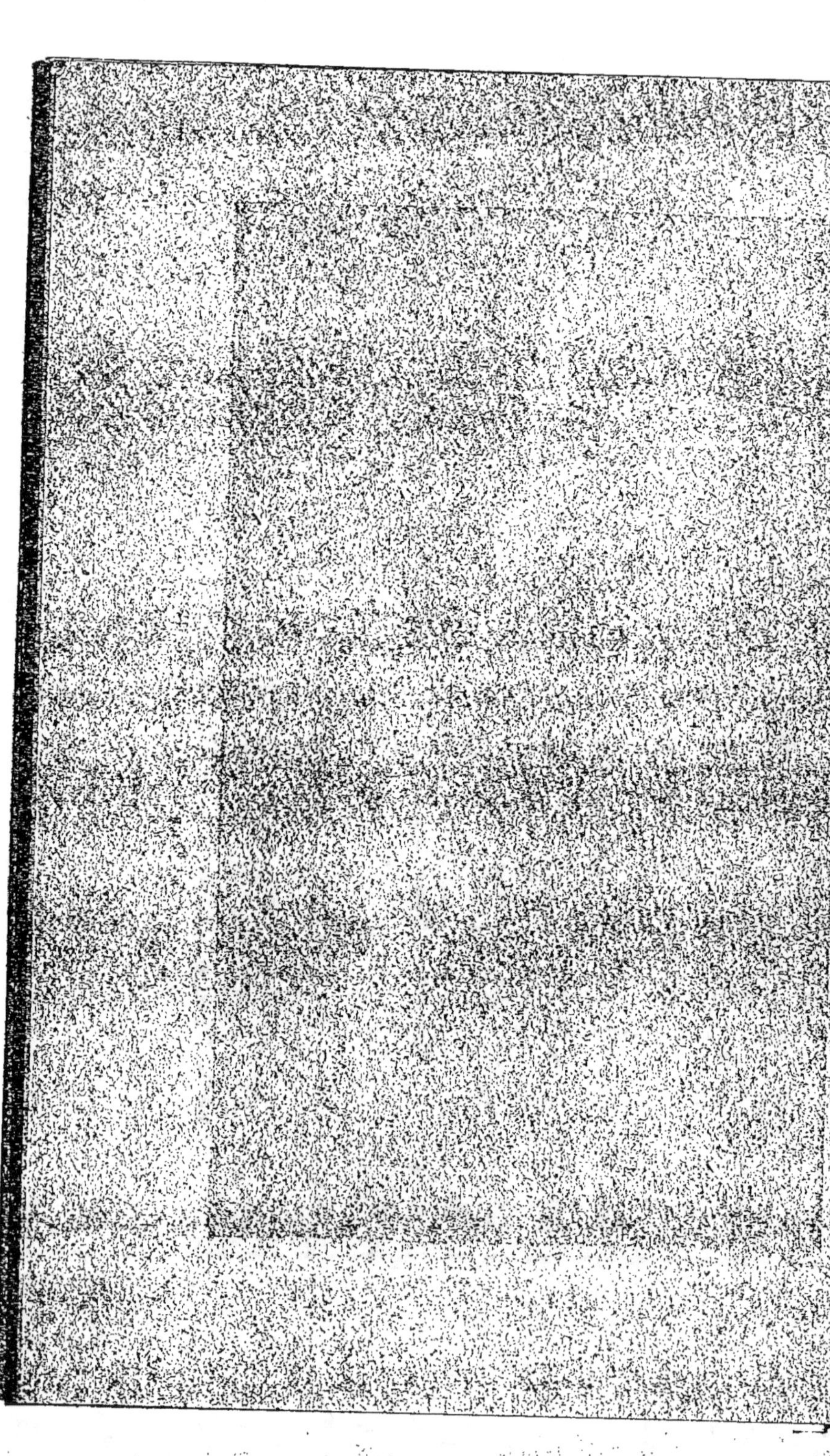

aujourd'hui et qui retomberont dans l'indigence. Tout cela ne constitue pas des différences sociales. Cet ouvrier qui peine sur une machine-outil à l'atelier, très souvent avec des gants, a tout aussi bon air que son patron; il gagne 800 francs par mois. Sorti de l'usine, on le rencontre habillé comme vous et moi; il habite une maison coquette, et sa femme qui, elle, ne travaille pas, porte des robes de soie. Soyez certain qu'il roule dans sa tête l'espérance de devenir patron à son tour. Il se garderait donc bien de nourrir des sentiments haineux contre le patronat. Ce qui ne l'empêchera pas de se mettre en grève avec les camarades de son *Union*, s'il pense en retirer une augmentation de salaire.

« Il admet, il désire même que son patron, que tous les patrons s'enrichissent, parce qu'il estime que plus l'industrie sera prospère, plus il aura chance de voir sa propre situation s'accroître et s'améliorer. C'est un ouvrier intelligent.

« La plupart raisonnent comme lui et seraient désolés qu'il n'y eût plus aux États-Unis de grandes sociétés, de puissants millionnaires pour construire de vastes ateliers occupant un immense personnel et raréfiant par là une main-d'œuvre qui se peut faire payer d'autant plus cher qu'elle est plus demandée.

« En ce moment, nous sommes soumis à une crise de pénurie d'ouvriers qui nous met littéralement à leur merci. Notre espoir est de leur faire comprendre que leur intérêt est de ne pas compromettre la prospérité inouïe du pays par des prétentions inacceptables.

« Nous avons, toutefois, moins qu'ailleurs, il est vrai, de fauteurs de mécontentement et de grèves, qui, eux se moquent de l'intérêt national, pourvu qu'ils trouvent, dans l'agitation et le désordre des esprits, une raison d'être à leur profession. Le tout est de savoir s'ils rencontreront devant eux une masse suffisante de cerveaux obtus à intoxiquer de leurs théories malsaines. Rien n'est plus fâcheux pour ces parasites que de voir des hommes contents de leur sort. En multipliant les grèves, ils font renchérir le prix de la vie, ce que, vu le but qu'ils poursuivent, ils considèrent comme un succès. »

Ainsi parlerait un Américain.

.˙.

A côté de ces personnages, et point nécessairement en rapport avec eux, se montrent les politiciens de carrière qui, ni par l'origine, ni par leurs procédés, ne rappellent nos *comitards* de sous-préfectures. Au lieu d'opérer pour le compte de quelque élu, qui souvent est leur prisonnier, ils sont les agents dociles de groupements financiers et industriels ou de syndicats divers beaucoup plus puissants aux États-Unis que les hommes politiques. Les manieurs d'affaires américains dédaignent unanimement les fonctions publiques, mais ne s'en désintéressent point. Il leur importe d'y caser des candidats à eux, et leur instrument de lutte, c'est le politicien. Démocrates et républicains s'en servent à l'envi. On sait que les questions qui les divisent sont uniquement d'ordre économique et social.

Le politicien yankee est un type tout à fait suggestif. Il a la mine réjouie, la main tendue, la voix chaude et le cocktail facile ; ses mandants lui confient quelque vague représentation commerciale qui donne une raison d'être à sa résidence dans une ville quelconque et justifie qu'il ait toujours des dollars pleins les mains. Il connaît tout le monde et tout le monde le connaît. Ce n'est point un parangon de vertu civique, oh! non. On ne l'estime pas, mais l'essentiel est qu'on l'écoute. Ses convictions d'ailleurs ne le mettent point à l'abri d'une volte-face complète. On le retrouve alors dans le camp opposé dont il défend les intérêts avec le même entrain. Il fait preuve d'une diplomatie, d'une ingéniosité, d'une roublardise à rendre des points aux diplomates de tous les vieux pays. Et souvent, comme récompense de ses bons et loyaux services, il arrive à se faufiler dans quelque corps élu, de sérieux rapport.

Enfin, il partage avec tous ses compatriotes cette remarquable faculté de savoir, après la lutte, vainqueurs et vaincus, fraterniser comme de vieux amis. A quoi bon perdre du temps en bouderies oiseuses?

*

Faut-il parler du fonctionnaire? Il remplit un rôle si effacé dans le monde américain! Tout ce qu'on exige de lui, c'est de ne jamais apporter la moindre entrave, le plus petit retard dans les entreprises des libres citoyens de la grande République. Docilement il s'y conforme, parce que si d'aventure quelque bureaucrate malavisé venait se placer au travers de la gigantesque piste où passe, en trombe, la course aux dollars, de façon à gêner le peloton, il serait instantanément renversé, piétiné et broyé; et cet accident aurait ceci d'utile qu'il servirait de leçon aux autres. Il est de règle chez l'Oncle Sam que lorsque les affaires commandent, les bureaucrates s'inclinent.

Il ne manque pas d'autres types intéressants dans la vaste Amérique. Chacun a ses caractéristiques, mais il en est de communes à tous, et qui placent ce peuple étonnant hors de pair parmi les autres : l'ardeur enthousiaste, la vie débordante, le travail fécond, la confiance en soi-même, la rapidité foudroyante à faire succéder les actes aux résolutions.

CHAPITRE II

A travers les villes

L'accueil des reporters. — New-York est-il esthétique? — New-York, Londres et Paris. — Les artères, les ponts et les tunnels. — Oboken. — L'aubaine d'un chiffonnier. — Splendeur de Washington. — Une ville à la Louis XIV. — De la grandeur à la mesquinerie. — Un gentleman à Chicago! — Le record de l'activité humaine. — La culture intellectuelle à Philadelphie. — Boston et son hégémonie artistique. — Nos objets d'art en Amérique. — Une hérésie parlementaire. — Détroit et l'automobile. — Et les autres grandes cités! — Comment une ville grandit. — La maison américaine. — Un État nouveau.

Ce chapitre est celui que pourrait écrire tout voyageur qui se donne la peine d'observer et auquel la connaissance de quelques autres terres sur le globe permet d'établir des comparaisons. Il n'envisagera que la façade extérieure des choses, l'impression qui s'en dégage et l'opinion qui en résulte. La plupart des touristes ne bornent-ils pas là leur examen pour formuler une appréciation!

Chapitre obligatoire toutefois. Ne pas l'écrire serait désappointer nos amis américains, car il faut que l'arrivant soit un bien pauvre hère pour que, pendant les minutes où il attend ses bagages sous le hall immense de la douane, un reporter, crayon en main, ne lui demande déjà avec insistance ce qu'il pense des États-Unis. La fréquence de cette question chez l'Oncle Sam revêt les proportions d'une épidémie nationale.

Combien de fois par an, les journalistes aux aguets n'ont-ils pas reçu des étrangers, flattés ou surpris, l'assurance que la *Liberté*, de Bartholdi, est une statue monumentale et que l'aspect de New-York vu de l'embouchure de l'Hudson est unique au monde !

A vrai dire l'impression qui vous saisit est celle d'une grandeur démesurée. Tout est à une échelle inconnue dans l'Occident européen, et seule la Russie se présente avec un semblable caractère d'ampleur. Cette suggestion de la première minute ne vous lâche plus pendant tout votre séjour sur le continent américain, où l'œuvre de la nature et le travail de l'homme y contribuent avec une égale émulation.

La position topographique de New-York, étroite langue de terre qui s'avance entre l'estuaire de l'Hudson et celui de l'East-River, a nécessité cette accumulation de *buildings* hauts de cent coudées qui se pressent dans la partie extrême de ce long promontoire, et barrent l'horizon comme une crémaillère géante à dents inégales. Une légende ancrée chez beaucoup de nos compatriotes veut que les Américains habitent des immeubles de vingt, trente, cinquante étages. Or, personne aux États-Unis ne demeure dans ces bâtisses, si ce n'est vraisemblablement les concierges.

Les *buildings* — comme leur nom l'indique — sont exclusivement des bureaux, où les hommes d'affaires entrent à huit heures du matin, telles des abeilles dans une ruche, pour en ressortir en foule compacte à six heures sonnant.

Les Américains ont ainsi résolu pratiquement, sinon élégamment, le problème ardu de concentrer, sur un espace restreint, le foyer de leurs prodigieuses opérations financières et commerciales.

Les *skyscrapers*, dont la description sert de début à tous ceux qui écrivent sur l'Amérique, car ils forcent l'attention et absorbent les premiers regards, sont variables de hauteur et de surface, donc très inégaux en valeur. Il en est de 2 millions, il en est de 16 millions de dollars. Certains sont desservis par deux, les plus grands par vingt-six ascenseurs.

La visite des *skyscrapers* est une curiosité nationale, non seulement à cause de la multitude d'hommes affairés qui y travaillent, souvent au nombre de plusieurs milliers, mais par l'organisation d'ensemble extraordinaire qui y préside. Chacun d'eux est une sorte de cité verticale, luxueuse et d'une tenue irréprochable.

On a pu bâtir ainsi à toute hauteur parce que le sol sur lequel repose New-York est généralement une roche très résistante.

Ce rocher est creusé à la mine, et le sous-sol d'un building est une véritables usine, qui renferme des chaudières, des machines et des dynamos pour le chauffage, l'éclairage, la ventilation, le mouvement des ascenseurs. C'est pourquoi on voit, surtout en hiver, une aigrette de vapeur s'élancer du sommet de l'édifice.

Le rez-de-chaussée, haut et vaste, ressemble à la salle des pas perdus d'une grande gare dans laquelle

sont disposées des boutiques de toutes sortes : un bureau
de poste, des agences télégraphiques, une rangée de
cabines de téléphones, souvent un restaurant, un bar,
un établissement de bains, des officines de coiffeur,
des fleuristes, des étalages de journaux ; il y règne un
va-et-vient intense et perpétuel au travers duquel des
portiers galonnés tiennent lieu d'agents de police.
Le sol est dallé de mosaïque, les murs tapissés de
marbre. Le ton général tout à fait opulent. Aussi les
locations des bureaux sont-elles d'un prix invraisemblable ; il n'est pas rare que leur total s'élève à plus
de 1 million de dollars. New-York renferme plusieurs centaines de ces édifices, dont le plus élevé a
250 mètres de hauteur, mais si souvent décrit qu'en
parler plus longuement serait un vulgaire plagiat [1].

La cité de New-York, que ces constructions monstrueuses ne contribuent pas à orner, est-elle belle ou
inesthétique ? Combien de fois cette question n'est-
elle pas agitée !

Esthétique, il faut carrément répondre non. Et,
cependant, ce capharnaüm gigantesque n'est point
laid. Son aspect grandiose et sa parfaite adaptation
à son but le préservent de toute appréciation malson-
nante.

Une ville construite géométriquement en damier, dont
chaque case mesure uniformément 80 mètres de profondeur sur 160 mètres de large, dépourvue de tout
monument artistique ou ancien, dont les perspectives
fuient en ligne droite à des distances de 30 ou 40 kilo-

1. V. *l'Amérique au travail*, par J. Foster Fraser (librairie
P. Roger et Cⁱᵉ, Paris).

Plan schématique de NEW YORK

mètres, puisque la ville s'étend sur une longueur de
15 lieues du nord au sud, une telle ville, dis-je, ne
saurait être tenue pour attrayante, mais sa grandeur
est une beauté et le mouvement qui l'anime est une
puissante distraction.

Sans aucun doute, si les Américains avaient à re-
construire leur métropole commerciale, ils l'établi-
raient tout autrement, lui donneraient des rues plus
larges, des places et des squares plus nombreux, des
arbres et de la verdure. L'urbanisme a fait de singu-
liers progrès depuis que les Anglo-Hollandais ont
fondé New-York; d'autres villes de l'Union, comme
nous le verrons, s'en sont remarquablement inspirées;
mais on ne saurait lui trouver une disposition meilleure pour la commodité des affaires et la facilité de
la circulation.

N'éprouve-t-on pas un vrai plaisir à penser que si
l'on est dans la 8ᵉ rue et qu'on doive se rendre dans
la 65ᵉ, on a exactement $(65 - 8) \times 80 = 4\,560$ mètres
à parcourir, et qu'on est mathématiquement certain
de ne pouvoir s'égarer. Quant aux moyens de s'y
rendre, ils s'offrent plus variés qu'en tout autre point
du monde : tramways, autobus, chemins de fer aériens
ou souterrains avec trains omnibus ou express, tous
les modes de locomotion sont à votre portée, rapides,
fréquents et parallèles. Londres est, je le reconnais,
à peu près aussi bien pourvu, quoique les Américains
le nient; toutefois, il faut être né sur les bords de la
Tamise pour s'y reconnaître. Mais il ne faut pas
chercher à New-York la splendeur de Londres ou le
charme de notre vieux Paris.

La voirie n'y est point sans reproche, constamment

bouleversée par quelque installation nouvelle de canaux, d'égouts, de câbles ou de voies ferrées. Cet état, du moins, au lieu d'être éternel comme les travaux de Paris, est perpétuellement changeant. Au travers des chantiers se dressent des monuments publics somptueux, mais neufs, des magasins immenses et des hôtels tellement opulents que l'on se demande comment leurs clients peuvent se plier à devenir les nôtres.

Mais les six millions d'habitants que la statistique la plus récente attribue à New-York n'ont pu tenir dans l'étroite presqu'île qui se nomme Manhattan au sud et Bronx au nord, et dans les deux ou trois cents rues qui la découpent perpendiculairement aux deux fleuves, ils ont traversé les estuaires, l'Hudson à l'aide de plusieurs tunnels qui débouchent dans le New-Jersey, et l'East-River sur plusieurs ponts suspendus à une grande hauteur au-dessus de l'eau pour ne point intercepter la navigation et qui aboutissent à l'île de Brooklyn. Le premier de ces ponts est aussi célèbre, plus célèbre même pour les Américains que les sept merveilles du monde. Il fut considéré, à son heure, comme un prodige d'audace. Je me rappelle l'avoir franchi un jour avec un ingénieur du Creusot, résidant alors à New-York, où il contrôlait les commandes faites aux Américains par notre illustre firme française. Spécialisé dans la construction des grands ouvrages métalliques, il considérait ce prodigieux assemblage de charpentes, de pylônes, de câbles et de tirants en acier, avec cet œil particulier du connaisseur à qui rien n'échappe. Tout à coup, il me dit : « Si l'on nous avait chargés de construire ce pont, nous aurions eu beau le calculer, nous n'aurions jamais osé l'exécuter. Les Américains n'ont rien calculé et ils ont osé. Et le pont a tenu. » Cette remarque synthétise à souhait la mentalité américaine.

Ce premier pont ayant tenu, ils en ont construit deux, trois, quatre autres, à peu près sur le même modèle, dans ces dernières années. Et le million d'habitants qui a élu domicile à Brooklyn n'a plus aujourd'hui que l'embarras du choix.

Du côté de New-Jersey, c'est une autre affaire. Là, pas de ponts, mais un tunnel creusé à 3o mètres audessous des eaux de l'Hudson. Les Américains ont confié son établissement à un ingénieur anglais qui avait fait un travail analogue sous la Tamise. Après quoi ils en ont creusé eux-mêmes un second, puis un troisième, sans préjudice des nombreux ferry-boats qui circulent entre les deux rives.

Dans le New-Jersey, en face de Manhattan, se présente Oboken, qui fut choisi comme port d'attache par les compagnies de navigation allemandes. Le blocus anglais immobilise là une nombreuse flotte du North-Lloyd et du Hamburg-Amerika, que domine l'énorme *Vaterland*, dont les trois cheminées semblent lutter de hauteur avec les buildings de la rive opposée. Mais je reparlerai des ports américains.

Sauf par une agglomération ouvrière de 250000 âmes, la rive de Jersey City est peu fréquentée. C'est qu'immédiatement au delà de dunes peu élevées s'étend, sur une grande distance, une plaine marécageuse que l'on comble peu à peu avec les déchets de la grande métropole.

Curieux spectacle que celui des longs trains de wagons chargés de débris de toutes sortes qui se déchargent automatiquement dans cette vaste cuvette, mais plus curieux encore est le contenu de ces véhicules. Il faut l'avoir vu pour bien connaître ce que j'appellerai le gaspillage américain. Un chiffonnier français ferait fortune en une semaine à trier tout ce qu'on précipite dans ces fondrières.

Il se trouve là pêle-mêle des objets de toutes substances, de toutes formes, de toutes dimensions, dont beaucoup seraient pour nous encore usagers : des cartons presque immaculés, de la ferraille travaillée, des pièces de bois, des roues de voitures, des harnais, des courroies, des os, des organes de machines, des faïences à peine ébréchées, des vêtements très portables, des monceaux de papier, de vieilles machines-outils et même des automobiles à moitié démolies. Et personne ne daigne venir là chercher un gagne-pain! Des cendres, de la terre, des démolitions et d'autres rebuts recouvriront toutes ces choses que la main de l'homme a laborieusement fabriquées naguère, puis brusquement lâchées comme un enfant rejette un jouet qui a cessé de lui plaire.

Il se dégage une philosophie, très réaliste sans doute, mais très instructive, de l'examen de ces résidus de civilisation, à peu près comparable à l'analyse que fait le médecin des déchets organiques. Mieux que par les journaux ou les livres, on en conclut comment vit une société.

*
* *

Washington diffère de New-York autant que deux villes américaines peuvent différer. On s'y rend en cinq heures par deux lignes dont la principale, appartenant à la grande *Pensylvania Rail Road*, traverse un si grand nombre de villes industrielles, parmi lesquelles Newark (300 000 habitants), Philadelphie (1 800 000 habitants), et Baltimore (600 000 habitants), que la voie ne quitte presque jamais les agglomérations urbaines.

La capitale politique de l'Union américaine ne compte que 350 000 habitants, dont un tiers d'hommes de couleur, mais occupe une superficie immense et se présente comme la plus belle ville des États-Unis.

C'est un Versailles démesuré. La majesté d'un Louis XIV s'y fût trouvée fort à l'aise; elle eût admiré cette ordonnance d'avenues rayonnantes autour de ronds-points vastes comme des champs de manœuvres, de parcs à perte de vue, de rues savamment alignées sur les perspectives d'édifices à colonnades classiques, ou de statues haut montées sur leurs piédestaux; elle se fût étonnée, çà et là, devant les silhouettes géométriques de quelques buildings et les formes capricieuses de riches villas en briques rouges; elle eût jeté un regard de dédain sur la modeste *Maison Blanche* où s'abrite le souverain temporaire de ce grand pays, sans songer que Louis XI habitait lui aussi le non moins modeste logis de Plessis-lès-Tours, où il passait son temps à forger, en soudant une à une les provinces rivales par lui domptées, le royaume appelé à devenir, trois siècles plus tard, le premier du monde, et qui est encore aujourd'hui notre France bien-aimée.

Mais le Grand Roi aurait froncé le sourcil à la vue du *Capitole* au dôme rival de Saint-Pierre de Rome, où siègent des centaines de délibérants tout à fait étrangers à son système de gouvernement. Cependant, il eût trouvé à son goût le somptueux palais de marbre construit pour recevoir cinq millions de volumes et qui en contient déjà treize cent mille, parmi lesquels tous ceux des auteurs qui illustrèrent son règne. Enfin, il eût appris avec satisfaction que le plan de cette cité magnifique fut l'œuvre d'un architecte-ingénieur français, le major L'Enfant.

Pour nous Français, toutes ces choses sont d'hier; le temps ne les a pas encore chargées de sa précieuse patine, mais elles ne nous inspirent pas moins de sérieuses réflexions.

La capitale des États-Unis date de 1790. Son emplacement fut choisi par George Washington, qui le fit adopter comme le plus à portée à la fois des États du Nord et des États du Sud. Et, par reconnaissance envers le libérateur du territoire américain et le fondateur de l'Union, ses compatriotes lui donnèrent son nom. Puis, dans leur inexpérience de l'aménagement des villes, c'est à un Français qu'ils en confièrent le tracé. Nous étions alors les maîtres en tous les arts, comme en toutes les sciences, et il se trouve que le cerveau d'un ingénieur français a conçu là une ville qui peut passer pour la plus belle du monde.

Pendant cent vingt ans, les Américains y ont accumulé monuments, décorations, statues, fontaines jaillissantes, résidences privées, services publics magnifiquement installés. Le style classique y domine toujours, dont le Capitole est le modèle grandiose, et la lourde architecture allemande n'y a point encore reçu droit de cité. Même les édifices les plus récents, le palais de la Poste fédérale, la Gare centrale, la plus belle des États-Unis, ne marquent pas la moindre parenté avec les constructions similaires germaniques. Les États-Unis et l'Angleterre sont les seuls pays qui soient vierges encore de ces inintelligibles conceptions.

Pendant que les Américains accroissaient et embellissaient sans relâche leur capitale, qu'avons-nous fait à Paris ?

Au siècle de Louis XIV, où l'on avait vu grand, où se construisaient Versailles et les Invalides, avait succédé le dix-huitième siècle, à qui ne plaisait que l'élégance et la grâce. Arrive la Révolution qui remet en vedette le grec et le romain. Napoléon donne à cette renaissance les proportions de son génie : on bâtit la Madeleine, l'Arc de triomphe, on trace les Champs-Élysées. La France entière est au grandiose.

La Restauration rapetisse tout et Louis-Philippe l'enlaidit.

Sous le second Empire apparaît un fonctionnaire génial auquel est donnée carte blanche pour faire de Paris une capitale qui défie toute comparaison. Il commence l'exécution de son plan, et en quelques années on achève, contre vents et marées, les parties maîtresses. Le monde entier vient les contempler. La guerre de 1870 interrompt ce grand œuvre. Et, pendant quarante-cinq années de paix, nous n'avons pas eu le temps de le terminer !

Mettons à part le pont Alexandre III et l'avenue bordée de palais qui ouvre une perspective, justement admirée, sur les Invalides, rien n'a été fait pour embellir Paris. Si, cependant : on a ouvert la rue Édouard-VII ; je laisse à d'autres le soin d'en célébrer la magnificence. Et les statues de nos grands

La maison d'éditions " Curtis ", à Philadelphie

Type de maison américaine en bois.

hommes, Pasteur, Musset, Ferry ! Mais n'insistons pas.

Est-ce impuissance, est-ce stérilité ? non ; car les cerveaux créateurs ne nous ont pas manqué. Barce- lone, l'une des plus belles cités neuves d'Europe, est l'œuvre d'un urbaniste français. Quand on met au con- cours les plans d'une de ces universités américaines qui sont une ville dans leur ville, c'est notre archi- tecte Pascal qui remporte le prix ; Anvers a besoin de s'étendre, c'est le jeune prix de Rome, Prost, qui arrive premier dans le concours international, et Tony Gar- nier, au grand scandale des vieux pontifes, obtint lui aussi le prix de Rome avec le plan idéal, mais complet d'une cité moderne.

Paris dédaigne ces lauréats, mais d'autres les accueillent. Il faut voir de quelle allure Lyon pro- gresse, sous l'administration d'Herriot, secondé par Tony Garnier, et, dès que Lyautey a connaissance du talent de Prost, il se l'attache comme architecte urba- niste du Protectorat marocain, si bien que, lorsque les touristes voudront voir une capitale naissante qui fasse honneur à la France, ils devront aller visiter Rabat.

La morale de ceci est tout entière dans une phrase dite par un Américain de la Louisiane auquel un de nos compatriotes faisait visiter avec orgueil les au- gustes monuments construits à Paris par nos ancêtres : « Vous me voyez aussi fier que vous, interrompit le Yankee, car vos ancêtres, ce sont aussi les miens. Depuis lors, moi, j'ai fait les États-Unis, et vous qu'avez- vous fait ? »

* *

Décrire Chicago après Washington me vaudra le

reproche de rechercher les contrastes faciles. Je n'y puis mais, car Chicago, avec ses deux millions et demi d'habitants, vient immédiatement après la métropole commerciale et la capitale politique des États-Unis. C'est une fourmilière humaine assez déplaisante et prétentieusement laide.

Il est reconnu que plus on s'avance dans l'Ouest — et Chicago est à 1 600 kilomètres à l'occident de New-York — plus le goût se pervertit. D'autre part, le sens esthétique n'est pas seul offensé à Chicago. Si les rues y sont mal percées, mal tenues et mal pavées, si rien n'y repose la vue, si l'ouïe y est perpétuellement déchirée par le bruit assourdissant des *Elevated Railway*, si les devantures des magasins immenses ne présentent que des objets pour le moins bizarres, les habitants ont de leur côté donné cours à la légende suivante que je n'aurais pas l'irrévérence de reproduire si elle ne m'avait pas été contée en Amérique :

Deux citoyens des États-Unis, l'un de Boston, l'autre de Chicago, avaient parié à qui raconterait l'histoire la plus extraordinaire. Un arbitre fut choisi et l'enjeu, 500 dollars, déposé entre ses mains par chacun des parieurs. On tire au sort lequel des deux parlera le premier ; le sort désigne le citoyen de Chicago.

Il débute et dit : « Il y avait une fois, à Chicago, un gentleman...

— Un gentleman à Chicago ! » interrompt le Bostonien décontenancé ; et tout aussitôt, il ajoute d'une voix résignée : « Arbitre, payez les 1 000 dollars, j'ai perdu. »

Les Allemands prétendent d'ailleurs que Chicago

est la troisième ville de l'empire, — après Berlin et Hambourg, — parce qu'ils y sont plus de six cent mille.

Les Américains de l'Est sont les premiers à dauber sur Chicago. Cependant, quand les critiques se pressent un peu trop véhémentes, ils y coupent court en concluant : « Au demeurant, Monsieur, en venant ici, vous n'espériez pas y trouver Florence! Veuillez, par contre, admirer à Chicago le développement le plus complet de l'audace, de l'ingéniosité et de l'énergie humaines. »

En quoi ils ont raison.

Chicago est certainement la ville de tous les temps qui a grandi le plus vite.

Les bords du lac Michigan où elle est assise furent explorés par les Français Joliet et Marquette au dix-septième siècle. L'Union américaine y fonda un village au commencement du dix-neuvième. Mais ce village ne comptait encore, en 1831, que 100 habitants, périodiquement exposés au massacre par les Indiens. Chicago ne commença à devenir une ville que quand la sécurité lui fut assurée. En 1850, elle avait 20.000 âmes, et 300.000 en 1871, le jour où, presque tout entière, elle fut détruite par un incendie.

De ce terrible sinistre, il ne restait plus trace, trois ans après. Une ville de pierre avait remplacé la ville de bois. Depuis lors, son essor a été prodigieux. Dans les dix dernières années, elle s'est accrue en moyenne de cent mille habitants par année.

L'affluence de toutes ces énergies à Chicago tient de sa situation à l'extrême sud des Grands Lacs et au centre de l'Amérique. C'est là que le navire rencontre le rail et lui passe les matières premières que l'industrie américaine transformera. Pour tout cela, trente lignes de chemins de fer se déploient en éventail autour de Chicago.

Ce sont les produits agricoles qui forment ici le plus formidable tonnage : bois, céréales, bétail. Je ferai grâce au lecteur de toutes statistiques, le principal motif étant que, passé une année, elles deviennent inexactes. Qu'il suffise de retenir que Chicago est le plus grand entrepôt du monde pour toutes ces denrées. Il en est aussi le plus ardent foyer industriel.

L'activité, une activité débordante, universelle, infernale secoue la population entière. Personne n'est oisif. Tout est en mouvement, en transformations, en agrandissements. Il semble que l'on vive au milieu du provisoire. Une installation n'est pas plutôt finie que, déjà surannée, on la remplace par une autre ; d'où l'aspect si peu engageant de ce gigantesque champ clos de la lutte pour la vie.

Pour y vaincre, les combattants ne sauraient s'oublier dans les délices de l'art et les joies de l'idéal. Si, après avoir *fait* des millions de dollars, ils prennent goût aux plaisirs plus délicats, alors le mieux pour eux sera de quitter Chicago, tout aussi résolument qu'un Toscan qui veut devenir millionnaire devra s'éloigner de la divine Florence.

Je crois bien que c'est à Chicago ou dans ses environs que s'élèvent les plus vastes entreprises du monde : les abattoirs et fabriques de conserves d'Armour, célèbres, mais déjà vieux jeu ; la fabrique de wagons Pullmann ; les magasins de nouveautés — ou plutôt de tous produits achetables — de Marshal

Field; les entrepôts plus extraordinaires encore de vente par correspondance de Rœbuck dont le chiffre d'affaires dépasse 600 millions; les fonderies, forges et aciéries de Gary, mises en activité en 1909, la plus monstrueuse usine métallurgique qui ait jamais été construite. Mais je reviendrai sur plusieurs de ces exploitations.

Et cependant, malgré cette frénésie de *business* qui laisse si peu de temps aux *faiseurs* d'or pour s'orner l'esprit, il y a à Chicago des tentatives d'art et de culture plus relevée; il y a une université fréquentée par plus de cinq mille élèves dont un tiers sont des étudiantes; il y a un musée plus riche de dotations que de chefs-d'œuvre; maint talent incompris dans nos salons annuels trouve là-bas un asile doré; il y a une bibliothèque publique de cinq cent mille volumes; il y a de vastes parcs soigneusement entretenus et abondamment fleuris; il y a enfin des institutions sociales extrêmement prospères. Le tout est dû aux libéralités d'hommes qui ont fait des fortunes incalculables avec le maïs, les minerais ou les cochons. En Amérique, au rebours de ce qui se passe dans notre vieux monde, il faut d'abord gagner de l'argent, après quoi on songe à s'instruire.

*
* *

Répétons que plus on marche vers l'ouest, plus la culture et le goût apparaissent rudimentaires. Dans l'Est, au contraire, l'instruction s'affine d'année en année. Philadelphie et Boston en sont les deux exemples constamment cités.

Philadelphie ressemble à un petit New-York — un New-York d'un million huit cent mille habitants — qui a une longueur de 45 kilomètres sur une largeur de 12, avec des maisons moins hautes et plus largement espacées. Elle n'en est distante que de 160 kilomètres.

Deux hommes illustres ont présidé, à un demi-siècle de distance, à sa formation et à ses destinées : William Penn et Benjamin Franklin.

On trouve associés à Philadelphie une vie industrielle et commerciale intense et un mouvement intellectuel aussi prononcé qu'en une capitale européenne. C'est là que s'élèvent les célèbres ateliers de locomotives de Baldwin et l'une des premières universités de l'Union américaine, un musée remarquable et une fabrique qui lance chaque jour dans la circulation mille huit cents pianolas ; la plus vaste maison d'édition de revues illustrées du monde et une bibliothèque presque entièrement due à Carnegie et répartie en trente édifices distincts dans les divers quartiers de la ville ; une académie des beaux-arts ; une société historique pourvue de merveilleuses collections ; l'orphelinat Girard, qui élève et instruit mille huit cents enfants, grâce à un fonds de 80 millions de francs légué par ce banquier ; enfin, un parc public, orgueil des Philadelphiens, tel que je n'en connais aucun de comparable ; il mesure 1 350 hectares, presque le quart de la superficie de la ville de Paris.

Philadelphie serait la ville la plus européenne des États-Unis si Boston n'existait pas.

Boston (Massachusetts), capitale de la Vieille Angleterre, à 340 kilomètres au nord-est de New-York, est l'image fidèle d'une grande ville britannique.

C'est en effet la plus ancienne cité des États-Unis. Fondée vers 1630, par des puritains anglais, elle se développa assez rapidement, au point que pendant tout le dix-huitième siècle elle éclipsa New-York et Philadelphie. La première de toutes les villes américaines, elle donna le signal de la lutte pour l'indépendance et eut à soutenir plusieurs sièges contre les troupes anglaises. Franklin, qui y naquit, en fut un des plus glorieux champions. Depuis lors, elle a grandi d'une façon continue, mais beaucoup moins vite que ses rivales, puisque sa population ne dépasse pas six cent cinquante mille habitants. Toutefois, elle est restée le centre littéraire et scientifique de l'Union. La fièvre du dollar y sévit moins qu'en toute autre ville américaine; et l'aspect des rues de la cité qui s'étendent sur la presqu'île enfermée entre le Charles-River et la baie de Boston, est relativement modeste et suranné. Cependant son port qui, en ce moment même, est l'objet d'immenses agrandissements, vient, comme importance, immédiatement après New-York.

Le caractère intellectuel des habitants de Boston se traduit par des clubs littéraires et artistiques très fréquentés, de riches collections scientifiques, une bibliothèque qui a coûté 13 millions et contient plus d'un million de volumes, l'Université d'Harvard, une galerie de peinture, la plus remarquable des États-Unis. Dans ce musée, on peut admirer un nombre imposant de toiles de nos maîtres du dix-neuvième siècle. J'éprouvai une impression profonde quand je vis là, à la place d'honneur, le célèbre *Automédon* d'Henri

Regnault; je ne pus m'empêcher de dire à l'ami qui m'accompagnait : « Messieurs les Américains, quand vous venez chercher des chefs-d'œuvre chez nous, vous les choisissez bien. » C'est ainsi qu'il faut aller aux États-Unis pour contempler l'œuvre maîtresse du peintre de génie qui eût été sans doute le Rubens du dix-neuvième siècle, si les mêmes ennemis qui déciment aujourd'hui nos fils n'avaient fauché à Buzenval cette gloire française !

Combien de nos œuvres d'art récentes ou anciennes sont destinées à passer de la France ruinée à l'Amérique enrichie. Mais ne nous plaignons pas de trop de cet exode, c'est l'influence française qui conquiert ainsi l'Amérique.

A ce sujet, d'assez étranges idées ont tenté de se faire jour parmi nous. On nous a dit : « N'exportons pas nos œuvres artistiques »; on a même projeté, je ne sais dans quelle officine parlementaire, d'en légiférer l'interdiction.

Il ne faut pas laisser propager cette hérésie. Pour qui donc travailleraient nos peintres et nos sculpteurs si ce n'est pour le monde opulent qui peut payer à leur valeur leurs travaux ?

On redoute que, grâce à leurs prodigieuses richesses et à notre dénuement, espérons-le, momentané, les Américains ne nous dépouillent des trésors artistiques de notre passé. Cette crainte serait plus raisonnable. Mais notre fonds artistique ancien est assez riche, et il restera en France assez de musées et d'amateurs d'art pour supporter cet exode.

Enfin de quel droit viendrez-vous défendre à tel ou tel que la guerre aura ruiné de se refaire une petite fortune en vendant ses tableaux ou ses objets d'art?

La mentalité des proscripteurs provient de l'étroite conception qu'ils se sont faite de la diffusion à travers le monde du génie et du prestige d'une nation. Un pays qui garderait par devers lui tous les produits de son travail ne tarderait pas être non seulement méconnu, mais ignoré de tous les autres; il refermerait sur lui les portes de la renommée. Quand on est un vieux peuple d'artistes — et aucun, depuis Périclès, ne le fut plus que la France — on a devoir et intérêt à initier les pays plus jeunes à ses goûts, sinon à sa maîtrise, sans quoi ce sera le voisin, un lourdaud prétentieux, qui l'empoisonnera de son esthétique bizarre, mais curieuse par son effort constant vers une plastique nouvelle. Ce genre d'effort, disons-le en passant, est insuffisant chez nous. Nous restons un peu trop en légitime mais exclusive admiration devant notre passé, sans songer à créer du nouveau. Serait-ce de la pauvreté d'imagination? Je crois plutôt que c'est de l'esprit de routine et de la paresse.

Mais qu'on n'aille pas croire cependant que Boston néglige le domaine économique. Ses hommes d'affaires ne me pardonneraient point de passer sous silence que la Nouvelle-Angleterre est la patrie du tissage, du cuir, des chaussures mécaniques, des machines-outils et que Boston est le grand marché américain des laines brutes.

* *

Détroit après Boston; encore un contraste. Parmi les jeunes cités américaines qui nous étonnent par leur folle croissance, Détroit est la plus extraordinaire. De

285 000 habitants, en 1900, elle a passé à plus de 800 000 aujourd'hui, et ce nombre grandit en ce moment plus rapidement que jamais.

Une seule industrie, l'automobile, a suscité ce miracle.

Détroit (Michigan) est à cheval sur la rivière qui réunit le lac Huron au lac Érié et, au sortir de ce dernier, forme le Niagara lequel se jette ensuite dans l'Ontario dont l'exutoire est l'immense Saint-Laurent, le fleuve canadien qui arrose Montréal et Québec et constitue la plus belle voie fluviale de l'Amérique du Nord. Quatre vingt mille bateaux de marchandises passent annuellement à Détroit, presque tous chargés des minerais du lac Supérieur.

La ville reconnaît pour fondateur un cadet de Gascogne qui construisit là un fort, le fort Pontchartrain, en 1701, pour s'y défendre contre les Indiens. Elle entra dans la Confédération en 1796.

Elle représente aujourd'hui le type le plus parfait de la grande ville américaine toute moderne, avec des rues bien tenues, disposées en échiquier, recoupées par des avenues obliques, qui rayonnent en tous sens, entremêlées de places et de parcs aux plantureux ombrages. La cité entière est puissamment éclairée par des lampes électriques à arc, semblables à des astres éblouissants, et montées sur des candélabres d'acier de 45 mètres de hauteur.

Toutes les villes américaines possèdent des clubs athlétiques très fréquentés : celui de Détroit est le plus opulent d'Amérique et, par conséquent, du monde. Il occupe au centre de la ville un véritable palais.

Mais ce qui stupéfie le visiteur de Détroit, ce sont

ses fabriques d'automobiles et surtout l'usine Ford, que j'ai décrite dans un précédent ouvrage.

* *

Après ces immenses agglomérations viennent une dizaine de villes de plus de 400 000 habitants : Saint-Louis (Missouri), San-Francisco (Californie), Baltimore (Maryland), Cleveland (Ohio). La Nouvelle-Orléans (Louisiane), Buffalo (New-York), Pittsburg (Pensylvanie), Cincinnati (Ohio), Milwaukee (Wisconsin), cette dernière peuplée aux trois quarts d'Allemands.

Je renonce à énumérer les villes de plus de 100 000 âmes.

* *

Enfin, une multitude de cités nouvelles s'efforcent dans tous les États de l'Union de conquérir leur place au soleil, et la constante préoccupation de chacune de ces petites villes est de devenir grande. Partout les spéculations sur les terrains et les compagnies de chemins de fer, auxquelles sont généralement concédés quelques milliers de mètres à droite ou à gauche de la voie, mettent en œuvre les plus ingénieuses combinaisons de publicité pour y attirer de nouveaux arrivants et surtout des industries.

Des installations de services publics très perfectionnées précèdent la population que l'on attend : tracé d'un plan d'ensemble, gare, hôtel, journal, clubs, téléphone, canalisations de toutes sortes.

Un groupement actif est aussitôt formé entre les

premiers occupants, le *Board of trade*, sorte de chambre de commerce et de comité d'initiative pour développer la cité.

L'autonomie dont jouit la commune lui permet toutes les audaces. Les droits que chez nous le préfet du département s'arroge sur la commune, la commune américaine les exerce librement de par la constitution.

Le gouvernement des petites villes est confié à un maire assisté de quatre conseillers, tous rétribués, élus par les citoyens. Les villes, d'ailleurs, se rangent, au point de vue de leur administration, en trois classes, celles de plus de 500 000 habitants, celles de 100 000 à 500 000, celles de moins de 100.000.

La plupart des services nécessaires à la vie industrielle et sociale sont exploités par des sociétés privées : eau, énergie, lumière, télégraphes, tramways, téléphones. Beaucoup de villes, surtout de villes naissantes, possèdent plusieurs compagnies de téléphones ; c'est à qui recueillera le plus d'adhérents. Il en résulte ce fait que la plupart des clients sont abonnés à plusieurs réseaux. Chacun des exploitants fait des efforts surhumains pour améliorer le service qui, dès lors, offre une précision et une rapidité dont nous n'aurons jamais, en France, la bonne fortune d'être gratifiés. Il n'est pas rare qu'un abonné, à qui le bureau répond qu'un correspondant est absent, insiste pour que la préposée le cherche à son club, à son restaurant ou ailleurs, et la demoiselle obéit !

J'ajoute que le téléphone à appel direct d'abonné à abonné se répand largement aux États-Unis.

La plupart des villes font une réclame effrénée pour attirer à elles les visiteurs, les industriels, les ouvriers, en leur vantant les ressources et les avantages divers qu'ils y rencontreront.

Un des moyens parlant aux yeux qu'elles emploient est la diffusion de petites vignettes gommées assemblées en série et que l'on colle sur les lettres. Cette imagerie variée, assez grossière, mais généralement pleine d'humour, reproduit tout ce qu'on peut voir, admirer, développer, produire, échanger, gagner dans la ville qui les émet. L'énumération des plaisirs et des attractions n'y est point oubliée. Et si la ville est soumise à la loi de tempérance qui régit actuellement plus de la moitié des États de l'Union, cette mention est mise en vedette.

La guerre à l'alcoolisme aura bientôt réduit aux États-Unis ce fléau à néant.

Tout État ou toute ville est libre d'interdire sur tout son territoire la consommation des boissons fermentées dans les lieux publics, restaurants, bars, clubs, dinings-wagons. Et comme on s'est aperçu que cette interdiction, qui est appliquée avec une sévérité dont nous ne nous faisons aucune idée, donne d'excellents résultats, non seulement au point de vue hygiénique, mais encore industriel, elle fait littéralement tache d'huile.

Les États où l'alcool est interdit se nomment dans le pays des *États secs*. Et ce ne sont pas seulement les spiritueux, mais encore le vin, la bière et le cidre qui sont impitoyablement prohibés, ce qui nous apparaît comme une exagération.

Mais quand on en fait l'observation aux habitants des villes tempérantes, ils vous répondent qu'il est plus facile de supprimer l'usage de ces boissons inutiles que d'en réprimer l'abus, que l'habitude de la tempérance est si vite acquise que personne n'en souffre; puis incontinent ils vous en développent les avantages.

La santé et la race s'améliorent, les enfants naissent plus robustes, les asiles et les hôpitaux sont moins encombrés, la justice a moins de crimes à punir, les travaux industriels ou agricoles sont mieux exécutés; aussi les exploitants affluent et finalement la prospérité des États secs fait pâlir celle des États voisins où l'alcool est libre; à telle enseigne que ceux qui ne sont pas *secs* se disent successivement qu'ils auraient avantage à le devenir, et la tempérance enregistre chaque année de nouvelles conquêtes.

Tout le monde prévoit l'époque prochaine où, d'un bout à l'autre des États-Unis, on ne pourra consommer une coupe de champagne ou un verre de whisky, que dans son home ou, au dehors, sur ordonnance médicale, dans l'officine du pharmacien. C'est pourquoi les brasseurs allemands de Milwaukee et les vignerons californiens ne sont que médiocrement rassurés sur l'avenir.

****

On serait tenté de croire d'après ce qui se passe chez nous, que la formation de ces villes à développement vertigineux est plus ou moins chaotique; qu'elles se composent de baraques informes, construites au hasard de vagues alignements, habitées par des immigrants haillonneux qui vivent on ne sait comment, à la façon des bûcherons dans la forêt. Il n'en est rien. Le confort dans la vie matérielle est le principe adopté par la plupart des hommes débarquant dans le Nouveau Monde.

Nous connaissons au moins deux pays où depuis nombre d'années se créent de toutes espèces des agglomérations de travailleurs : l'Allemagne et les États-Unis. De part et d'autres elles s'installent avec ampleur et conceptions d'ensemble, mais elles procèdent par des voie différentes.

En Allemagne, lorsqu'une grosse unité industrielle se fonde dans une banlieue écartée ou dans quelque endroit jusque là désert, elle ne manque pas de créer elle-même la cité ouvrière qui abritera ses collaborateurs ; la colonie se composera d'habitations vastes et décoratives pour les chefs, de demeures plus modestes des employés, et de leur lieu de réunion — casino — ; enfin des rues entières sont tracées qui reçoivent les maisons ouvrières, avec tous les accessoires de la vie moderne : restaurants, écoles, hôpitaux, églises, bains, magasins coopératifs, lieux de délassements, le tout est spacieux, aéré, égayé d'arbres et de verdure.

Aux États-Unis on retrouve les mêmes organisations ; mais, en général, l'industriel n'y est pour rien. Il est constant que sa seule arrivée provoque un mouvement parallèle de constructions de la part d'entrepreneurs à l'initiative toujours en éveil, qui se hâtent de fonder un quartier de ville plus ou moins attrayant pendant que le manufacturier élève son usine. Et comme ils sont les premiers intéressés à attirer les clients, les logements offerts font presque toujours plaisir à voir. Quant aux immeubles affectés aux services publics, les municipalités et les Board of trade se gardent bien de les négliger, car ils font essentiellement partie de l'attirance à exercer sur le public.

Seuls les édifices confessionnels ne sont pas envisagés par l'administration. Les cultes étant tous uniformément libres, les fidèles de chaque religion se bâtissent leur temple. Ces églises, ordinairement modestes, sont quelquefois nombreuses dans une même ville. Il est peu admis qu'un citoyen américain ne professe aucune religion. Cependant, comme la tolérance est une loi universellement respectée, il arrive souvent que plusieurs cultes se mettent d'accord pour bâtir et occuper le même sanctuaire.

Le type d'habitation qui fait le fonds de toute ville nouvelle aux États-Unis est un cottage ou chalet de bois, plus ou moins vaste, plus ou moins élégant, mais toujours agréable d'aspect.

La construction de ces maisons constitue une industrie extrêmement importante dans les districts où les forêts abondent. On en fabrique en série tous les éléments, parois, charpentes, portes et fenêtres, y compris les vérandas dont elles sont toutes pourvues et entourées sur plusieurs faces; et on les expédie, démontées, à leur lieu de destination.

Le montage en est extrêmement rapide. Les murs sont formés de deux épaisseurs de planches à recouvrement, séparées par un espace vide que l'on garnit de débris calorifuges. Le cottage est disposé dans un terrain assez spacieux pour qu'il y ait toujours place pour des dépendances; un jardin gazonné en façade sur la route et un espace libre entre les habitations. On voit ainsi s'allonger des kilomètres et des kilomètres de maisons, sans bordures, ni haies, ni séparations d'aucune sorte. On trouve de tout aux États-Unis excepté des murs de clôture.

L'aménagement intérieur de ces résidences qui ne

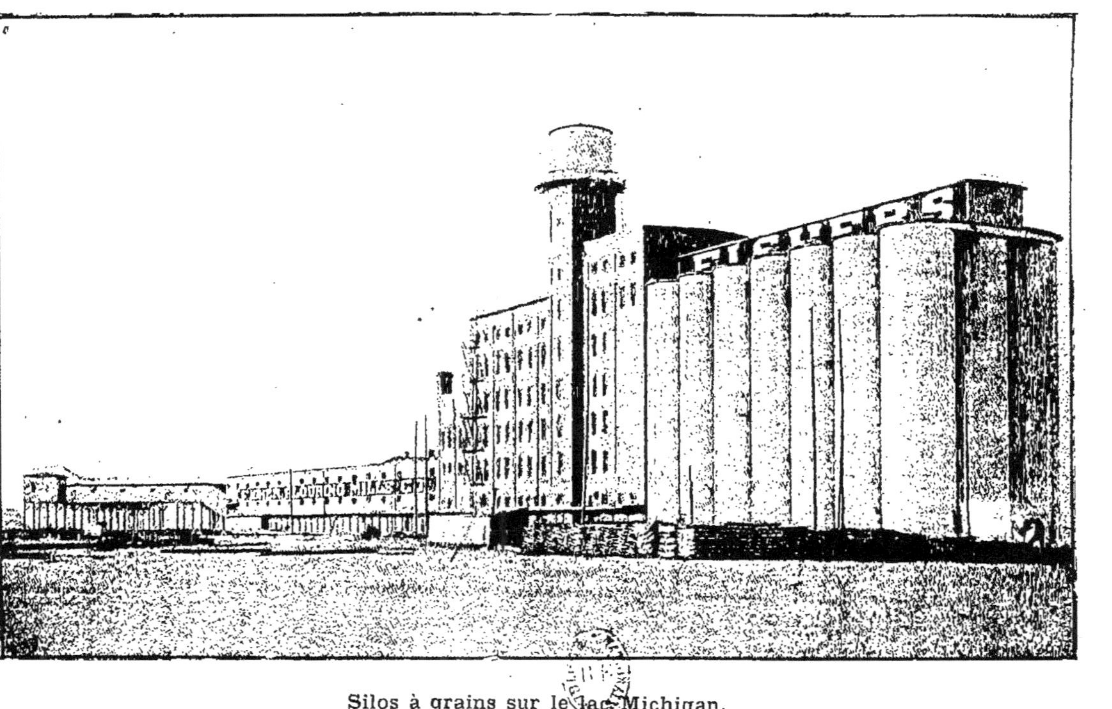

Silos à grains sur le lac Michigan.

comportent jamais qu'un étage est toujours pratique, confortable et souvent luxueux.

Il est inutile d'ajouter que des compagnies leur fournissent l'eau, le gaz, etc., et, dans beaucoup de villes, le chauffage sous la forme de conduites de vapeur qui courent le long de la rue et sur lesquelles le locataire vient prendre un branchement.

Il serait impropre d'appeler ces chalets des immeubles, car ils reposent seulement sur quelques dés en maçonnerie. Nous lisons souvent, non sans quelques sourires sceptiques, qu'on a transporté d'un point à un autre une ou plusieurs maisons. Le cas est fréquent. Il suffit de les soulever avec des vérins, de glisser des rouleaux sous les poutres du rez de chaussée, de fixer des cordes à ces poutres, et de les relier à des treuils, plantés à une certaine distance, que l'on actionne à l'aide d'animaux de trait. On voit alors la maison s'avancer lentement et venir occuper le nouvel emplacement qu'on lui assigne.

C'est ainsi que naissent par centaines les villes américaines. Beaucoup de quartiers neufs dans les grandes cités en sont encore à l'étape de la maison de bois, qui est d'un extraordinaire bon marché. La construction de maçonnerie est réservée d'abord aux édifices publics, aux hôtels, aux magasins du milieu de la ville; et elle ne progresse qu'assez lentement du centre à la périphérie. Beaucoup d'Américains lui préfèrent l'habitation de bois. Quant au promeneur, il a perpétuellement l'illusion de circuler dans un parc où l'on a semé de distance en distance des chalets, peut-être un peu trop uniformes, mais d'un ensemble singulièrement gracieux et attrayant.

*
* *

Après ces quelques détails sur la formation des villes, un mot pour terminer sur la naissance des États de l'Union. On sait que de 11, au début, ils ont atteint successivement le chiffre de 48.

Il existait autrefois, il existe même encore aujourd'hui, sur l'immense superficie de l'Union, des territoires réservés aux Indiens et qui ne font partie d'aucun État. Au fur et à mesure que les Indiens disparaissent et que la population américaine s'accroît, on taille dans ces territoires un État nouveau, on ajoute une étoile au drapeau de l'Union, et un lotissement préalable est tracé dans ce domaine à mettre en valeur.

La prise de possession est annoncée dans toute la République pour un jour donné. Ce jour-là, on voit de tous les points accourir vers la frontière du territoire une nuée de gens résolus à le coloniser. A midi sonnant tous se précipitent à pied, à cheval, en carriole, à bicyclette (car l'automobile n'existait pas encore), pour envahir la nouvelle conquête offerte à leur convoitise, et le premier qui plante son fanion sur un lot de terrain a le droit de s'écrier : « Ceci est à moi ! »

*
* *

Ainsi se passa, il y a une vingtaine d'années, la dernière transformation d'un territoire, l'Oklahoma, en État de l'Union.

Il se trouvait alors, dans le voisinage de l'Oklahoma, un petit employé de chemin de fer qui guettait, lui aussi, la bonne occasion. Mais au lieu de prendre part au

match, il réunit ses économies à celles de quelques
camarades, 3 000 ou 4 000 dollars au plus, avec lesquels
il acheta un lot de pelles, de pioches, de tentes de
campement, et autres instruments de première nécessité qu'il chargea sur un wagon à destination de la
gare la plus proche de l'Oklahoma. Là il acquit d'un
des premiers occupants quelques mètres carrés de terrain, y déballa ses marchandises, et se mit à les détailler
au mieux. Avec son bénéfice, il se réapprovisionna et
construisit une baraque : le premier bazar de l'Oklahoma
était fondé. Inutile d'ajouter qu'il prospéra. Le petit
employé devint vite un personnage ; on l'a vu successivement sénateur, puis gouverneur de l'État. Il vaut,
m'a-t-on assuré, plus de 6 millions de dollars.

CHAPITRE III

L'industrie américaine

L'existence étroite et la vie large. — Les grandes unités américaines. — Forcez les machines jusqu'à les rompre. — Anathème aux oisifs. — Le zèle des banquiers. — Comment on fonde une usine. — Et la main-d'œuvre? — Industrie américaine, industrie allemande. — Les crises. — A quand le système métrique? — Peu de chimistes. — Le repérage des bonnes graines et la sélection des hommes.

Les villes que l'on rencontre dans notre vieux monde ont des aspects variés. Les unes s'adonnent à la production et au commerce, d'autres sont littéraires et artistiques, d'autres se maintiennent à cause d'une université, d'une caserne, d'un arsenal, d'un gisement de fonctionnaires, de traditions locales, de monuments historiques; certaines ne sont que de simples centres agricoles; plus d'une, enfin, n'a d'apparente raison de subsister que la force de l'habitude des générations qui s'y succèdent. On y végète modestement dans de petites maisons, le long de vieilles petites rues bordées de petites boutiques, avec de toutes petites fortunes.

L'activité y est inconnue et, si tant est que l'habitant produise quelque chose, le rendement de son travail est insignifiant. Presque tout l'argent qui circule vient du budget national. Vivre là de ses appointements de bureaucrate ou du produit des paperasses est l'existence normale, y attendre la mort en grignotant une chétive retraite est la commune destinée.

Aujourd'hui où la sécurité est aussi assurée aux familles isolées qu'aux groupements d'hommes, on se perd en conjectures sur le motif qui les pousse à se réunir en grappes serrées dans de mornes cités où ils n'ont rien à faire.

Aux États-Unis, on chercherait vainement une ville qui ne se soit formée, ne vive et ne se développe par l'industrie et pour l'industrie. Toutes naissent des œuvres d'Hercule, grandissent par les travaux de Vulcain et *font* de l'or comme Plutus. Aussi toutes les agglomérations se ressemblent-elles. Tout y est vaste, tout y est neuf, tout même y apparaît comme provisoire. Les usines, les cheminées, les mines, les engins mécaniques, les panaches de vapeur et de fumée se dressent, défilent devant les yeux et s'estompent dans le lointain, interminables et monotones.

Mais ce spectacle, singulièrement grandiose, donne une impression ineffaçable de la puissance et de la fécondité de l'effort humain. La plupart de ces installations vous étonnent autant par leurs dimensions que par la vertigineuse activité dont elles sont le foyer.

⁂

Les Américains procèdent par grandes unités. Autour des bâtiments déjà construits, d'autres s'achèvent et des terrains vagues attendent de prochaines extensions. Puis, si l'espace est devenu trop étroit, ou si des procédés nouveaux détrônent ceux de la veille, la bâtisse est désertée et condamnée à s'effriter sur place, tandis qu'un établissement nouveau s'élève plus loin. Il ne semble pas que personne aux États-Unis ait encore songé au métier d'entrepreneur de démolitions, et nul n'y pratique l'art d'utiliser ces restes.

C'est que rien n'est plus étudié que la construction d'une usine neuve. Il importe avant tout que les bâtiments soient adaptés à leur destination. Ils sont en général simples et sans apparat, dépourvus de ce luxe extérieur, de ce décor orgueilleux qui fait ressembler les usines allemandes à des châteaux forts, à des bastilles dans une mise en scène tout à fait flamboyante.

Aujourd'hui, le ciment armé domine : des piliers carrés encadrant de larges baies vitrées, de nombreux étages superposés et une terrasse immense, sans charpente, recouvrant le tout, voilà le type le plus fréquent de l'usine américaine moderne.

On a évalué rigoureusement les avantages du district que l'on choisit, les approvisionnements de matières premières, les moyens de communication, la main-d'œuvre accessible, les débouchés, les concurrences. On fait appel aux techniciens spécialistes de l'industrie projetée. Les uns installeront le bâtiment, d'autres organiseront les ateliers, d'autres placeront les machines, et tous vont travailler avec une rapidité fiévreuse, parce que chacun d'eux connaît admirablement la partie qui lui est confiée.

C'est dans ce cadre que l'on peut contempler l'épanouissement du machinisme le plus ingénieux, le plus perfectionné qui soit au monde. Le caractère fondamental, de l'industrie américaine est le culte de la mécanique. On peut dire que ce grand peuple est hanté de la passion de produire avec des machines tous les objets que la civilisation réclame de ses pourvoyeurs.

Il y a vraiment plaisir d'artiste à observer comment les manutentions s'opèrent, par quel chemin invariable les matériaux transportés se frayent un passage à travers la fourmilière des travailleurs, quel ordre et quelle précision règnent dans cet encombrement apparent. On est émerveillé des fonctions variées et automatiques que l'homme confie aux outils et surtout de la phénoménale prestesse avec laquelle les opérations s'engagent, se poursuivent, se succèdent et se terminent.

Dans la plupart des ateliers, l'ouvrier n'est plus que le surveillant des outils auxquels il semble avoir communiqué une partie de son intelligence et qui exécutent ses ordres avec une obéissance mathématique et une correction absolue.

Depuis le cerveau du patron millionnaire jusqu'à celui du dernier apprenti, tous travaillent à perfectionner la mécanique, parce que tous comprennent que leur propre avenir en dépend. Ingénieurs et ouvriers collaborent effectivement dans leurs recherches. Et c'est là un des traits sociaux distinctifs de l'Amérique du Nord.

Cet ouvrier sans instruction professionnelle, mais qui conduit avec attention plusieurs machines-outils, cet autre que nous voyons affecté au montage d'un appareil compliqué où il doit répéter tout le jour, pour ainsi dire automatiquement, les mêmes mouvements, à quoi songent-ils ? A inventer quelque dispositif qui accélérera encore la vitesse de l'outil ou l'achèvement de son travail. Ils savent que le patron les en rémunérera par une augmentation de salaire, car le patron est assez avisé pour provoquer ainsi des améliorations. Aussi, souvent, aux États-Unis, les progrès industriels viennent-ils d'en bas, de même que c'est d'en bas que partirent la plupart des hommes qui sont devenus les rois de l'industrie. Chaque ouvrier a sous son bourgeron le sceptre de Rockfeller, comme naguère nos soldats un bâton de maréchal dans leur giberne.

Les techniciens d'élite ont orienté les efforts dans cette voie à cause de la rareté et de la cherté de la main-d'œuvre, et la contagion de l'exemple y a gagné les masses. L'admirable organisation des usines procède des mêmes préoccupations. Il faut produire vite pour utiliser au maximum les bras humains. Éviter les fausses manœuvres provenant d'aménagements vicieux est le plus sûr moyen de ne pas perdre de temps. Le temps étant l'élément le plus précieux pour un Américain, tout le respect que nous accordons à certaines formules, ils le réservent aux économies de temps. La matière première, l'outil ne valent à ses yeux que si les opérations sont accélérées. Seule la fabrication en série parvient à satisfaire son impatience.

Lorsqu'un homme est devant un outil, il faut, coûte que coûte, qu'il lui fasse donner le maximum. Un jour, en tournée dans son usine, un industriel voit un ouvrier occupé à travailler posément sur une machine, il lui dit :

Une filature de coton de 100 000 broches dans le Massachusetts,

Type d'atelier américain. — Étage supérieur.

Rez-de-chaussée et étages.

— Vous n'allez pas assez vite, mon ami.

(On parle toujours très poliment aux ouvriers américains.)

— Mais, Monsieur, répond l'homme, si je vais plus vite je casserai la machine.

—Qu'importe, cassez-là sans hésiter, nous verrons par où elle pèche, et nous en commanderons une plus forte.

Une telle scène n'est point une boutade, car la devise dans toutes les usines des États-Unis est : *Work your machinery to death* : « Faites marcher vos machines jusqu'à les crever. » Plus tôt une machine sera hors d'usage, plus tôt vous nous en procurerez une meilleure; le progrès est à ce prix. De plus, une fabrication, pour obtenir le minimum de prix de revient, exige que ni les outils ni les hommes ne perdent jamais une minute.

Observations caractéristiques qui prouvent que si l'industrie américaine a la frénésie, raisonnée cependant, de la vitesse, elle est toutefois surtout expérimentale. C'est en cassant une machine qu'on en provoque les perfectionnements.

Aussi arrive-t-il souvent qu'un pont est tombé, qu'il y a eu des accidents de wagons, des ruptures de câbles, etc. Rien n'est calculé scientifiquement. On procède par expérience, et par un coup d'œil pour ainsi dire « américain » pour voir la force, la résistance qu'on peut donner à un objet.

C'est ce qui explique que souvent les progrès viennent d'en bas, sont découverts par l'ouvrier, contrairement aux principes de l'industrie allemande où toujours les nouveautés viennent d'en haut, c'est-à-dire de la science puisée par l'ingénieur dans les écoles techniques et les Universités. Cette constatation n'est pas à l'avantage de l'Amérique, car lorsqu'on se lance sur la route, sans avoir la science pour guide, on s'expose à des déboires.

Heureusement, en Amérique un homme qui n'a pas réussi n'est pas disqualifié. Il reste convaincu qu'il trouvera *sa chance* ailleurs, et fait aisément partager autour de lui sa confiance. Il n'y a de mal cotés que ceux qui ne font rien.

L'activité américaine qui, je le répéterai souvent, n'est pas de la précipitation, s'exerce dans un milieu où tout est préparé pour éviter les gestes inutiles. L'homme qui a donné rendez-vous à un autre homme, quelles que soient leurs situations respectives, y est exact comme un chronomètre. Une correspondance recevra régulièrement sa réponse par retour du courrier. Un fonctionnaire risque sa place s'il fait poser un homme d'affaires. Appels et réponses téléphoniques se succèdent avec la rapidité de la foudre. Le parlographe à cylindre supprime la dictée des lettres; la concision exigée de ces dernières en abrège la lecture. Les systèmes de comptabilité sont si clairs et si simples que les chiffres apparaissent sans recherches; les machines à calculer, qui se répandent de plus en plus, font gagner des heures précieuses. Les renseignements commerciaux, financiers, politiques abondent et sont affichés partout. A cet égard, la concentration de services publics dans les grands buildings est d'une incomparable utilité; c'est sans doute ce qui explique leur développement dans la plupart des grandes villes où la topographie ne les exigeait pas comme à New-York.

Plus fortuné que son confrère français qui emploie une partie de sa journée à pester contre les services publics, à poursuivre de petites besognes sans intérêt, à faire queue dans des antichambres, à attendre des informations retardées, à se débattre dans des entraves ou des erreurs administratives, le businessman américain parcourt sa journée avec aisance en ne songeant qu'à des affaires d'importance, en n'exécutant que des gestes sûrs et décisifs. Aussi, quelle que soit l'énormité de sa besogne il en vient à bout et à point nommé.

La logique, non moins que la tendance nationale, pousse l'Américain vers les grandes affaires et lui font mépriser celles d'importance médiocre. Il faut donner autant de temps, d'attention et de peine à un projet de 10 000 francs qu'à un autre de 1 million de dollars. Voilà pourquoi les entreprises aux États-Unis sont démesurément étendues.

* *

Pour se permettre de tels développements, il a fallu, il faut tous les jours, à l'industrie américaine, un aliment sans lequel tous ses efforts seraient vains : le capital, ou, plus généralement, le crédit. Les Américains ont été, jusqu'au début de la guerre, d'éternels emprunteurs. Ils trouvent dans leurs immenses et innombrables banques d'affaires la manne inépuisable qui nourrit leurs entreprises.

Un livre entier me serait nécessaire pour décrire la base, l'organisation, le fonctionnement et l'immixtion des banques américaines dans les affaires industrielles du pays, qui sont leur seul objectif. Elles ont d'ailleurs servi de modèle aux établissements similaires germaniques et suisses. Rien, chez nous, ne peut offrir une image de l'ampleur et de l'audace de leurs initiatives et aussi de leurs spéculations. Loin de moi la pensée de les approuver en tout, mais il faut bien reconnaître que les financiers des États-Unis ont fait la grandeur économique de leur pays. Nous ne sommes pas près d'en pouvoir dire autant de ceux qui dominent en France.

Un exemple que j'ai eu sous les yeux donnera simultanément la vision des études que poursuit l'industriel américain résolu à fonder un établissement et de la largesse des banquiers à lui avancer les capitaux dont il a besoin.

Un industriel, déjà propriétaire d'un atelier qui exige une main-d'œuvre abondante, avait résolu d'augmenter sa fabrication. — Je n'oserais pas affirmer qu'il y ait en ce moment aux États-Unis un seul manufacturier qui ne songe pas à élargir ses établissements. — Préoccupé d'asseoir son installation dans un district où il pût trouver des ouvrières en grand nombre, notre chef d'industrie formula, par la voie de la presse, une demande de terrain, dans une région houillère nouvellement en exploitation, où les filles de mineurs abondent. Une nuée de réponses s'ensuivit : presque toutes lui offrant gratuitement du terrain.

Un tel phénomène exige une première explication.

En Amérique, il n'existe pas de villages, mais de tous côtés des villes en formation dont la seule préoccupation est de devenir importantes. Leurs terrains appartiennent soit à des spéculateurs, soit à des compagnies de chemins de fer, très souvent propriétaires, par voie de concession, de quelques milles de territoire à droite et à gauche de leurs parcours. Dans le premier cas, l'objectif est d'accroître le plus vite possible la valeur du sol ; dans le second, il s'ajoute à cette convoitise le souci d'augmenter le trafic de la ligne.

Les habitants de la jeune cité, fournisseurs, hôteliers, négociants de toutes sortes, ont un commun intérêt à y provoquer une immigration intensive. A cet effet, tout ce monde crée une façon de chambre de commerce, ou plus exactement un comité d'initiative destiné à amener de l'eau au moulin, c'est-à-dire des citoyens à la ville. Ils souscrivent des subventions considérables afin d'organiser de la publicité, et aussi pour attirer les gens par de véritables libéralités. L'offre du terrain gratuit en est une, car un industriel qui a besoin de beaucoup d'ouvriers est une bonne fortune à ne pas laisser échapper.

Mais ils font mieux encore.

Notre industriel, qui n'a eu que l'embarras du choix, a tout pesé et jeté son dévolu sur une localité. Aussitôt se présente un agent du comité qui vient lui offrir des capitaux. Vous entendez bien que notre industriel est un homme sur qui on a pris des renseignements. Plus il aura de fonds à sa disposition, plus importante sera son usine. Il ne se fait pas trop prier et demande sur quelle somme il peut compter. « Nous avons 500 000 dollars en caisse, ne prenez pas tout », lui répond-on. On débat les intérêts et les annuités de remboursement et on convient que l'avance sera du tiers de la somme. Le tout n'a pas duré trois semaines.

Voici maintenant venir les compagnies de chemins de fer. Il y en a deux; chacune offre un embranchement gratuit et si vite établi qu'on pourra amener à pied d'œuvre les matériaux de construction et le matériel de l'usine.

Ces accords conclus, les constructions s'élèvent. Quand elles commencent à prendre tournure, arrivent les propositions d'une banque immobilière qui offre de nouveaux capitaux nantis par les bâtiments déjà en en l'air. Puis, quand l'usine est achevée, la même banque accorde encore des avances hypothécaires sur l'ensemble.

Enfin, lorsque des produits manufacturés sortiront des ateliers, rien n'empêchera l'exploitant de les warranter, dans ses propres magasins, à un établissement de crédit auquel, au fur et à mesure des ventes, seront remises les factures et le soin de les encaisser à l'échéance.

Ainsi s'établit et progresse à pas de géant l'industrie américaine.

*
* *

Mais n'y a-t-il rien dans sa constitution ou sur sa route qui en ait pu, qui en puisse à nouveau arrêter l'élan?

Assurément si. L'enchevêtrement, la solidarité de tant d'intérêts associés dans des affaires où la hardiesse tient parfois plus de place que la prudence, expose les participants à toutes les crises que la surproduction ou la mévente déterminent sur le marché. Nul pays n'y est plus sujet, et nulle part elles ne sont plus graves, parce que les États-Unis, jusqu'à ces dernières années, consommaient la majeure partie de leurs produits sur leur propre territoire, et que, comme on ignore le principe de l'épargne, la consommation s'arrête brusquement aussitôt que la production subit un à-coup. La répercussion est ainsi instantanée et terrible, et la crise s'en aggrave. Les ruines s'accumulent et la situation reste ainsi périlleuse jusqu'au moment où, le terrain ayant été déblayé des éléments les moins résistants, on repart du même pied vers des horizons prospères. La grandeur économique des États-Unis a été créée suivant une courbe à points de rebroussements successifs dont chacun est l'origine d'une ascension nouvelle.

Actuellement, ils sont, grâce aux commandes de guerre européennes et à l'accroissement extravagant de leur propre consommation dû à l'énormité de leurs gains, dans une passe de prospérité qu'aucun peuple n'a jamais entrevue. A quoi bon donner ici des chiffres qu'on a pu lire partout et qui, à peine ces pages parues, se trouveront dépassés, doublés peut-être?

Conformément à leurs habitudes, les Américains ont remis au tapis, c'est-à-dire dans des créations industrielles, tous les capitaux dont ils ses ont enrichis. Mais alors une crise facile à prévoir s'est manifestée et prend à ce jour des proportions terrifiantes : ils ne trouvent littéralement plus de main-d'œuvre.

En temps de paix, les États-Unis comptaient normalement sur un arrivage annuel d'un million de travailleurs étrangers qui, au moins dans les premières années de leur immigration, assuraient particulièrement les besognes grossières. La guerre ayant mobilisé en Europe tous les hommes valides, cet apport a cessé et cela juste au moment où la création d'usines innombrables en rendait le besoin plus pressant. Il n'y a plus de limites à l'élévation des salaires, et, conformément aux lois économiques les plus élémentaires, le prix de toutes choses augmente parallèlement et d'une allure d'autant plus accélérée que les États de notre pauvre Europe, dénuée de tout, multiplient des commandes affolées que les sous-marins allemands font rage à anéantir.

Si extraordinaire est la situation, que quelques très vieux Yankees la comparent à ce qui se passa au milieu du siècle dernier, lors de la fièvre de l'or en Californie, où tout le monde se précipitait vers les placers. Les employés, les ouvriers de San-Francisco quittaient leurs postes, les équipages abandonnaient les navires, et la cité fut désertée même par les fonctionnaires de la police.

L'époque actuelle est aussi l'âge d'or pour les meneurs d'unions ouvrières. Aucune exigence ne leur paraît extravagante. Celle qui apparaît inévitable et définitive est la journée de huit heures qui, d'ailleurs, s'installe rapidement partout.

Il faut reconnaître que les grands manufacturiers américains l'acceptent sans trop de peine. Ford la préconise. Elle répond au desideratum, que beaucoup d'entre eux envisagent, du travail ininterrompu de vingt-quatre heures à l'aide de trois équipes successives. Ils y voient l'utilisation maxima de leur outillage.

Tout cela peut se défendre en ce moment ; mais gare la crise, quand les commandes de l'Europe à l'Amérique cesseront ! Il est vrai que ce jour est lointain et, en l'attendant, les Américains se proposent de devenir un grand pays régulièrement exportateur. Jusqu'à présent, il ne l'était que par la force des choses et non par la puissance de son effort commercial. Il fallait bien qu'on lui achetât du coton et du pétrole, puisque, seul, il les produisait en abondance; du maïs et des conserves alimentaires, attendu que l'Europe surpeuplée ne pouvait plus se nourrir sur son sol; des machines-outils et des machines agricoles, puisqu'ils y étaient passés maîtres, et encore étaient-ils, sur ce terrain, dangereusement concurrencés par l'Allemagne.

Car, il faut avoir le courage de le dire même aux Américains, l'industrie allemande devenait rapidement supérieure à la leur, imitant et fabriquant meilleur marché tels articles américains, et imaginant sans cesse de nouveaux produits afin de démoder et de détrôner les anciens. Tout homme habitué à observer les choses de l'industrie ne pouvait manquer d'être frappé de cette constatation.

Quand on circule aux États-Unis, on rencontre partout le même fauteuil, le même pianola, la même automobile. Les usines où ces objets se fabriquent sont des mondes où l'on a porté aux dernières limites l'art de les confectionner économiquement. Mais ne demandez pas à ce constructeur de modifier quoi que ce soit à son modèle : l'organisation même de ses ateliers le lui rend impossible. Ainsi, la fabrication américaine manque de souplesse; elle ne saurait s'adapter aux besoins différents de peuples et de pays autres que l'Amérique et les Américains. Par là, elle diffère essentiellement de l'industrie allemande à qui le souci constant d'étudier dans chaque pays les objets en

usage, et de les fabriquer identiques, assurait la préférence en sa faveur des acheteurs du monde entier.

Par contre, le soin et l'attrait de la présentation des
objets sont égaux dans les deux pays. Pour les catalogues, je donnerais même la palme aux États-Unis, qui
éditent de véritables chefs-d'œuvre. La réclame américaine est aussi abondante que l'allemande et toujours
plus verveuse, plus humoristique. L'une et l'autre représentaient des sommes énormes : on m'a fait lire dans
une revue américaine que le chiffre total de tous les
genres de publicité, depuis la ligne insérée dans un
journal jusqu'aux affiches à éclipse qui inondent le
soir toutes les cités, s'élevait annuellement à 750 millions de dollars ; sur quoi l'auteur faisait remarquer
que c'est là un impôt inutilement prélevé sur l'ensemble des consommateurs américains et que cette
opération fiscale ne serait avantageuse pour les États-
Unis que si elle était effectuée sur des acheteurs
étrangers.

La publicité germanique répondait plus réellement
à ce vœu, car on pouvait lire les catalogues allemands
en toutes langues et ils pénétraient dans tous les pays,
ni plus ni moins que les voyageurs qui les présentaient
dont le polyglottisme était une des forces les plus irré-
sistibles. Les voyageurs américains, eux, ne sont pas
encore légion et quant à parler le langage du pays où
ils circulent, ils sont à peu près au même point que
les nôtres.

***

Une des particularités qui étonnent chez un peuple
aussi pratique, aussi ennemi des préjugés que l'Améri-

cain, est son obstination à ne pas adopter le système
métrique décimal.

Que l'Angleterre traditionaliste à outrance ait,
seule parmi les nations européennes, maintenu ses
vieilles unités disparates de poids, de mesure et de
monnaie, on se l'explique à peine ; mais que les États-
Unis, le pays par excellence du progrès et de la standardisation, se cantonnent dans les mêmes errements,
c'est incompréhensible.

Il ne se passe pas de jour où quelque Français n'en
fasse la remarque à nos amis d'Amérique, si bien que
des journaux se croient obligés de temps en temps de
défendre leurs mesures compliquées. On m'a fait lire
un jour le singulier plaidoyer qui suit :

« Un Américain était venu en France après avoir
scrupuleusement appris le système métrique en usage,
lui disait-on, dans ce pays ; il s'était familiarisé avec
le mètre, ses multiples et sous-multiples décimaux et
ses relations numériques rigoureuses avec le franc, le
gramme, etc. Mais quelle ne fut pas sa surprise
lorsqu'en France, voulant acheter du drap, on le lui
mesura en *aunes* ; désireux d'acquérir une terre, on
évalua sa superficie en *arpents* ; passant sur un marché,
il vit vendre les œufs 40 *sous la douzaine* et le fromage
32 *sous la livre*.

« Toutes ses idées furent bouleversées et il se répéta
qu'il était bien inutile d'introduire dans son pays un
système dont les initiateurs eux-mêmes ne se servent
pas. »

Toutefois les Américains ont un argument plus
sérieux. L'adoption d'un ensemble de mesures nouvelles produirait un véritable cataclysme dans leur

économie industrielle et commerciale, dont tous les éléments, ont été comptés, calculés, jaugés, etc., en mesures anglaises. C'est incontestablement vrai ; mais on y peut répondre que les Allemands n'ont pas hésité, après 1870, à affronter cette perturbation.

Lorsque le commerce américain se livrera méthodiquement à l'exportation, il s'apercevra de plus en plus que la diversité entre ses unités de mesures et celles de ses clients est pour lui une cause de handicapage.

Une source plus réelle d'infériorité par rapport à l'industrie allemande apparaît dans la production américaine, qui, si prodigieusement développée qu'elle soit, présente quelques lacunes.

Cette assertion eût laissé les Américains incrédules avant 1914 ; elle est aujourd'hui admise par la plupart d'entre eux. L'Allemagne est le seul pays au monde qui se suffise par ses propres productions. Pourvu qu'on lui donne les matières premières nécessaires, elle est à même de fabriquer n'importe quel objet, n'importe quelle substance, dont l'homme peut se servir ; et la guerre mondiale a montré que tous les peuples, les États-Unis y compris, étaient ses tributaires pour nombre d'articles, principalement les plus récemment entrés dans la consommation.

Sa supériorité était surtout marquée dans le domaine de la chimie appliquée, qui, par un contraste tangible, est celui que les Américains ont jusqu'ici le plus négligé. Par bonheur pour eux, ils s'en sont nettement aperçus.

Le peu d'attrait que cette science offre aux techniciens transatlantiques est uniquement motivé par la durée des études qu'elle exige pour les conduire à des résultats pratiques.

L'Américain considère que sa destinée sur cette terre est de gagner le plus vite possible des dollars. Faire un chimiste, c'est enfermer cet homme pendant quatre, cinq ou six années dans un laboratoire, sans gagner de dollars ; il n'a pas la patience d'attendre si longtemps.

Sans chimistes, l'industrie chimique ne saurait être bien développée. Quand là-bas on trouve sur sa route une fabrique de produits chimiques, il est rare que son état-major ne soit pas, en majeure partie, suisse ou allemand.

Bien résolus à combler cette lacune, les États-Unis comptent plus sur des arrivages de chimistes européens tout faits que sur leur formation laborieuse et lente dans les écoles américaines. Il m'est difficile, cependant, d'assurer que leur fabrication de matières colorantes supplantera le monopole allemand qui a pour lui une longue expérience, des recherches infatigables, d'innombrables brevets, un matériel perfectionné, une main-d'œuvre plus docile et moins coûteuse.

Il faudra que l'Oncle Sam, non seulement y investisse d'énormes capitaux, mais fasse jouer en grand les droits de douane, s'il veut conquérir son propre marché.

Cette situation est également la nôtre. Retenons, en tout cas, cette vérité, que la connaissance de la langue allemande est indispensable à quiconque veut pousser à fond l'étude de la chimie et de ses applications, et ajoutons-y cet axiome capital qu'il y a plus à espérer dans l'avenir, pour l'industrie, des découvertes de la chimie, que des perfectionnements de la mécanique.

*
* *

L'Amérique a eu jusqu'ici pour elle beaucoup plus le talent de faire émerger de la masse les personnalités remarquables que de les doter de connaissances péniblement amassées.

A chaque pas on rencontre des hommes, partis de rien, qui sont parvenus au sommet des situations économiques, grâce à ce que, durant toute leur carrière, et souvent dans plusieurs professions successives, ils ont fait preuve d'initiative, de résolution et d'activité. L'attention des chefs ne se lasse pas d'observer les qualités et les efforts de leurs sous-ordres, non par philanthropie sentimentale, mais tout simplement parce qu'ils cherchent en dessous d'eux des artisans de leur propre fortune. Ces artisans deviennent à leur tour des chefs, et cette évolution s'accomplit, comme toutes choses en Amérique, avec une rapidité si surprenante que la plupart se hissent à de hautes positions, avant même que l'âge mûr ait sonné pour eux. Les meneurs d'affaires américains sont presque tous jeunes, et, comme leur habitude est d'être imberbes et sportifs, ils paraissent plus jeunes encore. C'est une grande force pour un pays que les hommes qui le conduisent soient dans l'âge où les facultés physiques et intellectuelles sont en plein épanouissement.

J'ai visité un jour une grande usine dont les procédés de travail ont évoqué à mes yeux l'image des méthodes de sélection qu'emploient les Américains pour trouver des hommes.

Dans cette étonnante ville de Détroit, qui est déjà la quatrième de l'Union et aspire à une destinée plus haute encore, se trouve un magasin de graineterie de détail, qui n'a même pas une vitrine sur la rue. Par contre, il occupe des bâtiments à multiples étages, certainement plus vastes que la Belle Jardinière et la Samaritaine réunies. Le propriétaire, dont les ancêtres étaient Français, se nomme Ferry; je n'ai jamais rencontré commerçant d'un accueil plus aimable; mais surtout je n'ai vu nulle part une entreprise établie sur les mêmes bases que la sienne. L'idée qui a présidé à cette conception est un véritable trait de génie.

La maison vend des semences de tous les végétaux que l'homme peut avoir le désir de faire pousser ou fleurir. A cet effet, elle possède, sous tous les climats des États-Unis et d'autres pays encore, des champs de culture où s'obtiennent ces graines, qui sont envoyées au fur et à mesure à la maison-mère de Détroit.

Là, dans les rez-de-chaussée et les sous-sols, se meuvent une multitude d'appareils de nettoyage, de triage et de classification de tous ces envois. En vain, ferait-on plusieurs fois le tour de la planète, on ne trouverait pas ailleurs une telle variété de semences, qui, au sortir des trieurs, sont toutes d'une irréprochable pureté.

Une forêt de chaînes à godets, les emportent vers des silos séparés, sur lesquels on en prélève chaque jour des échantillons pour essayer leurs qualités germinatives dans un laboratoire immense où chaque espèce est soumise à la température d'étuve la plus favorable à sa germination.

Des silos, d'autres transporteurs les entraînent dans

des trémies disposées au-dessus d'une série d'immenses tables, qui ressemblent à des jeux de petits chevaux, sur lesquelles circulent des rubans flexibles, sortes de trottoirs roulants. Des doigts mécaniques, des cames, des leviers, des pinces, fixés au ruban saisissent des sacs en papier, les ouvrent, les posent debout, les font passer sous la trémie qui, par une disposition automatique, laisse tomber dans chaque sac un lot d'une demi-livre rigoureusement pesé : le sac ainsi rempli continue sa promenade sur le ruban où d'autres engins le ferment, le tapissent d'une vignette et le cachettent ; puis il va se loger dans un grand casier, à la manière d'un caractère de linotype dans sa casse. Il existe ainsi une interminable file de ces casiers. Des ouvrières surveillent sans y rien toucher les opérations qui précèdent.

Tout ceci est de l'ingéniosité mécanique, voyons maintenant la virtuosité commerciale.

M. Ferry ne livre pas ses graines autrement que dans ces petits sacs. Il en vend chaque année pour 8 à 10 millions de dollars ; mais on perdrait son temps à aller lui en demander une balle de 50 livres. D'une centaine de ces sacs prélevés dans divers casiers, il remplit une élégante caisse de bois dur qui comporte cent compartiments séparés. Fermée, cette caisse mesure environ 90 centimètres de long sur 40 centimètres de côté. Elle est construite de telle sorte que, quand on l'ouvre, elle offre un étalage en gradins de tous les sacs, avec la vignette, bien apparente, sur laquelle sont inscrits le nom de la graine et le dessin colorié de la plante ou de la fleur qu'elle doit produire.

La maison possède plusieurs centaines de mille de caisses mathématiquement semblables.

Chaque jour elle expédie d'office à quelques milliers de clients quelques milliers de ces caisses, remplies chacune de graines diverses dont les variétés sont enregistrées à côté du nom du destinataire; M. Ferry a soin d'envoyer autant que possible à chaque client la collection de graines appropriées au climat où il réside. Tous les envois sont franco de port. La seule observation qui accompagne la fiche d'expédition est que le client — qui n'a rien à payer — devra soigneusement garder les sacs de graines qu'il n'aura pas utilisés ou revendus.

Six mois plus tard, un voyageur passe chez les destinataires et leur demande quelles semences ils ont utilisées, réclame le payement de ces graines et le renvoi, en port dû, de la caisse contenant les invendues.

Le retour de ces invendus constitue, par différence, le barème commercial, pour ainsi dire, de la végétation domestique dans chaque région des États-Unis, puisqu'il indique quelles semences se vendent et quelles autres restent pour compte. On en prend note rigoureusement, et, dans les envois subséquents, on remplira, sauf avis contraire, la caisse uniquement des espèces de graines qu'il a vendues précédemment.

Inutile d'ajouter que le déballage des caisses de retour est automatique; chaque sac est déchiré mécaniquement et vidé dans le silo d'où la graine était sortie six mois auparavant. Et la caisse vide retourne docilement toute seule au dépôt où elle attendra, côte à côte avec des milliers de ses sœurs, un nouveau tour de remplissage et de départ.

Qui trouverait déplacé qu'en admirant cet intelligent mode de repérage des espèces végétales appropriées à chaque district, je le compare à la méthode américaine de sélectionner les hommes? La constatation attentive des services qu'ils rendent, dans la sphère où ils ont su se rendre utiles, est le critérium de leur valeur sociale. Les Américains y ajoutent maintenant l'appoint indispensable de l'instruction technique.

CHAPITRE IV

L'Enseignement technique

Pénibles débuts. — Liberté absolue de l'enseignement supérieur. — Collèges, Universités, Instituts techniques. — Les statuts universitaires. — Harvard et son institut technique. — L'école d'administration des affaires. — L'Université de Colombia à New-York. — Sa prodigieuse richesse. — Yale. — La Lehig Valley University. — Généreux donateurs. — Immenses laboratoires d'essais. — Les étudiants pauvres. — L'école par correspondance. — Faire fortune d'abord, s'instruire ensuite.

Les États-Unis ont suivi la loi qui veut que, dans un pays neuf, l'enseignement ne soit pas tout d'abord placé au premier plan. Tant mieux, si l'émigrant débarquait instruit; mais s'il arrivait illettré, illettré il restait. Ce n'est qu'à la génération suivante que l'instruction apportait ses bienfaits.

Laissons de côté l'enseignement primaire, et une certaine instruction secondaire, inférieure à la nôtre, dont la distribution incombe aux États ou aux Villes et dont le développement est assez inégal. J'ai vu des pères de famille, en pleine Pensylvanie, se plaindre de son insuffisance; l'école étant trop exiguë pour le nombre croissant d'enfants qui la fréquentaient, on les avait divisés en deux groupes qui n'y étaient admis chacun que trois jours par semaine. Ce qui donnait carrière aux habituelles récriminations des Américains contre leurs services publics.

La fédération ignore l'enseignement. On voit bien à Washington une bibliothèque et une riche collection servant à l'instruction publique, mais cette institution se contente de publier des rapports et des statistiques; elle est de peu d'influence sur l'enseignement populaire.

Sans doute aussi il existe des ateliers-écoles d'apprentissage de certains métiers manuels, mais en trop petit nombre par rapport à la masse des travailleurs. Rien là-bas n'est comparable à ce qu'on voit en Suisse et en Allemagne. En général, l'ouvrier américain se contente d'être un intelligent conducteur de machine.

L'enseignement technique supérieur par contre, qui jouit de sa propre autonomie, à l'aide de subventions modérées des États ou des villes, mais surtout de magnifiques libéralités particulières, est remarquablement installé. Il se développa et se développe surtout aujourd'hui avec une ampleur et une intensité inouïes, au fur et à mesure que les Américains reconnaissent la nécessité d'introduire la science à la base du travail humain. N'hésitons pas à reconnaître que c'est la culture allemande qui les a orientés dans cette voie.

Aux États-Unis, l'enseignement technique supérieur est ordinairement fourni par des instituts annexes des Universités. Je dis ordinairement, parce que, en ce pays d'indépendance absolue, quiconque veut fonder un foyer d'instruction, de quelque nature qu'elle soit, en est aussi libre que de créer une nouvelle industrie.

Les principales Universités américaines sont, dans l'ordre chronologique de leur fondation :

Celle d'Harvard près Boston (1636);

Celle de Yale à Newhaven, Connecticut (1700);

Celle de Pensylvanie à Philadelphie (1740);

L'Université de Princeton à mi-distance entre New-York et Philadelphie (1746);

Celle de Charlottesville, Virginie (1819);

La Cornell University à Itaca, New-York (1865);

L'Université catholique de Washington (1889);

Celle de Stanford dans la région de San-Francisco, Californie (1881);

Celle de Colombia, ancien collège transformé en 1890 en université, New-York City;

Celle de Chicago, Illinois (1891).

L'annexion à ces institutions d'un enseignement supérieur technique complet est de date beaucoup plus récente, et nous avions déjà en France, au milieu du siècle dernier, la plupart de nos grandes écoles que les États-Unis n'en possédaient encore qu'un tout petit nombre et assez rudimentaires. Aujourd'hui, nous sommes largement dépassés et ce n'est qu'en Allemagne et en Suisse que l'on trouve des Instituts qui leur soient comparables.

Outre les Instituts techniques qui accompagnent presque toutes les Universités, il en existe quantité d'autres, de programmes et d'importance divers, épars dans les États de l'Union.

Ces annexes, comme les Universités elles-mêmes, ont été créées et développées grâce à des libéralités privées. Beaucoup de riches Américains se font un devoir ou un point d'honneur de les doter de donations

énormes, et comme, d'autre part, les terrains sur lesquels elles s'élèvent ne leur ont jamais été parcimo-
nieusement mesurés, toutes se présentent sous l'aspect
imposant d'une agglomération de palais, de pavillons
et de villas disséminés dans de vastes parcs. L'habitude est constante de loger chaque branche de la
science appliquée dans un immeuble isolé. Chacune
dès lors peut grandir à son aise. Certaines Universités
disposent de superficies de plusieurs centaines d'hectares et d'une fortune de plus de 150 millions de francs.
Dans aucun autre pays du monde l'enseignement
supérieur n'est pourvu d'un apanage aussi magnifique.

La première question qui se pose, en regardant ces
prodigieux établissements, est celle du statut qui les
régit. C'est l'indépendance complète. Les Universités
américaines sont aussi libres qu'opulentes.

Au moment de leur fondation, une charte leur a été
délivrée qui est le seul lien qui les rattache à l'État
de la Fédération sur lequel elles s'élèvent. Quant au
gouvernement central de Washington, il n'a aucune
qualité pour y intervenir. Ces chartes, dans les Universités fondées antérieurement au dix-neuvième siècle,
ont été parfois modifiées, mais toujours dans le sens
d'une plus grande autonomie. Si les Villes et les États
s'y intéressent, c'est avec la pensée que la prospérité
de l'établissement attirera un plus grand nombre d'habitants de niveau supérieur dans l'État ou dans la
ville. Mais personne ne supporterait leur immixtion
dans l'administration de l'Université ou l'orientation
de l'enseignement.

La direction entière appartient, en général, à la
réunion des anciens élèves diplômés et sortis depuis

plus de cinq années de l'établissement. Cette assemblée délègue ses pouvoirs à un comité de cinq à sept membres qui administrent l'école, déterminent les programmes d'enseignement et nomment les professeurs.

Les systèmes d'enseignement sont le résultat de la recherche et de l'étude continuelles des méthodes appliquées dans les Universités du monde entier, avec la préoccupation maîtresse que ces procédés tendent vers les progrès modernes les plus perfectionnés.

On tient essentiellement compte des traits distinctifs du caractère américain, plus attentif aux faits et aux expériences qu'à la didactique livresque. De plus, les Américains ont cette mentalité qu'une Université comportant tous les enseignements doit viser non seulement des études complètes, mais aussi la morale et la conduite; que le jeune homme qui en sort devra se sentir armé de l'instruction et aussi du caractère, indispensable dans les luttes de la vie. L'Université considère que tout élève qu'elle forme doit être une force pour la nation.

L'enseignement est, à toute époque, aussi étendu que la science du moment l'exige. Nommés par le comité de l'Université, les professeurs, qui, dès lors, auront voix délibérative pour la fixation des programmes, sont choisis, soit parmi des hommes qui se sont formés eux-mêmes à ces fonctions, soit des ingénieurs ou des savants connus par leurs travaux dans quelqu'une des innombrables spécialités qui font l'objet des cours. Les rétributions qui leur sont allouées leur assurent une pleine indépendance de vie.

Depuis l'époque assez récente, je le répète, où les

Américains ont senti qu'une base scientifique était
nécessaire aux immenses travaux qu'ils exécutent sur
leur continent, ils se sont précipités avec la fougue
qui les caractérise vers les écoles techniques. Des centaines d'établissements y délivrent aujourd'hui des
diplômes. Bon nombre se sont parés du titre d'Université, sans autre motif, dit-on, que l'heureuse conso-
nance de ce mot. Les Américains ajoutent avec un
mélange d'humour et de vanité que, de même que le
moyen âge a produit d'admirables cathédrales, de même
aujourd'hui les États-Unis tournent leurs esprits vers
la construction et l'enseignement des Universités.

La plus célèbre d'entre elles et la plus fréquemment
visitée par les touristes cultivés est l'Université d'Harvard, à Cambridge, faubourg de Boston, ainsi nommée
en souvenir de son aînée la célèbre Université britannique. Harvard, toutefois, est dépassée aujourd'hui
par la Colombia de New-York qui compte treize mille
élèves et jouit d'un patrimoine qui s'accroît chaque
jour et est supérieur en ce moment à 280 millions de
francs.

L'Université d'Harvard date, ai-je dit, de 1636, mais
l'Institut technologique auquel elle a donné le jour n'a
été ouvert qu'en 1859. Il occupe en ce moment un certain nombre de bâtiments dans le parc de 200 hectares
qui est sa propriété. La valeur de ce parc est estimée
à 12 millions de dollars, et, en outre, la fortune de
l'établissement s'élève à plus de 100 millions de francs.

Mais on termine en ce moment, sur la rive gauche du

Le nouvel Institut technique de Boston.   (Cliché Paul Isaac.)

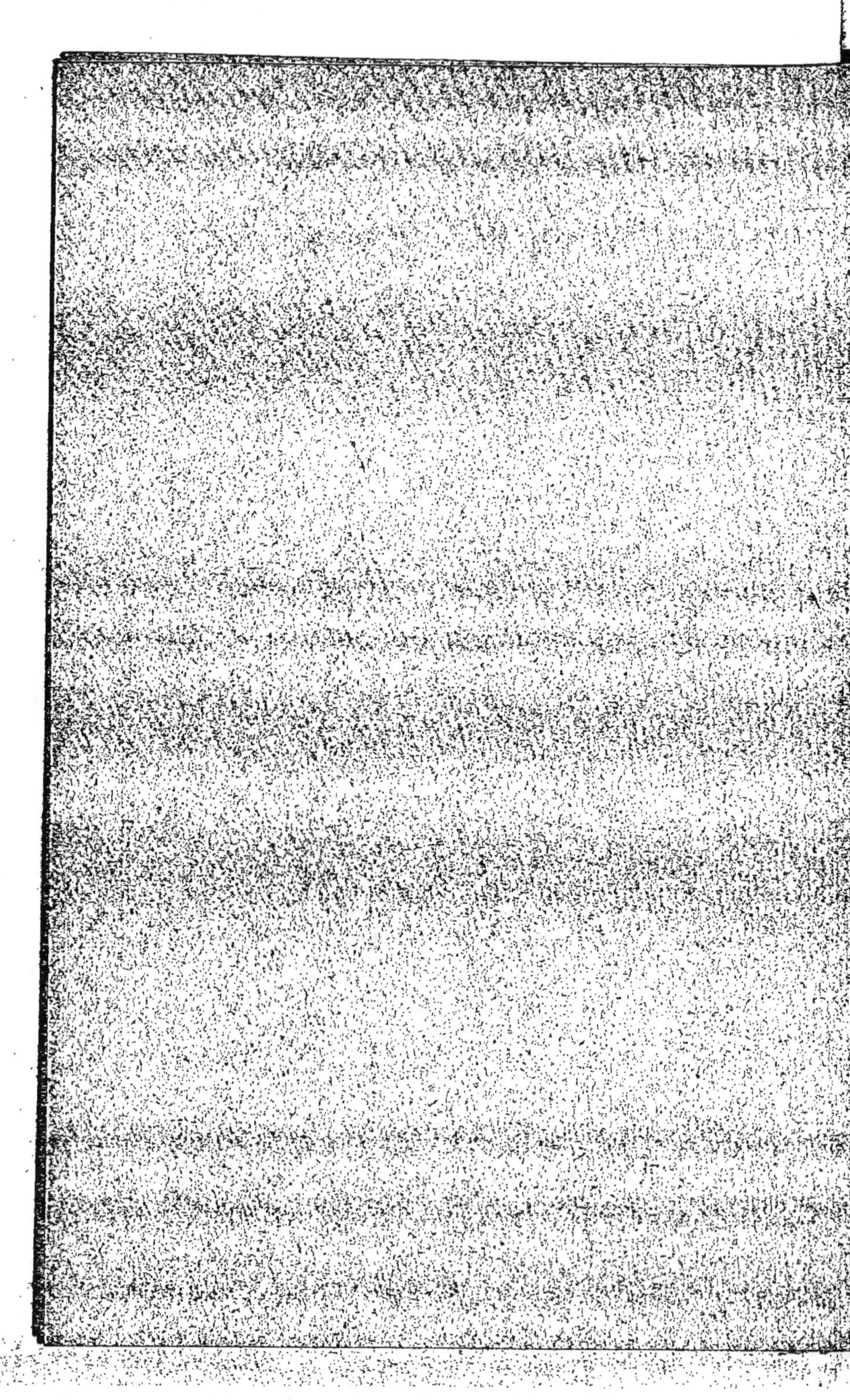

Charles River, un ensemble de monuments gigantesques où seront transportés tous les services de l'Institut technologique.

Il n'existe nulle part au monde d'installation affectée à l'enseignement qui approche de semblables dimensions.

Cet enseignement est réparti en dix-huit branches : architecture, génie civil et sanitaire, chimie, dessin, économie politique et statistique, électricité, géologie, langue anglaise, histoire et sciences politiques, science militaire, mines, métallurgie, langues modernes, constructions navales, physique, applications de la physique, électrochimie, administration technique.

Chacun de ces cours est accompagné de laboratoires d'études, d'expériences et de recherches chimiques, physiques, mécaniques et électrotechniques, qui sont presque tous de véritables petites usines avec une profusion d'appareils d'une incalculable valeur.

La durée des études est de quatre années et la spécialisation des élèves est la règle de l'enseignement. Cette spécialisation commence dès la seconde année, et chacune des branches ci-dessus énoncées se subdivise elle-même en plusieurs rameaux. Ainsi le génie civil comprend trois sections : l'hydraulique, les chemins de fer, les routes et ponts. La mécanique industrielle donne lieu à quatre compartiments : les dessinateurs de machines, les ingénieurs de locomotives, les ingénieurs d'usines, les ingénieurs de machines et turbines à vapeur. Notons, en outre, la spécialité très suivie d'ingénieurs sanitaires. La scolarité des instituts techniques des États-Unis oscille, pour l'enseignement seulement, autour de 150 dollars.

Est-il besoin d'affirmer ici que l'enseignement donné à l'Institut de Boston, comme dans toutes les autres institutions américaines, est beaucoup plus expérimental que théorique. Les élèves passent autant et même plus de temps dans les laboratoires de travaux pratiques qu'à l'étude didactique de leurs cours.

Cependant il existe dans ces établissements des cours supérieurs dans les diverses branches, qui sont suivis par les seuls étudiants qui désirent creuser à fond les théories scientifiques, soit en vue de travaux spéciaux, soit pour le professorat.

Ainsi est résolu le problème qui consiste à donner à chacun la quantité et la qualité de connaissances auxquelles il aspire, sans farcir le cerveau de la moyenne des élèves de théories plus ou moins abstraites dont ils n'auraient que faire dans leur carrière industrielle.

Les diplômes décernés après quatre années de cours, entremêlées de stages dans des ateliers industriels, sont délivrés par l'Université elle-même, sans aucune estampille administrative. Cette estampille, si elle s'y montrait, serait regardée d'un fort mauvais œil par les chefs d'industrie américains, qui ne manqueraient pas d'y soupçonner un népotisme politique qui leur inspirerait une invincible méfiance.

Dans toutes les écoles américaines, de nombreuses heures et de vastes espaces sont consacrés aux sports, aux jeux de plein air et aux exercices hygiéniques. Le luxe de ces installations est un attrait de premier ordre pour les candidats.

L'aménagement de cet établissement, comme de tous ceux du même ordre que j'ai visités en Amérique est imité de l'Allemagne. On y voit plus d'ampleur,

sinon plus d'abondance dans le matériel d'enseignement, mais moins d'ordre aussi et une tenue moins soignée, surtout dans les laboratoires de chimie, où l'on
se rend compte avec évidence que les jeunes Américains n'ont pas la patience de suivre les interminables
développements de cette science moderne.

*
* *

Mais il est, dans l'Institut même, un compartiment,
ouvert en 1908, et qui a acquis, en 1913, l'autonomie
d'une Institution spéciale, dont je n'ai rencontré l'équi-
valent dans aucun pays. Il se nomme : l'*École de l'Administration des affaires*. Son but est de donner un enseignement complet sur l'organisation des entreprises
privées et des affaires publiques. Son programme est
très vaste.

L'examen d'entrée ne permet d'y admettre, comme
élèves réguliers, que des jeunes gens doués déjà d'une
sérieuse instruction et d'une réelle maturité d'esprit.
A la sortie, ils recevront, s'il y a lieu, un diplôme de
maître ès administration des affaires. D'autre part,
des personnes adultes, ayant déjà l'expérience des
affaires, peuvent y être admises comme auditeurs libres
et obtenir à la fin des cours un simple certificat d'as-
siduité. La durée des cours est de deux années. Pendant la seconde année, les élèves doivent composer une
thèse sur un problème économique ; il est exigé que
ce travail soit personnel et original. On attache une
grande importance à ce que les candidats écrivent
l'anglais d'une façon claire, concise et correcte.

Chaque étudiant doit remettre au doyen la liste des

cours qu'il désire suivre, en dehors de ceux qui sont obligatoires pour tous.

Voici l'énumération de tous ces cours, qui sont eux-mêmes sous-groupés en diverses spécialités :

La comptabilité (divisée en cinq sections);

La législation commerciale et industrielle;

L'étude des marchandises;

L'organisation scientifique des usines;

Les problèmes généraux relatifs aux affaires (statistique, politique commerciale, facteurs sociaux des affaires);

Le commerce étranger;

La Banque et la finance;

Les assurances;

Les questions de transport, chemins de fer, tarifs douanes;

L'imprimerie et la publicité;

Les cours pour la formation des secrétaires de corporations, de syndicats, de conseils d'administration de chambres de commerce, de corps élus;

Les besoins et l'organisation des services publics;

Le commerce des bois et des exploitations forestières. Cette dernière section est caractéristique de la préoccupation des Américains de reconstituer les forêts qu'ils ont jusqu'ici non pas exploitées, mais dévastées.

Il n'est pas sans intérêt de connaître les considérations et les détails qui accompagnent l'énoncé de quelques-uns de ces cours.

Sur les chemins de fer, par exemple : il est certain, en dehors de toute technique, qu'un jeune homme qui entre dans une compagnie de chemins de fer y occupe une cellule trop spéciale pour avoir vue sur l'ensemble de l'entreprise. Une large connaissance doit donc lui être donnée auparavant, relativement à l'organisation d'une exploitation commerciale de chemin de fer. « Sans doute, dit l'exposé, on n'a pas à l'école une voie ferrée à lui mettre sous les yeux ; aussi lui serait-il souhaitable de faire, comme complément d'instruction, un stage dans une compagnie. »

Écoutez maintenant le préambule des cours à l'usage des secrétaires de sociétés, de chambres de commerce, de corps élus, etc. (Aux États-Unis, le rôle de la personnalité qualifiée secrétaire est plus étendu que chez nous.)

« Chaque groupement organisé qui a en vue une exploitation, une activité, met à sa tête une élite d'hommes qui la dirige, un état-major. On recherche aujourd'hui des personnes qui y aient des titres. Auparavant, ces fonctions étaient remplies par des employés quelconques ; on a pensé qu'un bagage de connaissances, un entraînement professionnel leur étaient nécessaires. » De là la création d'un cours de cinq mois en première année et de neuf mois en seconde année.

« De grands progrès ont été réalisés en ces derniers temps dans les exploitations qui s'adressent au public ; mais il avait été constaté qu'à côté des améliorations techniques continues de ces exploitations d'eau, de gaz, d'électricité, de chauffage, de tramways, de téléphone, etc., — toutes ces entreprises aux États-Unis sont invariablement des compagnies privées, — les méthodes administratives qui les dirigeaient étaient défectueuses, surannées, et ne leur donnaient pas le maximum de rendement. Il existe évidemment une analogie complète entre une affaire commerciale et un service public. Mieux vous exploitez et plus vous vendez de gaz, de courant électrique, etc. Or, il y a aux États-Unis plus de mille compagnies de gaz, et plus de cinq mille entreprises d'énergie électrique, vivant de leurs rapports avec le public. Le but du cours est de former des hommes spécialisés, capables de donner un développement complet à ces exploitations, d'y exercer l'autorité, de savoir prendre des responsabilités, d'y maintenir la discipline, d'entretenir avec le public des rapports courtois, enfin d'étudier la partie économique de l'exploitation, de veiller aux concurrences éventuelles, de reconnaître si un marché est extensible ou réellement saturé, etc. »

Une autre partie du cours est relative à l'étude économique des projets techniques, aux modes d'entreprise pour l'exécution des travaux, aux contrats de fournitures. Ici encore un stage dans des services commerciaux ou administratifs est conseillé aux étudiants.

Dans l'École d'administration, comme à l'Institut technique d'Harvard, comme dans toutes les écoles industrielles américaines, existe aujourd'hui un cours d'*organisation rationnelle des usines*. Le développement complet de ce principe a pris sa forme définitive sous le nom de système Taylor.

Les méthodes du célèbre ingénieur de Philadelphie, mort en 1915, mais continuées par ses élèves, qui sont autant d'apôtres de sa doctrine, sont en apparence radicalement différentes des procédés courants, mais en fait, elles dérivent clairement des tentatives antérieures pour obtenir l'ordre et la précision dans les travaux. Comme tous les hommes de génie, Taylor n'a fait que rassembler et concréter en un corps de doctrine, étayé sur une infatigable expérimentation, des efforts qui étaient un peu partout à l'état dispersé.

Le cours présente d'une façon complète les bases, l'histoire, la littérature, les applications pratiques à toutes les entreprises des procédés de taylorisation. Il est professé par des hommes imprégnés pour ainsi dire de l'esprit du maître et dont la plupart furent ses disciples. Il s'accompagne de l'énumération et de la classification des industries qui en font usage, avec les diverses modalités qu'elles comportent. On y décrit la *standardisation*, c'est-à-dire l'unification des mesures adoptées, les appréciations des temps de travail, les précautions de mise en route, le magasinage méthodique des outils, l'expérimentation des aptitudes des travailleurs, l'application du système à la comptabilité.

L'école d'administration et l'Institut technique de Boston offrent un champ précieux d'application de ces méthodes. La vaste imprimerie, les machines motrices, les ateliers d'outillage, de réparations, de menuiserie, la forge qui font partie du matériel de l'Université fonctionnent d'après les principes de Taylor. La ville de Boston en possède également, dans diverses manufactures, des applications variées.

Les élèves sont tenus de les étudier ainsi sur place et de les mettre en œuvre par eux-mêmes.

Du reste, d'une façon générale, au cours de leur deuxième année d'études, ils sont invités à s'embaucher dans des entreprises de leur spécialité. Outre les avantages que leur procurent l'expérience pratique, le contact suivi avec les contremaîtres et les ouvriers, ils se rendent compte si la spécialité qu'ils ont choisie leur convient réellement. La maîtrise des détails, les tours de main ne sauraient être assimilés autrement. Les étudiants apprennent à connaître, en se l'imposant volontairement, la discipline nécessaire dans les usines. Fréquemment, enfin, les directeurs, qui peuvent de leur côté juger de leurs mérites, se les attachent définitivement.

*
* *

L'Université de Colombia, située dans New-York, à la hauteur de la cinquante-septième rue et rues suivantes, sur les collines qui dominent l'Hudson River, est plus importante encore. Fondée comme collège au dix-huitième siècle, elle ne prit le titre d'Université qu'en 1857 et son grand développement date des vingt-cinq dernières années. Elle passe pour l'institution américaine où l'esprit est le plus libéral ; et, cependant, on lit au fronton de sa bibliothèque une inscription datée de 1896 qui se traduit ainsi : « Le Kings College, fondé à New-York par édit royal de George II et continué par le peuple et l'État de New-York, quand ils eurent conquis leur indépendance, a été maintenu et perfectionné de génération en génération pour le bien du pays et la gloire de Dieu tout-puissant. »

C'était encore, en 1850, une bien chétive institution, puisqu'elle n'avait qu'un revenu de 13 000 dollars. C'est vers cette époque que fut fondé le cours d'exploitation des mines, professé au début par des ingénieurs de l'École des mines de Paris. En 1887, fut créé le cours d'architecture sous l'inspiration de notre École des beaux-arts.

Lehigh Université, à Bethlehem (Pensylvanie). — Bibliothèque.

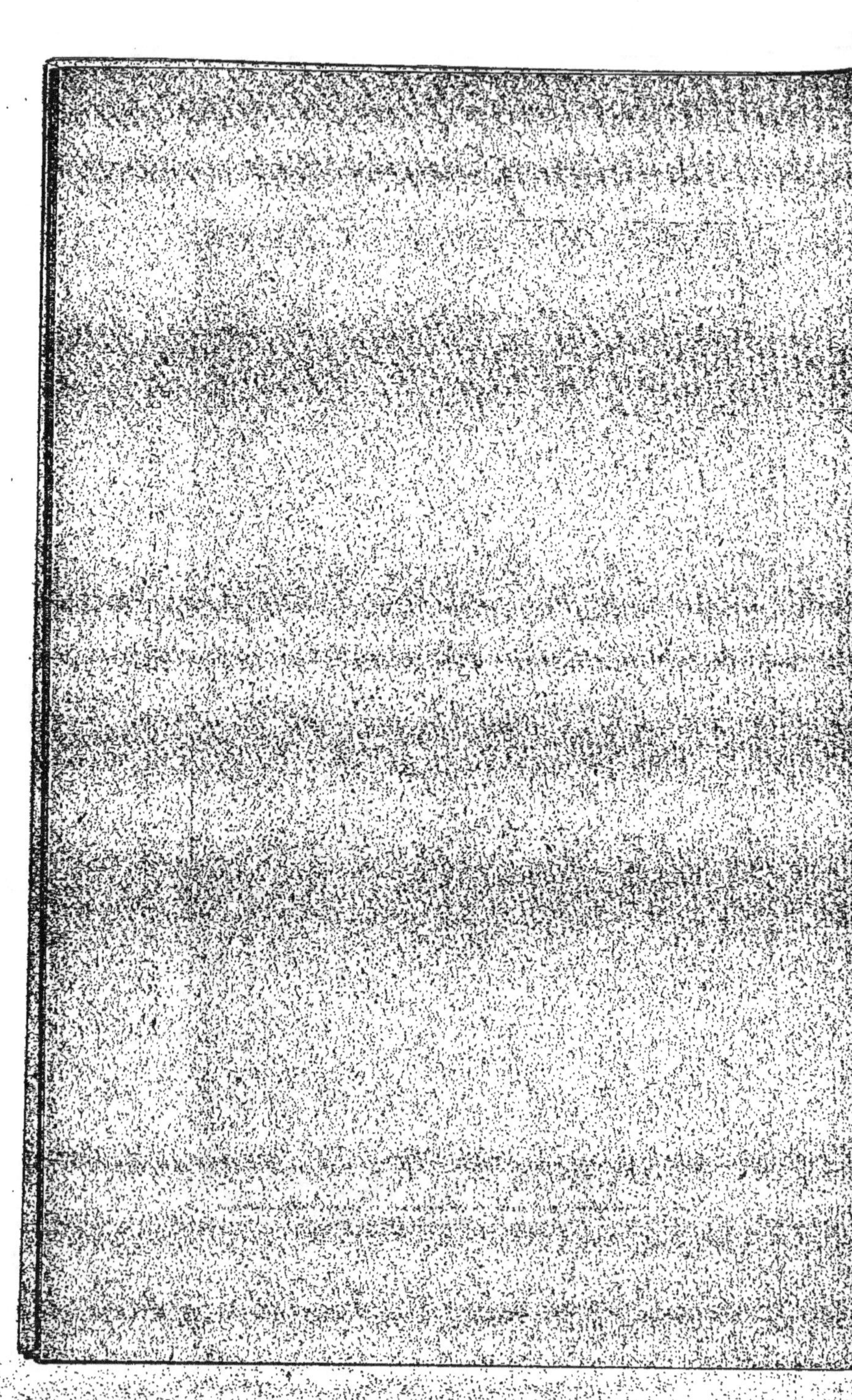

Lehigh Université à Bethlehem. — Laboratoire d'essais mécaniques.

A partir de cette date les progrès de Colombia University apparaissent gigantesques. En 1889, 1 768 élèves la fréquentent, 9 300 en 1912 et près de 13 000 en 1914.

Les étudiants étrangers y abondent. On y compte beaucoup de Turcs et soixante Chinois, dont l'un était rédacteur en chef du journal de l'école. Un étudiant zoulou a remporté récemment le prix d'éloquence publique.

1894 y vit arriver la première étudiante; aujourd'hui le Bernard College, annexe affectée aux jeunes filles, se flatte d'en avoir reçu plusieurs milliers.

Colombia jouit des ressources financières plus considérables qu'aucun établissement au monde.

Le Président Butler estime que les progrès des Universités américaines et principalement de Colombia, s'expliquent par l'entière responsabilité accordée aux comités de direction; il a montré que l'influence de ces hommes n'a pas été vaine ni dangereuse, mais s'est montrée un élément de force.

Ils sont au nombre de vingt-quatre, divisés en plusieurs sections. Choisis par l'assemblée de leurs camarades, il en est qui ont quitté les bancs de l'école depuis quatre années seulement, d'autres depuis cinquante-huit ans. Ils sont nommés pour quatre ou six ans; mais l'évêque du diocèse ainsi que les recteurs de divers cultes en font toujours partie. A la tête de chaque faculté est un doyen, et la moyenne de l'âge des cinq doyens ne dépasse pas quarante ans. Non seulement ils s'occupent de la direction de l'œuvre, mais aussi de la façon dont les étudiants vivent et travaillent.

La fortune de Colombia s'élève à 280 millions de

francs; et l'on fait bien remarquer que l'Université n'a jamais reçu aucune subvention ni de l'État ni de la ville de New-York.

Au début, le collège de la Trinité lui avait cédé les vastes terrains du jardin botanique dont en 1814 il n'avait pas trouvé preneur à 7 000 dollars. Or, aujourd'hui, un tiers de ces terrains qui ont été vendus représentent un revenu annuel de 650 000 dollars.

Les dons particuliers faits à Colombia de 1890 à 1914 se sont élevés à 130 millions de francs. Dans la seule journée du 6 mars 1911, un appel du Président fit affluer 9 millions de francs!

La liste des donations est intéressante à consulter, tant à cause de l'importance des sommes que de la qualité des bienfaiteurs.

Nous y lisons que Vanderbilt a donné 100 000 dollars pour la faculté de médecine; Pierpont Morgan 100 000 dollars. De nombreux donateurs ont apporté plus de 150 000 dollars. M. Seth Low, en 1896, a offert à la bibliothèque, en mémoire de son père, 1 100 000 dollars; Rockfeller 850 000; un M. Joseph Pulitzer a remis, en 1903, 1911 et 1912, un total de 1 million de dollars pour la création d'une école de journalisme; un anonyme, 250 000 dollars; la succession de John Kennedy, 2 177 000 dollars; la succession John Crocker, 1 440 000 dollars pour des recherches sur le cancer; M. Kœnig, 200 000 dollars pour des bourses de voyage, etc. On remarque que l'affectation précise de ces divers dons est le plus souvent très judicieuse et parfaitement raisonnée.

La grande affluence d'étudiantes à Colombia a amené une très forte proportion de donatrices; ainsi nous trouvons que Mme Anderson a remis à Colombia, de 1896 à 1903, 1 200 000 dollars. Une dame anonyme, 350.000 dollars; une autre, 400.000; Mlle Dodge, 450.000 dollars, pour l'école supérieure des instituteurs, etc.

La visite de Colombia justifie pleinement l'étendue de ces largesses.

Ses palais, ses pavillons, ses églises, ses amphithéâtres, ses restaurants, ses hôtels, son club, son infirmerie, son bâtiment de gymnastique, ses parcs à jeux, etc.; bref, ses quarante-cinq édifices isolés composent une grande et somptueuse cité.

La bibliothèque, surtout, fait l'orgueil de Colombia. On ne manque pas de vous faire savoir qu'un referendum ayant été demandé pour désigner les plus beaux monuments des États-Unis, les réponses les classèrent ainsi :

1° Le Capitole; 2° la bibliothèque de Boston; 3° l'église de la Trinité à Boston; 4° la bibliothèque du Congrès à Washington; 5° la bibliothèque de Colombia.

Si l'auteur du présent ouvrage était appelé à émettre son modeste avis personnel, il n'hésiterait pas à placer au premier rang la bibliothèque du Congrès.

L'année universitaire est comptée du 1er juillet au 30 juin. Juillet et août sont remplis par ce qu'on appelle les cours d'été, qui sont pour les élèves de l'Université, dit le programme, ce que le *camping* est pour les citadins.

Les étudiants, jeunes adolescents à leur entrée, suivent pendant trois ans des cours qui correspondent à nos études secondaires; puis ils abordent les cours professionnels spécialisés ou libéraux qui durent également trois années. On estime que ce sont ces six années d'études consécutives qui font la supériorité de l'Université de Colombia.

Chaque année une réunion solennelle rassemble tous les étudiants, lors de l'inauguration des cours. C'est dans cette séance que les nouveaux docteurs en médecine prononcent devant tous un serment ainsi conçu :

« Jurez que chaque homme vous est sacré ; que vous serez juste et généreux envers tous les membres de la famille humaine ; que vous exercerez votre profession avec le sentiment de l'honneur ; que, quelle que soit la maison où vous entrerez, ce sera uniquement pour le bien du malade ; que vous fuirez toute corruption, vice ou tentation ; que vous n'exercerez votre art que pour guérir ; que vous ne donnerez de médicament, ni ne ferez des opérations dans un but criminel ; que, quoique vous voyiez ou entendiez sur la vie des personnes, vous en garderez un secret inviolable. »

Les Universités montrent en toute occasion leur sollicitude à réunir autour d'elles leurs étudiants actuels et ceux qui sont depuis plus ou moins longtemps entrés dans la lutte de la vie ; et elles réussissent ainsi à donner à tous l'empreinte de l'institution. C'est avec orgueil et reconnaissance que chaque homme, aux États-Unis, parle du Collège ou de l'Université où il a reçu sa formation. Là est l'origine des libéralités dont il la comble.

Le mot d'*alma mater*, tombé chez nous en désuétude pour ne pas dire en ridicule, parce qu'il ne répond plus à un sentiment, est très vivace chez les *alumni* des Universités américaines.

*
* *

Je pourrais décrire maints centres de ces institutions, plus nombreuses d'ailleurs dans l'Est que dans l'Ouest, dont j'ai parcouru les principales, notamment celle de Yale, qui occupe tout un quartier de la jolie cité de New-Haven, dans le Connecticut. Leurs organisations, dans l'ensemble, diffèrent peu. J'en terminerai la description par celle de la *Lehig University* à Bethléem, Pensylvanie, que j'ai visitée en détail, sous la conduite d'un de ses donateurs les plus généreux, M. Wilbur, le chef de la principale banque de Bethléem, qui m'offrit pendant plusieurs jours une hospitalité cordiale et magnifique.

En 1865, l'honorable A. Pœcker de Mauchunk (Pensylvanie), fit don d'une somme de 500 000 dollars et d'un terrain de 115 acres (46 hectares) pour fonder un établissement d'instruction technique dans la Lehig Valley, district industriel par excellence, à cause de ses nombreuses mines d'anthracite, de ses forges, de ses ateliers de construction. Cet établissement, modeste au début, fut converti au bout de peu d'années en Université, grâce au legs de 2 millions de dollars et d'une riche bibliothèque dont le gratifia son fondateur. Sa charte lui a été délivrée par le Parlement de Pensylvanie.

Son but était de donner en quatre années l'instruction littéraire, scientifique et technique adaptée aux carrières le plus généralement exercées dans cette industrieuse contrée.

Cette Université tient à ce que l'enseignement ne soit pas d'ordre académique, mais d'orientation pratique et en relation étroite avec les professions que l'élève se propose d'embrasser, reposant cependant sur une base littéraire et philosophique. La plus entière liberté est laissée aux étudiants de choisir leurs cours; les professeurs toutefois se font un devoir de les guider dans leur détermination.

Les candidats doivent avoir seize ans au moins, être pourvus d'un certificat de moralité, et justifier par un examen d'études préliminaires. La première année de cours correspond à peu près à notre préparation au baccalauréat ès sciences. Ceux qui entrent avec une instruction plus élevée suivent d'emblée les cours de seconde année.

Depuis sa fondation, l'Université a été entraînée à élargir son enseignement et à étendre ses cours au droit, à la médecine, à la formation des instituteurs, à l'organisation des usines, à l'administration des affaires. Les élèves sont autorisés à suivre toutes les combinaisons de cours qu'il leur plaît. Mais l'enseignement le plus complet reste toujours celui des mines, de la métallurgie, des chemins de fer et de l'électrotechnique. Le latin est en honneur et, comme langue vivante, l'allemand est préconisé de préférence à toute autre.

A la sortie, outre les examens à subir, il faut prouver que l'on a suivi un nombre d'heures déterminé de cours et d'études. Pour les évaluer, il est admis qu'une heure de cours équivaut à deux heures de travaux pratiques, et à trois heures de travaux au dehors, visites d'usines, excursions, prospections, etc.

Chaque élève paye annuellement une somme de 200 dollars.

L'Université de Bethléem se compose de nombreux bâtiments très espacés les uns des autres, de styles et de dimensions variés, dispersés dans une forêt sur une pente qui domine de haut la ville et les gigantesques forges et ateliers de Bethléem. Leur propriétaire, le célèbre métallurgiste Schwab, est, avec M. Wilbur, l'un des principaux donateurs — et curateur — de l'Université qui, conformément aux habitudes, est un établissement privé, sans autres subventions que les générosités de ses bienfaiteurs et de ses amis.

Nous y visitons tout d'abord le bâtiment d'administration, où se joignent à nous M. le directeur H. S. Drinker, qui, après avoir été ingénieur, puis avocat, a abandonné une situation très rémunérée pour se consacrer uniquement à la direction de la jeunesse; puis M. Taory, professeur de français, qui est originaire de Berne, justifiant ainsi la remarque piquante que le plus grand nombre de Français rencontrés à l'étranger sont des Suisses.

Ces guides obligeants nous conduisent dans les divers instituts, dont chacun occupe un bâtiment isolé.

Les plus remarquables sont les Instituts de géologie et de mines, dont les laboratoires offrent de riches collections minérales et un matériel d'essais et de recherches extrêmement complet.

Un autre laboratoire à admirer est celui du génie civil, don de M. John Fritz, ancien directeur des Aciéries de Bethléem, une des autorités métallurgiques des États-Unis. Cette installation, bien plutôt usine que laboratoire, contient les plus imposants appareils de mesure pour la résistance des matériaux que je connaisse. Il y a là notamment, dans un hall spacieux, des instruments d'une puissance énorme destinés à l'étude des qualités physiques et statiques du ciment armé, à mon avis, complètement inédits.

La bibliothèque qui renferme 125 000 volumes, dont plus de 100 000 ouvrages techniques, est logée dans un palais en hémicycle qui rappelle les théâtres romains, avec des compartiments rayonnants, qui convergent au centre où se trouvent l'entrée et les bibliothécaires; cette disposition, assez fréquente dans les *library* américaines, paraît particulièrement heureuse.

La chapelle, avec son élégant clocher qui pointe à travers les arbres, attire l'attention. Elle n'est consacrée à aucun culte déterminé, mais tous y ont droit d'accès à toute heure. Le dimanche des prédicateurs de diverses confessions s'y succèdent en toute liberté et tolérance.

Mais nos éminents cicérones réservent pour la dernière la visite à celui de leurs établissements dont la Lehig University est le plus fière, son gymnase : c'est un monde ; immense salle d'agrès que tous les élèves sont obligés de fréquenter, piscine chaude et froide. Il est prescrit aux élèves d'apprendre à nager. « Un ingénieur, leur répète-t-on, n'a pas le droit de se noyer. »

Voici des jeux de toutes sortes dans un stade d'une superficie de plusieurs hectares, précédé d'un vestiaire à compartiments en tôles grillagées où les habits sont mécaniquement ventilés pendant que les matcheurs se livrent à leurs exercices. Car tout, en Amérique, prend la forme de matches. Les exploits sportifs des élèves de Bethléem dans les concours interuniversitaires sont célèbres ; leurs trophées variés ornent une salle d'honneur que l'on montre avec orgueil.

Lehigh University, Bethlehem
Essai à l'écrasement d'une colonne en béton armé.

On me signale à cette occasion une autre espèce de concours, les matches d'éloquence, ou, si le mot semble trop fastueux, d'élocution. Un professeur donne à chaque concurrent, sous pli cacheté, un sujet à traiter; il a huit minutes pour le préparer et doit l'exposer en douze cents mots. Les récompenses de ces concours sont toujours offertes par les industriels, amis de la maison.

Mais l'heure s'avance, et M. le directeur nous offre de déjeuner dans le vaste restaurant des élèves, confortable sans luxe, mais d'une tenue irréprochable.

Trois cents convives y sont réunis par tables de dix; pas un ne se dérange à la vue de leur directeur; sortis des cours, tous ces hommes sont égaux; et nous prenons place à une table libre. M. Drinker accueille d'une vigoureuse poignée de main le jeune homme qui vient nous servir; c'est un étudiant. Il est admis que les élèves pauvres gagnent le prix de leur pension en servant à table leurs camarades. Ils n'en éprouvent aucune fausse honte, et les camarades, loin de leur en témoigner la moindre trace de dédain, les tiennent au contraire en particulière considération, parce qu'on estime avec raison qu'ils ont de l'énergie et du caractère, les deux vertus les plus appréciées en Amérique.

Quand leur tâche est achevée, ces jeunes servants, une trentaine environ, se réunissent à leur tour et dînent gaiement après leurs camarades.

Le prix de la pension culinaire est de 15 dollars par mois pour trois repas quotidiens. Mais la présence au restaurant commun est absolument facultative, en principe la liberté de chacun est absolue. Quant à la conduite privée, si elle laisse à désirer, les professeurs n'ont pas à intervenir ; les camarades s'en chargent. Chacun a souci du bon renom de son Université.

Les étudiants qui veulent habiter ici louent, moyennant 80 dollars par an, dans un vaste bâtiment appartenant à l'école, une chambre personnelle plus un cabinet de travail pour deux. Ils ont, en outre, une cabine de bains pour huit chambres.

Enfin ils prennent, à l'Université même, leur repos ou leur thé dans un très confortable club, entouré de diverses boutiques, de papeterie, etc., dont le bénéfice sert à l'entretien de ce lieu de délassement. Une seule proscription absolue dans l'Université est celle de toute boisson fermentée.

Quand un adolescent habite loin de toute agglomération ; quand un adulte, trop occupé jusque-là à gagner des dollars, n'a pas eu le temps de s'instruire, l'ingéniosité américaine leur offre, sans qu'ils se dérangent, et même sans qu'on le sache, une instruction des plus variées grâce aux écoles par correspondance.

La principale est à Scranton, ville de plus de 100 000 habitants en Pensylvanie.

Les prospectus de cette entreprise ont souci de faire connaître au public que leur but est d'augmenter par l'instruction la productivité du pays. On voit que cette préoccupation se mansfeste partout, en Amérique et sous toutes les formes. Puis ils annoncent que leur domaine pédagogique s'étend à toutes les connaissances. On peut apprendre par ses soins aussi bien la littérature française que l'horlogerie, la fabrication des fromages que la géométrie analytique. Ceci est démontré, par le fait que, depuis vingt ans que l'école de Scranton fonctionne, elle a instruit 1 450 000 élèves, et le programme fait suivre cette déclaration des témoignages imprimés de 1 000 disciples choisis parmi 26 000 dont on peut consulter les attestations.

Ces correspondants exercent les professions les plus diverses : charpentiers, mineurs, mécaniciens, ouvriers électriciens, employés, manœuvres, contremaîtres, fermiers, chauffeurs, comptables, instituteurs, maçons, étudiants, cochers, ranchmen; bref, sur les mille, cent-vingt-deux différentes.

L'âge des étudiants est tout aussi variable; la majorité ont moins de vingt ans; 15 p. 100 ont de vingt à vingt-cinq ans; 30 p. 100 ont de vingt-cinq à trente ans; 26 p. 100 ont de trente à quarante ans; 24 p. 100 ont de quarante à cinquante ans.

Il est constaté que la moyenne des salaires de ces mille *témoins* a passé, de 53 dollars par mois avant leur instruction, à 182 dollars après qu'ils eurent reçu l'enseignement de Scranton.

Par quel procédé absorbent-ils cet enseignement à longue distance?

Une visite aux vastes installations de Scranton vous en livre aisément les secrets. Elles ont au premier chef l'aspect d'une colossale maison d'éditions. Plusieurs milliers d'employés des deux sexes y travaillent dans d'immenses salles, et leur principale occupation est de lire des lettres et d'y répondre.

Un correspondant écrit qu'il veut recevoir de l'enseignement sur une matière donnée. Sa lettre est remise au compartiment chargé de cette spécialité. La

maison a donc autant de divisions que de groupes de
connaissances. On en compte deux cent trente-quatre.
La réponse comprend une instruction générale sur la
méthode de travail que l'élève devra suivre et un premier manuel d'instruction, élémentaire ou supérieure,
suivant l'état d'ignorance indiqué par l'auteur de la
lettre.

Le prix de l'enseignement — pour une seule matière — ne dépasse pas quelques dollars par semestre,
moyennant quoi on répond à toutes les questions et
demandes d'éclaircissements du postulant. S'il s'agit
pour lui d'apprendre un art graphique ou plastique,
on lui adresse les instruments et modèles nécessaires,
et il renvoie le résultat de son travail que l'on annote
et corrige.

Il est ainsi possible de distribuer des connaissances
utiles sur une infinité de points. Mais c'est moins
sérieux quand on prétend enseigner des sciences expé-
rimentales : les petits nécessaires garnis de flacons et
de réactifs qui sont adressés avec les manuels aux
élèves chimistes ne sauraient faire d'eux des savants
bien avertis. Mais il faut envisager que, dans ce cas,
le but de l'institution est de procurer, à des gens tout
à fait étrangers aux connaissances, des notions purement élémentaires.

Comme entreprise commerciale, — car c'en est une,
— l'école de Scranton est donc bien une société d'éditions admirablement organisée avec ses ateliers, ses
imprimeries, ses appareils de relieurs de manuels.
Il en sort plus de mille chaque jour, qui sont composés,
exécutés et tenus à jour par des professionnels qui
travaillent généralement dans l'établissement même.

La prospérité et l'utilité de cette entreprise originale dépendent de la précision dans les documents et
de l'ordre dans l'exploitation et la correspondance.
A cet égard, comme la plupart des exploitations américaines, l'école de Scranton est un modèle.

La conclusion de tout ce chapitre est que la phrase
par laquelle il débute doit être renversée : après avoir
longtemps laissé les connaissances scientifiques au
second plan, les Américains sont résolus à les mettre
au premier.

CHAPITRE V

Les Chemins de fer

Les chemins de fer base de la grandeur américaine. — Leur
autonomie. — Longues discussions. — *Caveat emptor*. —
L'Ouest-État français modèle à ne pas suivre. — Gares sans
halls. — Un phonographe automatique annonce les départs.
— Coquelicots dans un champ de blé. — Le *Train du
vingtième siècle*. — La fabrique de wagons et de locomotives. — Un convoi long de 7 kilomètres.

Les chemins de fer dominent toute l'économie
industrielle et sociale des États-Unis. Ils sont à cet
immense pays ce que le sang est au corps des animaux vivants.

La longueur totale des innombrables lignes qui
sillonnent les quarante-huit États dépasse 500 000 kilomètres, c'est-à-dire plus de huit fois le réseau allemand et douze fois le réseau français. Leur accroissement a été si vertigineux qu'à certaines époques il se
construisait aux États-Unis, en une seule année, une
longueur de voies ferrées égale à celle de toutes les
lignes existantes dans un grand État européen.

Les compagnies de chemins de fer occupent
1 700 000 employés sur leurs lignes et 360 000 dans les

ateliers. Dix millions de personnes, c'est-à-dire un dixième de la population, vivent de cette industrie. Le capital qui y est investi égale le huitième de la fortune de l'Union, soit plus de 75 milliards. Ce capital était réparti, en 1901, entre 227 000 porteurs; en 1906, entre 430 000; et en 1911, entre 860 000. Ce qui démontrerait que loin de se concentrer entre les mains de quelques puissants hommes d'affaires, cette richesse tend à se disperser de plus en plus dans la population. La plus importante des compagnies, la *Pensylvania Railroad*, compte 65 000 actionnaires, dont 48 000 femmes ou mineurs.

L'exploitation de toutes les lignes exige 2 millions 400 000 wagons (un wagon américain de marchandises équivaut à 5 wagons français), et 65 000 locomotives qui transportent 1 800 millions de tonnes de marchandises et plus de 1 milliard de voyageurs. Le revenu de toutes les lignes est trois fois supérieur à celui du gouvernement fédéral de Washington; et cependant, il est admis que le voyageur aux États-Unis ne rapporte rien. Seules les marchandises donnent en moyenne des bénéfices.

Voyageurs et marchandises circulent à des tarifs extraordinairement bas. En les traduisant en unités métriques, on voit que le prix unique pour les voyageurs — puisqu'il n'existe qu'une seule classe — est de 7 francs par 100 kilomètres (en France, suivant les classes, nous avons : 11 francs, 8 francs et 5 francs). La moyenne pour les marchandises, est de 0 fr. 022 par tonne kilométrique; chiffres dont la modicité frappe d'autant plus qu'en Amérique le prix de toutes choses est plus élevé qu'en Europe.

**

Il n'est pas un Américain qui ne soit passionné pour la question des chemins de fer. Il se publie des monceaux de documents, de statistiques et de considérations de toutes sortes qui se lisent là-bas comme chez nous les romans. Le dépouillement de cette littérature fait jaillir une profusion d'idées et de conceptions originales ou profondes qui nous manquent sur ce sujet capital.

« Après la religion chrétienne et l'enseignement, dit un auteur, le chemin de fer est ce qu'il y a de plus nécessaire à l'homme civilisé. Sans moyens de transport toute vie sociale est à peu près impossible, toute chose sur terre, tout homme ont besoin d'être transportés pour acquérir leur valeur définitive. »

« Le travail le plus en honneur à chaque époque a toujours attiré les hautes intelligences de cette époque. Lorsque, sous les Médicis, c'était la peinture, les cerveaux les plus vastes s'adonnaient à la peinture : Michel Ange, Léonard de Vinci embrassaient toutes les connaissances même techniques de leur temps, mais ils étaient, avant tout, peintres et sculpteurs. Les grands navigateurs du règne d'Élisabeth, les hardis explorateurs comme Lassalle, les peintres du siècle des Médicis seraient aujourd'hui des hommes de chemins de fer. — Cette idée revient souvent sous la plume des Américains. — Des personnalités comme Cassatt, Harriman, Hill sont, elles aussi, des bienfaiteurs de leur pays et probablement les hommes les plus remarquables de leur temps, plus remarquables assurément que les éditeurs des grands journaux qui les critiquent. »

La conception initiale du chemin de fer en Amérique n'a pas été la même qu'en Europe. Chez nous, le wagon, remorqué par une locomotive, fut le successeur de la diligence traînée par des chevaux; il en affecta tout d'abord la forme et les dispositions. On n'a pas oublié que les premières lignes de chemins de fer recevaient des trucs sur lesquels on hissait, purement et simplement, à l'aide d'un cabestan, la diligence chargée de ses voyageurs et de ses colis.

Les Américains ne connurent pas cette phase des diligences de la première moitié du dix-neuvième siècle, pour la raison péremptoire qu'à cette époque ils ne possédaient aucunes routes. La voie ferrée fut pour eux le prolongement du paquebot qui les avait amenés dans le Nouveau Monde. Ils organisèrent d'emblée leurs trains de voyageurs à l'instar des aménagements qui régnaient dans les bateaux. Et ce fut plus tard chez eux que nos ingénieurs européens prirent modèle pour lancer sur les rails les grands express modernes.

Ainsi donc les États-Unis ont eu dès le début une avance et une supérorité qu'ils ont conservées sur tous les autres pays dans la construction et l'exploitation des chemins de fer.

Ce ne fut cependant pas sans opposition ni scepticisme autour d'eux.

Lorsque fut construit, vers 1850, par la Compagnie de Rockisland, le pont de chemin de fer sur le Mississipi, beaucoup de gens étaient effrayés de l'audace d'une pareille entreprise. A cette occasion, Abraham Lincoln, qui était alors attorney général, prononça ces mémorables paroles : « Il n'est pas impossible que le trafic qui passera sur ce pont soit prochainement plus considérable que celui qui circule dans le fleuve en ce même point. » Le futur président de l'Union ne prévoyait cependant pas que ce pont serait aujourd'hui franchi par mille quatre cents trains chaque jour et que vingt autres ponts de chemins de fer traverseraient le Mississipi.

On discute souvent sur la fréquence des accidents, qui surviennent dans les chemins de fer des États-Unis. La répartition de ces accidents est assez curieuse et prouve qu'ils ne sont pas en général dus au service de l'exploitation. En 1905, 610 voyageurs ont été tués, ce qui est bien peu pour 1 milliard de personnes transportées, mais 5 612 passants ont été écrasés. Aux États-Unis les voies ne sont protégées par aucunes barrières.

De 1905 à 1909, 31 000 personnes ont trouvé la mort par le fait des chemins de fer, dont 26 000 n'étaient ni des voyageurs, ni des employés. Dans la même période, il y eut 49 000 blessés dont 28 000 passants. Les Américains font observer que ce genre d'accidents est très réduit en Europe à cause des barrières continues, et que, si on les défalque, leurs chemins de fer se présentent avec une sécurité supérieure à tous les autres.

Toutefois le nombre énorme de ces sinistres n'est pas sans émouvoir le public; il se plaint que chaque jour fonctionnent des commissions, s'élaborent des perfectionnements pour assurer la sécurité et le confort des voyageurs, mais qu'on ne fait rien pour diminuer le massacre des passants. A quoi les ingénieurs de chemins de fer répondent qu'ils n'ont aucun moyen d'empêcher les gens de considérer les voies ferrées comme des promenades publiques.

Mais comme les morts, hélas, ne se plaignent pas et qu'aux États-Unis tous les vivants voyagent, c'est sur l'exploitation même que le public se montre le plus exigeant; nulle part il ne demande autant de raffinements aux entreprises qui le desservent. Là est la principale raison pour laquelle il ne veut pas les conférer à l'État.

Toutes les compagnies de chemins de fer sont libres, sous certaines conditions cependant. D'abord elles payent de fortes taxes aux États qu'ils traversent. Ces taxes sont la représentation des avantages qu'elles ont reçus sous forme de bandes de terrains, larges parfois de plusieurs milles, lors de la concession, concession qui n'est jamais un monopole. L'ensemble des taxes ainsi payées par les chemins de fer américains dépasse, aujourd'hui (1915), 700 millions de francs, ce qui fait dire aux intéressés que les compagnies de railways sont la *vache à lait* des administrations.

Où les discussions sont interminables, c'est sur le problème de la limitation des tarifs. Hommes politiques, juristes et représentants des compagnies se sont jetés à l'envi dans la mêlée.

Un premier principe a été mis hors de cause; le caractère de propriété privée reconnu aux exploitations.

Comme les Américains s'appuient avant tout sur les faits, ils ont mis en avant les résultats obtenus dans les lignes européennes exploitées par l'État. Les revenus de ces lignes sont, en 1908 :

P. 100.

Dans le grand-duché de Bade 3,98
En Suisse 3,62
En Alsace-Lorraine. 3,58

	P. 100.
En Hongrie	3,50
En Bavière	3,45
En Belgique	3,29
En Autriche	3,01
En Wurtemberg	2,97
En Danemark	2,92
En Suède	2,75
En Norvège	2,64
En Italie	2,18
En France	1,87

La démonstration était nette de l'infériorité de ce régime.

Voici d'ailleurs ce qu'écrivait le *Times* de New-York, le 8 juin 1912 :

« En Belgique, aussitôt après la nationalisation des chemins de fer, les lignes furent exploitées à perte; elles ne rapportèrent plus que le quart de l'intérêt du capital. En Italie, le nombre des employés sur les chemins de fer rachetés passa de 97 000 à 137 000; dès lors les lignes ont cessé de prospérer. D'énormes grèves achevèrent le déficit. Un directeur général très compétent fut cassé parce qu'il montrait trop d'énergie. Au Parlement canadien, il fut démontré que, sur le seul chemin de fer transcontinental qui appartient à l'État, le nombre des employés a augmenté d'une façon injustifiable pendant la période électorale. »

Mais ce furent surtout les avatars de l'Ouest-État français qui fournirent les arguments les plus concluants. « La mauvaise administration de cette ligne est absolument notoire et met en souffrance les relations commerciales entre la France et l'Angleterre. L'augmentation du personnel est inouïe et pour le plus grand préjudice de l'exploitation. L'État ne maintient plus la discipline nécessaire ; la pression d'un ministre fait augmenter inconsidérément les salaires au détriment du public. »

« N'est-ce pas, en effet, le peuple entier qui paye les insuffisances de revenus de cette ligne, puisqu'elle ne rapporte que 1,87 p. 100 alors que l'argent coûte à l'État 3 à 4 p. 100 d'intérêts ; tandis qu'aux États-Unis, grâce au régime de l'autonomie, ce sont les chemins de fer qui contribuent aux budgets des États ? »

Cette situation lamentable de nos lignes rachetées par l'État a été rappelée à maintes reprises par les Américains, pour fermer la bouche aux rares partisans de la nationalisation des chemins de fer ; et le ministre des Finances français qui l'a provoquée et réalisée est considéré aux États-Unis comme ayant desservi les intérêts de son pays, mais comme ayant été utile aux Américains, puisque son initiative malheureuse les a préservés de l'imiter.

Taft y revenait en 1912 quand il disait : « Les entreprises privées doivent exploiter sous le contrôle de l'État, mais l'État ne doit pas exploiter lui-même, car son administration ne serait pas avantageuse à l'intérêt public. »

Hughs affirmait à son tour : « Je ne suis pas d'avis que l'État soit propriétaire de chemins de fer ; mais des règlements sont nécessaires pour garantir le public contre la partialité et lui assurer la sécurité, avec un service confortable, à des conditions raisonnables en rapport avec les obligations que doit respecter toute entreprise. »

La question du contrôle des chemins de fer par les

États et de l'établissement de tarifs maxima se trouvait donc ainsi posée; elle fut portée par le Président de la République devant la Commission fédérale du commerce entre États, en 1913, afin que cette commission procédât à une estimation de la valeur des chemins de fer. Le sentiment public était alors qu'ils sont capitalisés à un taux trop élevé.

La Commission a consacré tout d'abord le principe national de la liberté absolue des affaires. Les chemins de fer en ont joui sans aucune restriction jusqu'en 1875. « Tout homme, dit ce principe, est autorisé à gagner tout ce qu'il peut à l'aide de l'instrument dont il est possesseur. Toute transaction est libre et légitime. »

Quant à l'estimation des voies ferrées, elle doit avoir pour base le jeu des forces économiques et non la valeur représentée par la côte en bourse; car cette valeur dépend de la situation actuelle de la ligne et de la plus ou moins grande perfection de l'exploitation.

Comme la règle américaine est pour toutes les transactions la formule : *Caveat emptor* (à l'acheteur de prendre ses précautions), il apparut à beaucoup de citoyens que la demande du Président était une dérogation à ce principe, et une évolution dans un sens divergent.

N'oublions pas que la théorie de la liberté absolue des affaires à l'intérieur du pays est celle des républicains et que le président Wilson est un démocrate.

La controverse porta sur le point de savoir si les chemins de fer, étant affaire privée, peuvent gagner tout ce qu'ils veulent ou être limités dans leurs bénéfices.

Là-dessus on a admis que le citoyen avait le droit de

donner son opinion, car les chemins de fer remplissent effectivement un service public. De plus, en Europe, beaucoup d'États contrôlent et surveillent les
chemins de fer dans un but militaire et de défense nationale.

Toutefois, personne n'a osé dire que ce fût une
fonction publique, mais seulement des organes d'utilité
publique, comme les canaux, le gaz, l'eau, etc. Les
chemins de fer ne sont presque jamais aux États-Unis
un monopole de fait ; presque toutes les compagnies
ont des concurrentes, et le trafic est sujet à des variations considérables. Sans doute la collaboration entre
le public et la Compagnie de chemins de fer ressemble
bien à celle du public avec une municipalité, mais les
compagnies y objectent que les variations de trafic
les exposent à des risques incalculables, ce qui n'est
pas le cas des services municipaux.

Cette question a été tranchée par la Cour suprême
des États-Unis, qui a décidé que la base des calculs
établissant les tarifs à imposer à une société qui exploite une grande artère doit être raisonnable et que
la sanction législative doit tenir compte de l'équitable
estimation de la propriété appartenant à la société. Le
public est autorisé à demander que, pour l'usage de
cette artère, il ne soit pas exigé de lui plus que la valeur des services qu'elle lui rend.

Ainsi les uns réclament un tarif maximum et les
autres demandent que les chemins de fer soient autorisés à gagner une honorable rétribution de leur propriété. Ces deux points de vue peuvent être nettement
contradictoires.

Si l'évaluation de la propriété est trop faible, il y a

manifestement confiscation illégale d'une partie de cette propriété. Aussi la Commission a-t-elle dû déclarer qu'en l'absence d'informations précises elle ne pouvait remplir sa mission sans risquer d'agir inconstitutionnellement. Ces difficultés avaient engagé la commission dans un véritable chaos.

Quoi qu'il en soit, le Congrès fédéral a décidé que, malgré l'autonomie des États, la Fédération exercerait un contrôle sur les chemins de fer, sans compétition. Mais l'opposition n'a pas désarmé, car elle maintient que les chemins de fer, qui sont des entreprises privées ayant mis leurs capitaux au service du public, ne doivent pas être soumises aux caprices du Pouvoir.

Taft estime que, conformément à la jurisprudence, le Congrès fédéral a le droit d'organiser un contrôle *national* sur le commerce entre les États, donc sur les tarifs de chemins de fer. C'est cette idée qui règle aujourd'hui les tarifs.

Des commissions fonctionnent donc dans ce but dans les divers États. Elles ne sont pas d'ailleurs absolument nouvelles, car elles préexistaient dans certains États comme le Massachusetts, mais sans généralisation.

Toutefois le sentiment général est que le problème n'a pas été définitivement résolu et que la situation actuelle n'est que transitoire. On s'aperçoit que ces commissions abusent des réglementations, ce que les Américains ne supportent guère; elles ont plus de sollicitude pour les conditions et les heures de travail que pour l'abaissement des tarifs et le bien de l'exploitation. Les salaires vont toujours en augmentant et l'on annonce qu'il ne restera bientôt plus aux compa-

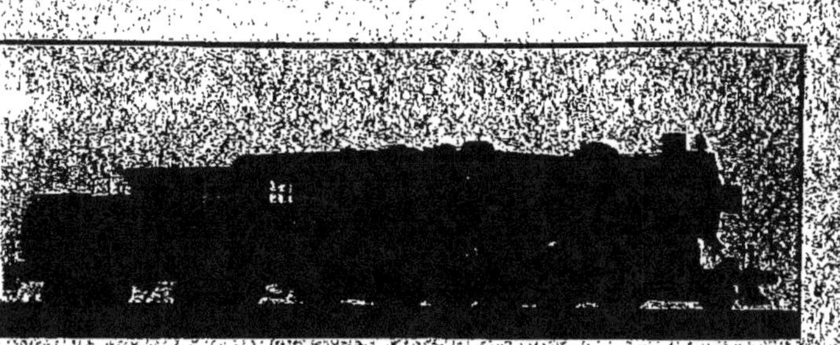

Locomotive à cinq essieux couplés. — Tender cylindrique.

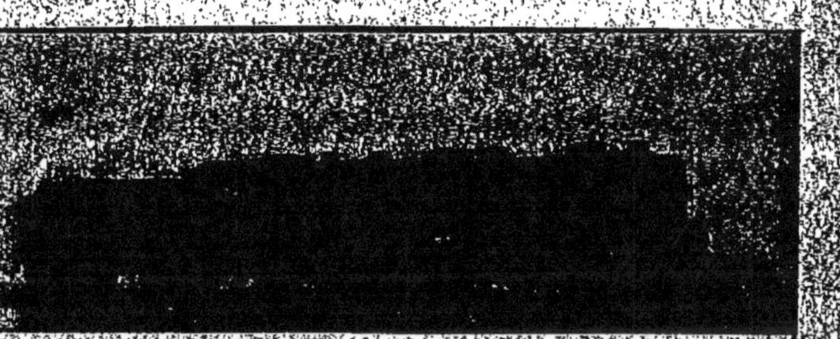

Locomotive à double paire de cylindres.

Wagon à charbon de 70 tonnes à déchargement automatique.

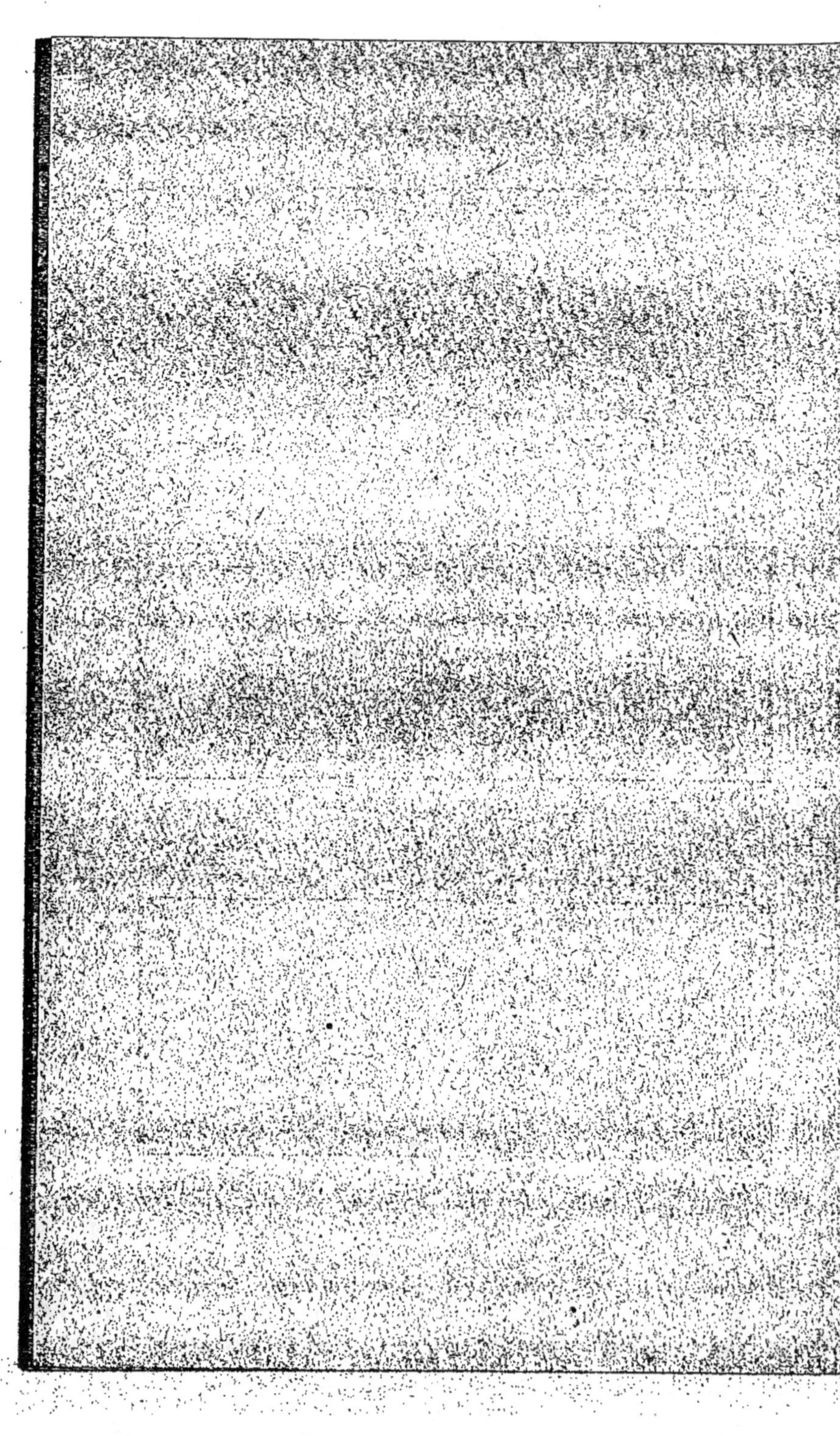

gnies que le droit de fournir de l'argent. On répète
ce mot du chef de justice de la cour suprême, Waite,
dans la discussion : « Le droit de tarifer ne doit pas
être un pouvoir de détruire, et la limitation ne saurait
aboutir à la confiscation. L'État ne peut pas imposer à
une compagnie de transporter sans profit les personnes
et les choses. Nul ne peut exiger que quelqu'un rende
un service au public sans rémunération. »

En résumé, de ces discussions touffues et passionnées, quelques faits précis se trouvent mis en évidence.

La période des grandes constructions de chemins
de fer est passée. Les capitaux ne sont plus nécessaires que pour les entretenir et les améliorer. Le coût
de l'exploitation a beaucoup augmenté depuis vingt
ans, précisément à cause des améliorations, et, surtout,
par suite de l'élévation croissante de la main-d'œuvre.
La moyenne du revenu-actions ne dépasse pas 3 à 4
p. 100, et celle du revenu-obligations 4 à 5 p. 100,
tandis que dans l'agriculture il atteint 10 p. 100,
dans le commerce et les industries 15 p. 100 et dans
la finance souvent 20 p. 100. Les exigences, en outre,
des États et des Villes grèvent lourdement l'exploitation des lignes. Beaucoup de règlements leur ont été
néfastes. C'en est fini, sauf exceptions, des petites compagnies. Il importera que le public s'informe plus
exactement des questions de chemins de fer, que le
législateur étudie mieux les lois qui les concernent et
que le personnel ne cède pas à la surenchère que lui
offrent les commissions, sans quoi le capital se détour-
nera des entreprises de chemins de fer et les lignes
secondaires, indispensables au développement des
États de l'Ouest, ne seront jamais construites.

8

J'ai donné un certain développement à ces idées et à ces discussions sur les chemins de fer. Peut-être certains lecteurs français les trouveront-ils oiseuses ou disproportionnées à l'étendue du présent ouvrage; je tiens à me justifier en leur répétant que chez les Américains la question des chemins de fer domine tout et que, pour beaucoup d'entre eux, soumettre les compagnies de chemins de fer au contrôle du gouvernement central apparaît une révolution aussi considérable qu'en d'autres pays le fait de passer de la liberté politique à l'autocratie.

On peut imaginer quels soins, quels travaux, quels progrès la grande nation américaine a accumulés sur cet organe fondamental de sa vie sociale et industrielle, le Railway.

La conception qui préside à l'établissement d'une ligne de chemin de fer n'est pas la même aux États-Unis qu'en Europe. Chez nous une voie ferrée a pour but de réunir des centres habités; aux États-Unis, on la fait pénétrer hardiment dans un désert inculte, mais fertile, afin de provoquer sa mise en valeur.

Cette idée là-bas s'applique à tout. On se préoccupe sans cesse d'imaginer des objets inédits pour déterminer des besoins nouveaux. On crée des organes pour provoquer des fonctions.

Ce principe sans doute est inacceptable dans notre Europe, où aucun coin de terre n'est inhabité; mais nous avons le devoir d'en faire soigneusement état dans les colonies.

Observons en passant combien il est en contradiction absolue avec la formule de notre Administration, qui exige, par exemple, pour autoriser la captation d'une chute d'eau, que le concessionnaire indique quelle destination il réserve à l'énergie obtenue. C'est comme si l'on demandait à un propriétaire qui construit un immeuble d'indiquer, pour obtenir son autorisation de bâtir, le nom des locataires qui viendront l'habiter. Cette absurde prétention est une des causes de la non-utilisation de beaucoup de nos richesses hydrauliques.

Le premier voyage en chemin de fer qu'il entreprend aux États-Unis est une suite d'étonnements successifs pour l'Européen, même le plus accoutumé à circuler dans le vieux continent.

Suivons-le pas à pas à travers les nouveautés qu'il découvre, sans même nous départir de la méthode si française de toujours confronter ce qu'on rencontre d'inédit avec ce qu'on a l'habitude de voir à Paris. Mais, sur ces chemins de fer, il ne faut pas longtemps pour reconnaître qu'ici toute comparaison serait ridicule et que ceux des États-Unis sont sans rivaux dans le monde.

Les types de gares sont aussi variés que les compagnies de chemins de fer sont nombreuses. C'est dire que l'uniformité leur est inconnue. Elles sont presque toujours dans le centre des villes, suivant la coutume anglaise ou allemande, coutume adoptée d'autant plus aisément aux États-Unis que ce sont les stations de chemins de fer qui ont permis aux villes de grandir ou qui, dans le Centre et l'Ouest, leur ont donné naissance.

Toutes sont spacieuses et largement aérées, quelques-unes sont immenses, comme la gare centrale et la
gare de Pensylvanie à New-York et celle de Washington, la plus monumentale de l'Amérique.

Sauf cette dernière, aucune n'affiche ce luxe extérieur théâtral qui se remarquait dans les dernières
construites des gares allemandes : Leipzig, Francfort,
Dresde, Crefeld.

Il en est tout autrement à l'intérieur, où les immenses
salles aux murailles de marbre sont d'un aspect majestueux et riche. Beaucoup, avec leurs hautes voûtes,
ont des allures de nefs de cathédrales romanes. A
Washington cette impression s'affirme, dans la salle
des pas perdus, du fait imprévu que l'on entend par
intermittence un prédicant à la voix formidable, un peu
nasillarde et cependant très nette, qui n'est autre qu'un
phonographe géant et automatique chargé d'annoncer
les départs de trains. La résonance prodigieuse, sous
les hautes voussures, de ce stentor des appareils sono-
rifiques a quelque chose de surnaturel.

Il a, pour auditrices impassibles, des statues superbes représentant les principaux États, qui, placées tout
autour de la salle sur la colonnade qui soutient le premier étage et la coupole, sont les seules personnes
qui n'obéissent jamais à ses appels.

Il faut être allé en Amérique pour savoir tout ce
qu'une gare de railway de grande ville arrive à contenir.

En dehors des *offices* obligatoires pour les voyageurs
et leurs bagages, tous très vastes et éminemment pratiques, on y découvre d'élégants salons d'attente pour
les dames, des salles de correspondance, des fumoirs,

un restaurant, un bar, des boutiques de toutes sortes, des bureaux de poste, de téléphone, de télégraphe, des bains, des officines de coiffeur, de cireurs automatiques, une bibliothèque publique, des étalages de guides richement illustrés de toutes les compagnies de chemins de fer, tous absolument gratuits. On y trouve enfin une liberté absolue de mouvements; pas de consignes, pas de barrière, aucune entrave nulle part. C'est un véritable lieu public, attrayant, bien ventilé en été, bien chauffé en hiver.

Outre ces aménagements, on voit à chaque pas, de tous côtés, de petits appareils mécaniques merveilleusement ingénieux qui remplissent des besognes qu'on n'aurait jamais cru une machine capable d'accomplir. Cet automatisme répandu partout fait la fierté et le bonheur des Américains, car nul n'y pourrait prétendre lutter avec eux.

Passons sur les quais de départ. La vue d'un express américain est impressionnante. Ces monstrueuses locomotives, aux corps cylindriques tellement surélevés qu'elles n'ont plus pour cheminées qu'un petit ajutage vertical haut de quelques centimètres, ces riches wagons, uniformément de 24 mètres de longueur, montés sur boggies à quatre ou six roues, cet ensemble d'allure à la fois robuste et agile à une tout autre silhouette que chez nous, et, cependant, repose sur la même paire de rails à 1 m. 44 d'écartement.

On comprend dès lors le cri du *Colonel* de quatorze ans de notre agréable pièce, *les Transatlantiques*, montant, après avoir débarqué du paquebot, dans l'express de Cherbourg à Paris : — « Oh! quel petit train! »

Depuis une douzaine d'années, les wagons de voyageurs américains sont exclusivement en acier. Les roues, les ressorts, les châssis, les caisses, les escaliers, les toitures, les tampons, tout est métallique, tout, excepté les larges vitres des compartiments et la garniture des sièges ou des fauteuils.

Aucune compagnie ne manque de faire valoir cet avantage, qui est une garantie très efficace contre l'incendie, mais devenu aussi banal que si l'on imprimait que le train est remorqué par une machine à vapeur.

Et encore, cette dernière affirmation ne serait-elle pas aussi exacte, du moins à New-York, car il est interdit, depuis plusieurs années, de faire circuler, dans l'impériale métropole, d'autres machines que des locomotives électriques, afin de la préserver de la fumée. Cette défense s'étend à une vingtaine de milles autour de la cité. C'est seulement au delà qu'on quitte le remorquage électrique et qu'on revient à la traction à vapeur.

Une autre innovation, tout à fait logique, sur les lignes américaines, est la suppression des grands halls vitrés au-dessus des trains. Lecteurs qui daignez me suivre, ingénieurs qui ne manquerez pas de me critiquer, vous êtes-vous jamais demandé à quoi peuvent bien servir ces halls et quelle idée, au début, leur a donné naissance? Nous voyons bien aujourd'hui qu'ils ont tous une longueur inférieure à celle des trains modernes, et que leur fonction qui semble avoir été d'abriter les voyageurs, n'est plus remplie, à moins qu'on ne les prolonge par des trottoirs couverts. Mais nous pouvons remarquer aussi que, si d'aventure une

locomotive stationne sous un hall, celui-ci fait fonction
de réservoir de fumée, laquelle retombe en brouillard
épais et irritant sur les personnes et les choses.

Les Américains, qu'aucune tradition, respectable ou
non, n'arrête, ont donc, pour cette raison, supprimé
les halls. De longues files de trottoirs, dont les mar-
quises s'étendent au-dessus des véhicules, presque
jusqu'au droit de la cheminée des machines, de chaque
côté du train, vous abritent contre les intempéries et
protègent contre la fumée. Ceci me semble un grand
progrès. Et j'attends les critiques de la part de mes
collègues des chemins de fer français.

Du même coup, je signale encore une amélioration
à l'usage du public. En France, on aime affubler les
gens d'un uniforme. Dans les stations, tous les agents
en sont pourvus : les chefs de gare, les contrôleurs, les
facteurs, les portefaix, que sais-je encore, enfin tous.

Or, le public a souvent de la peine à se reconnaître
au milieu de toutes ces livrées, et il ne sait bien souvent à qui offrir sa valise à porter. Heureux le directeur de la station, si un voyageur ne l'appelle pas
pour débarrasser un compartiment de ses bagages!

En Amérique, on aime peu les livrées. Toutefois,
on munit tous les porteurs, et les porteurs seuls, d'une
casquette rouge écarlate qui les fait distinguer au
milieu de la foule comme des coquelicots dans un
champ de blé, si bien que les voyageurs voient de suite
à qui s'adresser.

Le transport des colis le long des quais d'embarquement est ordinairement assuré au moyen de chariots
automoteurs à quatre roues basses, conduits par un
chauffeur; ces véhicules peuvent porter de lourds far-

deaux de malles superposées, et vider très rapidement les fourgons à bagages. La condition de leur fonctionnement est la suppression, de plus en plus fréquente, des marches d'escalier et leur remplacement par des rampes dont je parlerai ailleurs.

Ces petits détails sont peu de chose, mais les Américains les apprécient fort, car ils leur font gagner du temps. Et, pour un Américain, gagner du temps, c'est tout le problème de son existence.

Ceci me rappelle une anecdote que l'on raconte volontiers au pays de Rockfeller. Un homme d'affaires yankee promenait aux environs de New-York un riche Chinois. Ils venaient de quitter un train et n'avaient plus que quelques minutes à marcher pour se rendre à leur destination. Passe un tramway qui allait dans la même direction.

— Prenons ce car, dit l'Américain, nous gagnerons trois minutes.

— Bien, dit le Chinois, sans s'émouvoir; mais ces trois minutes quand vous les aurez gagnées, qu'en ferez-vous ?

Voilà deux races d'hommes qui ne sont pas près de se comprendre.

*
* *

J'hésite à décrire — on l'a si souvent fait ! — l'aménagement des trains aux États-Unis avec leur classe unique dans des wagons à banquettes de velours et couloir central, leurs Pullmanns somptueux avec fauteuils à pivot, leurs larges vitrages s'ouvrant sur le paysage, leur literie démontable, leurs fumoirs, leurs salons dans de petits compartiments, leurs restaurants, leurs bibliothèques, leur vérandah-observatoire à l'arrière, et leurs machines à écrire.

Tout est propriété privée, ai-je dit, dans les bâtiments et le matériel de chemin de fer, excepté le wagon de la poste qui appartient à l'Administration fédérale, l'*United State Mail* (*la Malle de l'Oncle Sam*).

Cet unique wagon est le cauchemar des malfaiteurs. Ceci demande une longue explication.

Dans tous les États de l'Union, la justice, civile ou criminelle, est l'apanage de chaque État. Chacun a ses magistrats indépendants et sur beaucoup de points son propre Code. Quand un malfaiteur commet un délit ou un crime, il doit être jugé dans l'État où il l'a perpétré; seule la justice de cet État a le droit de le faire rechercher par la police qui, d'ailleurs, est fréqemment en rapports tendus avec la magistrature. Si, pendant ce temps, le coupable a eu le temps de franchir les limites de l'État, c'est toute une histoire que de le faire appréhender dans un autre; il faut mettre en œuvre les formalités d'une véritable extradition.

Pour y couper court, on se sert d'un expédient qui réussit généralement : l'État qui instruit l'affaire, dénonce l'homme comme s'étant servi de la poste fédérale pour accomplir son forfait, autrement dit, comme ayant reçu ou envoyé par la poste des lettres qui l'ont favorisé. Il est rare qu'on ne puisse pas prouver — ou à peu près — cette violation de la Malle de l'Oncle Sam. Dès lors la justice fédérale de Washington est saisie de la plainte et fait arrêter le délinquant partout où il se trouve. La lettre de la loi est sauvée.

Ces particularités sont bien connues de tous ceux

qui tentent de mauvais coups. Il arrive encore quelquefois que, dans le parcours des immenses États à
moitié déserts de l'Ouest, un train est attaqué. Ordinairement les choses ne tournent pas au tragique. Des
hommes masqués posent un obstacle au-devant du train,
pour le faire stopper; ils montent, qui sur la machine,
qui dans les wagons de voyageurs et braquent leurs
brownings au visage des gens en leur demandant
simplement leur argent et leurs bijoux; s'ils les obtiennent ainsi, tout se passe sans effusion de sang; après
quoi ils descendent et disparaissent dans la solitude
et dans la nuit. Mais ils se sont bien gardés de toucher
à la Malle de l'Oncle Sam.

Il existe aux États-Unis un train quotidien sur la
New-York Central Line, bien connu sous le nom de
Train du vingtième siècle. Il court de Chicago à Boston
et New-York et vice-versa. Beaucoup de compagnies,
d'ailleurs, s'efforcent d'en lancer d'analogues.

Il va sans dire que de tels services font l'orgueil des
Américains et qu'ils en détaillent avec amour les
caractéristiques inédites en Europe. Je les donnerai
telles que je les ai fidèlement relevées en revenant de
Chicago à New-York.

Le convoi se compose d'un nombre assez limité de
wagons Pullman, aménagés en salons le jour et en
couchettes la nuit; il comprend, en outre, un wagon-
restaurant, un wagon-fumoir (*club car*), un wagon-
observatoire à l'arrière et un wagon-bibliothèque pour
lire et écrire. Toutes ces voitures sont naturellement
en acier.

Le poids de la locomotive et du tender réunis est de

190 tonnes (tonnes anglaises de 1050 kilogrammes), le wagon-restaurant et le club-car pèsent chacun 75 tonnes, les autres, 70 tonnes. La locomotive électrique qui le fait entrer à New-York, 100 tonnes. Le train entier atteint 800 tonnes.

Un appareil téléphonique à l'usage des voyageurs est disposé dans la voiture-observatoire et est relié par un fil au bureau central, soit de New-York, soit de Chicago, jusqu'au moment du départ du train.

Dans chaque station d'arrêt, ceux-ci peuvent remettre ou recevoir librement des lettres ou des télégrammes. Un employé spécial de la *Western Union Telegraph*, attaché au train, est chargé de ce service.

Des domestiques s'occupent pendant la nuit de brosser, nettoyer et passer au fer les vêtements des voyageurs, suivant un tarif affiché, d'ailleurs très élevé.

Le train contient une boutique de coiffeur et des cabinets de douches et de bains chauds et froids.

Des femmes de chambre sont affectées au service des dames et des enfants; l'une d'entre elles est manucure.

A la bibliothèque se trouvent un grand nombre de romans, de magazines, ainsi que les journaux politiques, illustrés et sportifs, les plus récemment parus dans les villes que l'on traverse. Toutes les nouvelles télégraphiques sont affichées dans le wagon-observatoire au fur et à mesure qu'elles parviennent.

Les principales villes où le train stoppe sont, en venant de Chicago : Waterloo, Toledo, Cleveland, Buffalo, Lyons, Syracuse, Rome, Utique, Schenectady, Albany, New-York.

A Albany est la bifurcation sur Boston, par Springfield, et Worcester.

La cuisine du restaurant est aussi acceptable que peut l'être une cuisine américaine. Comme le train, dans son parcours de vingt-deux heures et de 1 815 kilomètres, traverse plusieurs États *secs*, on a bien soin de vous prévenir, une demi-heure d'avance, que pendant toute la traversée de ces États, aucune boisson fermentée ne peut être servie aux voyageurs.

Enfin, un dernier avantage bien américain : sur les 26 dollars que coûte le parcours, l'administration vous restitue, à l'arrivée à destination, 1 dollar par demi-heure de retard. Comme lors de mon voyage, il y avait sur le sol une forte couche de neige, nous arrivâmes en retard de quarante-cinq minutes. Je me vis donc remettre 1 dollar dans la main par l'employé auquel je rendais mon ticket.

La construction du matériel de chemin de fer constitue aux États-Unis la plus importante des industries. Une partie de la métallurgie travaille à faire des rails et un grand nombre d'usines monstres construisent des locomotives et des wagons.

Tout le monde connaît la fabrique Pullman, près de Chicago, d'où sortent les luxueuses voitures qui portent son nom.

J'ai visité à Mauchunk, en Pensylvanie, l'une de ces grandes fabriques de wagons. La petite ville au nom indien de Mauchunk, sur la Susquehanna, est située au milieu même du fameux bassin d'anthracite — le *diamant noir* — de Pensylvanie, d'où on extrait 85 millions de tonnes de combustibles.

Cette usine présente à l'ingénieur le même intérêt qu'au géologue l'étude de deux sédiments superposés de l'écorce terrestre. Ses nombreux bâtiments et l'outillage qu'ils renferment sont de deux époques : une première partie date de 1871, les autres sont tout récents ; on voit ainsi quel était l'aspect de l'industrie américaine il y a un demi-siècle et quel il est aujourd'hui.

Le contraste est saisissant. Aux bâtiments sombres, mal agencés, encombrés d'outils en désordre, sans aucune préoccupation des facilités de travail et de l'art des manutentions ont succédé des ateliers vastes, judicieusement éclairés, où toutes les manœuvres sont mécaniques, où le personnel ne fait aucuns mouvements inutiles, où les matières premières suivent méthodiquement une direction sans rebroussement, depuis l'ébauche de la pièce jusqu'à son achèvement. On sent que l'influence de Taylor a passé par là. Le principe, qui a trouvé son complet épanouissement dans la construction des automobiles chez Ford et chez Maxwell, est déjà visible à Mauchunk. Les cent wagons par jour que l'on y construit ne restent pas immobiles pendant le montage, mais ils avancent les uns après les autres sur des rails, de façon que chacun d'eux se trouve toujours au même point quand il est au même degré d'achèvement.

Rien n'est plus intéressant et plus nouveau pour nous que le mode de construction de ces immenses caisses à charbon, à déchargement automatique par plusieurs trappes parallèles, s'ouvrant dans le plancher de la plate-forme. La capacité de ces véhicules va toujours en augmentant ; naguère c'était 20 tonnes, puis

40 ; aujourd'hui, c'est 50 et même 70 tonnes de houille qu'ils peuvent contenir. La figure ci-jointe donne le modèle et les dimensions exactes. Un wagon de 40 tonnes pèse 20000 kilogrammes; un de 70 tonnes n'en pèse que 30000.

On construit aussi à Mauchunk des wagons de voyageurs, surtout des cars de chemins de fer urbains. C'est là qu'on peut admirer les raffinements, à la fois de mécanique et de confort, qu'exigent aujourd'hui les compagnies. Le profil des sièges doit répondre à la courbe optima que peut souhaiter une personne assise. Aussi l'a-t-on fait dessiner par la *posture league*, qui a fait une étude spéciale de cette question de confort.

Parmi les mesures de sécurité, on me fait remarquer l'éclairage automatique vert, blanc ou rouge des lanternes d'avant ou d'arrière.

On me montre des voitures électriques commandées pour le métropolitain de New-York, que le wattman ne peut pas mettre en route tant que toutes les portes ne sont pas fermées.

Six mille ouvriers travaillent dans ce grand établissement. Ils gagnaient, en 1915, en moyenne 24 dollars pour cinquante-quatre heures de travail par semaine : mais Dieu sait quels sont leurs salaires aujourd'hui !

L'un des principaux établissements de construction de locomotives est l'*American locomotiv C°* de Schenectady (État de New-York). Cette petite ville de quatre-vingt mille habitants, où se trouve aussi la principale usine de la *General Electric*, contient ainsi deux des plus magnifiques ateliers des États-Unis.

Les locomotives représentent actuellement aux États-Unis plus de 50 millions de chevaux.

Aujourd'hui les Américains se lancent résolument dans l'électrification des chemins de fer.

Les prix des grandes locomotives électriques varient de 40000 à 90000 dollars (200000 francs à 450000 fr.)

Le coût de l'équipement par mille varie de 60000 à 70000 dollars (locomotives, moteurs, ligne, troisième rail ou trolley). Actuellement, on compte environ 3000 kilomètres électrifiés, 1500 en construction et 1500 en projet.

Je transcris ici, pour terminer, les renseignements qui m'ont été fournis sur la plus forte locomotive à vapeur pour marchandises actuellement en service aux États-Unis :

Poids	410 tonnes.
Roues motrices (accouplées) . . .	24
Puissance de traction : 640 wagons (en pesant) . . .	45000 tonnes
Longueur du train ci-dessus .	7600 km.

Dans son service ordinaire, qui comporte des rampes assez fortes, cette locomotive traîne 251 wagons chargés, pesant 17642 tonnes, lesquels forment un train de 7 kilomètres de longueur, en plus de la locomotive qui mesure 33 mètres.

Il s'agit d'une traction par une seule unité, alimentée par un seul générateur.

Pour un train de voyageurs, les plus fortes locomotives (en service) pèsent environ 180 tonnes.

CHAPITRE VI

La navigation et les ports

Grand pays, petite flotte marchande. — Exportation énorme, mais sans souplesse. — Les ports sur l'Atlantique. — Le port de New-York. — Immenses travaux au port de Boston. — Une cale de radoub géante. — Procédés allemands et américains d'exportation.

Les Américains sont bien loin d'avoir apporté à la navigation maritime l'ardente application qu'ils ont prodiguée aux moyens de transport terrestres. Il semble que ces hommes, après être arrivés sur le nouveau continent, jadis par un voilier incertain, hier par un puissant transatlantique, aient oublié l'instrument de leur immigration pour se livrer exclusivement à l'exploitation fiévreuse de la Terre Promise.

La flotte commerciale des États-Unis est d'infime importance comparée à la grandeur de leur situation dans le monde. Tandis que la marine à vapeur de l'Angleterre, en 1914, atteignait 20 millions de tonnes, celle de l'Allemagne 5 millions, la flotte marchande américaine n'arrivait qu'au troisième rang avec 2 380 000 tonneaux, suivie de près par la Norvège, avec 1 914 000; la France 1 861 000, le Japon 1 681 000 et la Hollande 1 508 000.

Bateau américain pour voyageurs

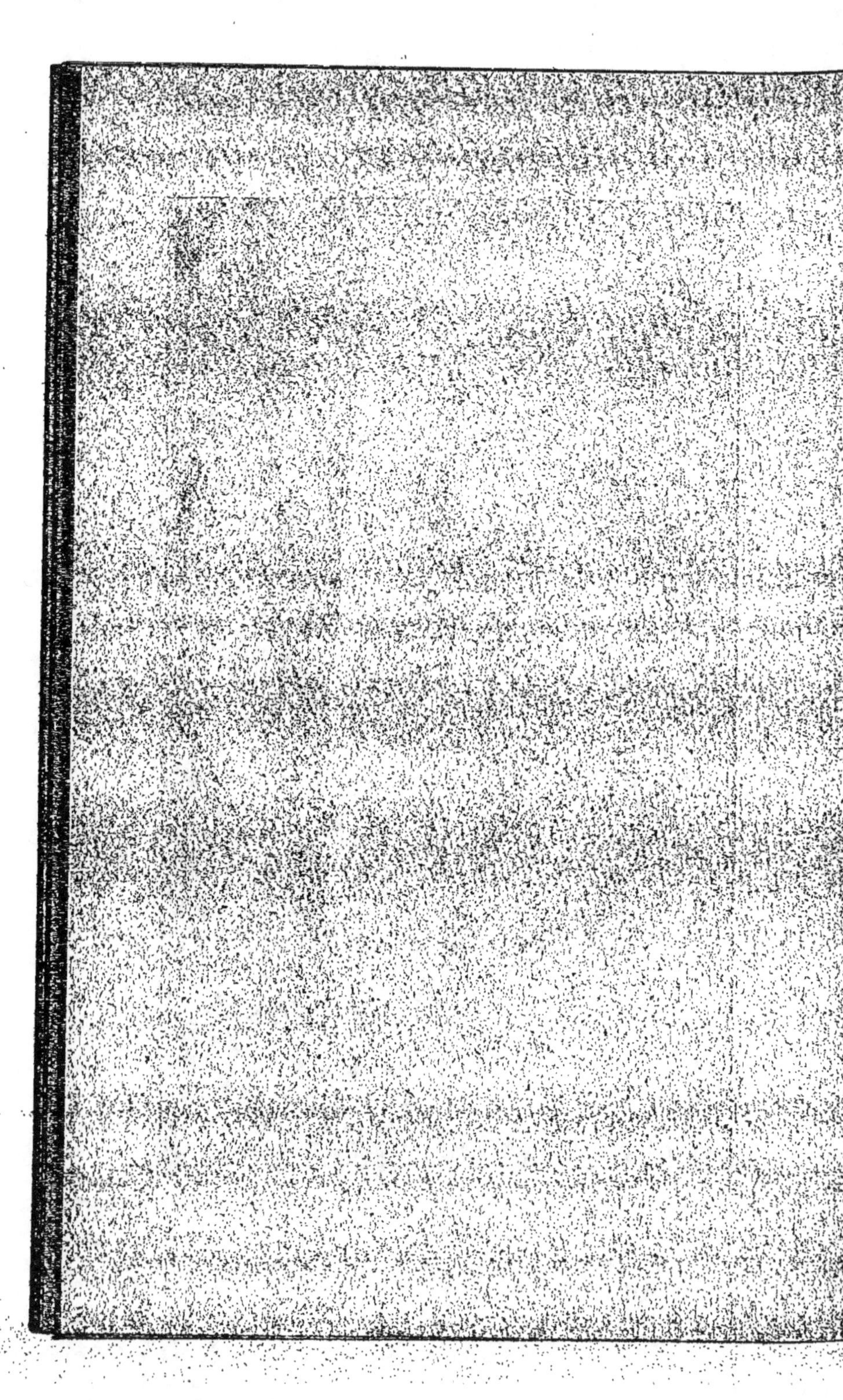

On ne sera pas moins étonné de constater que ce peuple, si ardent à tous les progrès, ait maintenu, par contre, une supériorité constante dans la navigation à voiles qui y est représentée encore par 1 106 000 tonnes, alors que l'Angleterre n'en a que 951 000, la Norvège 609 000, la France 506 000, l'Allemagne 489 000.

Et la faiblesse relative de la flotte de mer américaine à vapeur paraîtra plus surprenante encore, si l'on sait que plus d'un tiers du tonnage ci-dessus chiffré est formé par les navires qui sillonnent les Grands-Lacs.

Enfin, phénomène invraisemblable, l'âge moyen des bateaux américains est plus élevé que celui de tous les autres pays. Alors que l'âge moyen des navires allemands est de dix ans, des anglais de douze ans et demi, des français de quinze ans et quatre mois, celui des vapeurs américains est de dix-huit ans et huit mois!

La marine a donc été jusqu'ici singulièrement négligée aux États-Unis. Ils en donnent comme raison la cherté excessive de la main-d'œuvre, les sévérités du Bill de navigation qui impose aux armateurs des conditions draconiennes, et la loi Sherman qui interdit aux compagnies de chemins de fer d'être en même temps des sociétés d'armement. Ces deux dernières lois sont l'œuvre de pouvoirs démocrates.

Il résulte de cette atonie que l'Atlantique appartenait en grande partie à la flotte anglaise, et pour une part beaucoup plus modeste aux Allemands et aux Norvégiens, tandis que le Japonais est le maître du Pacifique. Toutes choses que le parti républicain des États-Unis, beaucoup plus clairvoyant que l'autre, ne considère pas sans déplaisir, ni appréhensions.

En creusant plus avant le sujet, on reconnaîtrait encore un motif supplémentaire si paradoxal qu'il puisse paraître : les États-Unis ne sont pas un pays d'exportation.

Rien chez eux ne présente, pour porter au loin les produits de leur sol ou de leur industrie, l'apparence d'un effort comparable à celui des Allemands, des Anglais ou des Belges. Leurs représentants au dehors sont peu nombreux, généralement ignorants des langues étrangères, leurs maisons de commerce dans les ports n'ont pas d'organisations appropriées à l'exportation. Si on leur achetait des produits par milliards de dollars, c'est simplement parce que le monde entier n'en trouvait nulle part ailleurs de similaires ou de comparables.

Qui parmi nous n'a remarqué que les articles américains sont faits pour l'Amérique, et non pour nous ? Son industrie est sans souplesse ; elle ne se prête pas aux habitudes ou aux caprices des autres nations.

Que les Américains et nous-mêmes sachions bien — ce qu'on ne nous dit pas — que la plupart des neutres dans les deux hémisphères soupirent après les produits que les Allemands savaient si obséquieusement fabriquer suivant la fantaisie de leurs clients.

Mais il n'est pas une publication américaine qui ne déclare à cette heure que cette situation va changer et que les États-Unis sont résolus à devenir une grande puissance maritime mondiale. Comment s'y prendront-ils ? Ceci est leur secret ; car les causes de la stagnation n'ont pas cessé d'exister, tout au moins en ce qui concerne la législation et les prétentions des équipages.

Il serait injuste d'étendre ces critiques à la naviga-

tion sur les lacs et sur les immenses fleuves qui sillonnent le pays; elle y est intense et constamment croissante; c'est qu'il s'agit là de l'exploitation de la Terre
Promise.

Les Américains n'ont point oublié non plus les canaux de navigation, sans toutefois leur conférer dans
le trafic général l'importance que les Allemands ont
donnée aux leurs. Ainsi, un canal à large section et à
puissantes écluses à travers les monts Alleghanys relie
depuis douze ans New-York aux Grands Lacs par
l'Hudson, Albany et Buffalo. En ce moment même, on
termine un autre canal qui reliera, par la Delaware et
son affluent la Schuyklhe, Philadelphie à Pittsburg,
au Mississipi et aux Lacs. Ces voies d'eau sont parcou-
rues par des chalands de 1 500 tonneaux.

Philadelphie compte ainsi concurrencer New-York,
en détournant à son profit surtout les combustibles et
les grains de l'Ouest, et aussi Boston qui de son côté
s'apprête, par d'immenses travaux de port, à soutenir
la lutte économique.

* *

Voyons comment se présentent à cette heure les
gros points de transit océanique de l'Est américain.

Ces points sont peu nombreux. Quatre grands ports
sur l'Atlantique : en partant du nord, Boston, New-
York, Baltimore, Philadelphie, et, plus au sud, les
villes de Charleston (Caroline du Sud) et Savannah
(Georgie), chacune peuplée de 100 000 habitants environ; enfin, sur le golfe du Mexique, la capitale encore
presque française de la Louisiane, la Nouvelle-Orléans; ces trois derniers ports ont surtout pour mar-

chandises le coton, le riz et les phosphates naturels.

La nature a tout disposé pour faire de New-York un port d'une grandeur illimitée. L'Hudson, à son embouchure, a une profondeur que n'atteindra jamais aucun navire et sa largeur a permis jusqu'ici de jeter des môles perpendiculaires au rivage qui découpent les bords d'une interminable succession de bassins à flot. Il en est de même de l'East-River; en sorte que le plan de New-York apparaît profilé de créneaux comme le mur d'un vieux château fort.

Ces môles et ces bassins, loués chacun à quelque compagnie transatlantique de navigation, sont bordés du côté de la ville, de bâtiments à frontons majestueux qui s'alignent le long d'une large avenue sur une distance de plusieurs milles.

A côté des grands navires, des ferry-boats géants font une navette incessante entre les deux rives du fleuve, c'est-à-dire entre New-York et New-Jersey ou Oboken.

Oboken! Ce nom sonne *boche*. C'est, en effet, là-bas, sur la rive de New-Jersey, que les compagnies de navigation allemandes syndiquées ont, seules, établi leur quartier général, dans des bassins similaires de ceux de la rive gauche, mais plus vastes.

Rien, en effet, ne manquait dans le passé au port de New-York; mais un nuage obscurcit son avenir, et les Allemands l'ont prévu, voilà pourquoi ils ont adopté Oboken.

Les môles et les bassins, les *pier*, de la rive gauche, ont été calculés pour la dimension de liners qui eussent paru géants il y a seulement dix années; et tout allait bien jusque là. Il faut voir avec quelle rapidité un paquebot qui arrive est accosté le long de son pier dans un bassin. Une demi-douzaine de remorqueurs se mettent après lui comme des ouvriers qui feraient virer une locomotive sur une plaque tournante.

Sans lui jeter aucune amarre, ils le poussent de leur étrave les uns à babord avant, les autres à tribord arrière. Le monstre ainsi attaqué tourne d'un quart sur lui-même et va docilement se placer parallèlement au quai; la manœuvre ne dure pas dix minutes.

Mais quand on a vu arriver dans l'embouchure de l'Hudson des *Imperator*, des *Olympic*, des *Vaterland* de 280 mètres de longueur, on s'est aperçu que les créneaux des bassins n'étaient plus d'une longueur suffisante; l'avant de ces navires dépasse la portée des jetées. A l'heure actuelle, il faut chercher une autre solution que les Américains n'ont pas tardé à trouver, et ils l'exécutent, bien que ce soit un énorme travail. On ne pouvait songer à allonger les jetées, elles eussent par trop rétréci la rivière et les manœuvres à coups de remorqueurs fussent devenues aléatoires. Il a fallu remonter le fleuve jusqu'au point où il n'y a plus de bassins ni de môles; et là, on en crée un certain nombre, non plus perpendiculaires à la rive, mais obliques comme des barbes d'épis sur leur tige, ce qui permet de leur donner toute la longueur que l'on désire.

Et voilà comme quoi les Allemands, qui avaient paru se mettre très loin en s'installant à Oboken, sont aujourd'hui plus près de New-York City que les bateaux qui auront à remonter de plusieurs milles le cours de l'Hudson.

* *

Cependant, les plus grands travaux maritimes s'exé-

cutent à cette heure à Philadelphie où je ne les ai pas
vus et à Boston où je les ai visités.

Le port de Boston, le plus ancien et, dans les premiers temps de la colonisation européenne en Amérique, le plus considérable du Nouveau Monde, est aujourd'hui largement dépassé par ses concurrents. La
Nouvelle-Angleterre, dont il est la porte sur l'océan, y
reçoit surtout les cotons des États du Sud, les denrées
alimentaires de l'Amérique australe, destinés à ses
manufactures de tissus de laine et de coton et à la population très dense qu'elle abrite. Par lui, elle envoie
au loin, particulièrement des tissus fabriqués, des cuirs,
des chaussures et des machines. Enfin, une partie de
l'immigration européenne, qui vient chercher une existence meilleure en Amérique, débarque à Boston. Il
faut se rendre compte que, grâce à sa situation au
nord-est de New-York et à sa latitude déjà élevée au
nord, cette ville se trouve la moins éloignée de l'Europe occidentale. New-York est sur le même parallèle
que Madrid ou Naples; Boston est presque sur celui
de Bordeaux.

La disposition du port actuel est à la fois magnifique et très compliquée, à cause de la forme capricieuse
de l'estuaire du Charles-River et du Mystic River qui
découpent la topographie suivant des courbes bizarres
et imprévues. Les anciens piers s'étendent sur les
deux rives du Charles-River à même son embouchure
dans la haute mer. La profondeur du fleuve les rendait inaccessibles aux très grands navires.

C'est depuis une dizaine d'années à peine que
l'État de Massachusetts et la ville de Boston se sont
préoccupés d'agrandir leur port et d'en corriger les

imperfections. Il semble y avoir eu longtemps des tiraillements à ce sujet. De plus, on a prétendu que les habitants de la ville se souciaient plus d'opérations industrielles tout autour d'eux et aussi de grosses spéculations au loin dans l'Ouest que des intérêts maritimes de leur propre ville.

Les aspirations du public de la Nouvelle-Angleterre se sont enfin résolument tournées vers le développement du port de Boston, surtout depuis la guerre européenne, qui a tant fait réfléchir les Américains, parce qu'elle a eu chez eux les répercussions les plus inattendues. C'est ainsi que l'énorme demande européenne de machines-outils de la Nouvelle-Angleterre, leur a fait envisager l'avenir considérable de cette exportation.

Tout le monde prévoit que la destruction des ateliers du Nord français et de la Belgique augmentera les demandes, et que la pénurie de bras, raréfiés par la guerre, obligera les nations européennes à généraliser l'emploi des machines dont les États-Unis sont le grand pourvoyeur.

Ces circonstances fortuites apportent des arguments nouveaux aux esprits qui envisageaient pour Boston la nécessité de se rendre indépendante, au point de vue commercial et maritime, des autres cités du littoral.

Le nouveau conseil communal, élu en 1914, a vigoureusement plaidé en faveur de l'extension du port et établi un rapport et des devis très étudiés sur cette entreprise.

« Boston, dit-il, est l'œuvre de la foi et du courage de plusieurs générations de marins et de marchands qui en avaient fait le premier port de l'Union américaine, avant que la multiplicité et l'étendue des lignes ferrées aient développé les villes du Centre et de l'Ouest : Chicago, Saint-Louis, Buffalo, Cleveland, Détroit, Cincinnati, etc. L'accroissement de ces cités a orienté vers d'autres points le flot des marchandises. »

« Avant la guerre civile, Boston possédait l'hégémonie. Après la paix, elle s'est beaucoup plus intéressée au développement des nouveaux États qu'à son propre accroissement. Aujourd'hui le moment est venu de regagner le temps perdu, parce que l'exportation s'impose comme une nécessité. »

Puis vient cette phrase humoristique, bien américaine, et qui fait image sur les esprits cultivés comme sur les autres :

« On dit que nos manufactures de chaussures produisent en sept mois autant de souliers que les Américains peuvent en user en une année. Il en est de même pour presque toutes nos industries. Donc, pour que nos ouvriers gardent leurs salaires élevés, nous devons nous ouvrir les marchés étrangers. La guerre européenne nous en offre une occasion sans égale. Ainsi nous retournerons à nos premières amours, qui sont la prépondérance maritime de Boston. »

Les travaux proposés ont été approuvés, décidés et entrepris par l'État de Massachusetts et la cité de Boston ; et l'on va voir que, comme toujours, les Américains ne reculent pas devant les programmes formidables.

Le rapport ne manque pas de faire observer que, depuis cent ans, les travaux du port n'ont été qu'une suite de rapiéçages coûteux et inefficaces. Il n'existait pas de plan d'ensemble sérieusement étudié. Les mêmes errements avaient présidé dans le début, aux travaux des grands ports européens de Liverpool, Bristol, Londres, Le Havre, Anvers, Rotterdam, Brême et Hambourg. Il est temps d'y mettre fin en Amérique comme on y a mis un terme en Europe. Le monde des travailleurs doit comprendre que chacun est intéressé à ce que les travaux soient judicieusement conçus et exécutés avec rapidité et suite dans les idées. « Chaque dollar dépensé doit l'être avec profit. »

Ceci posé, le rapport conclut à la prévision d'une dépense totale de 450 millions de francs, à la charge de l'État de Massachusetts.

Ce plan grandiose est en pleine exécution. Dès 1912, on avait commencé la construction des môles nouveaux et le dragage des bas-fonds. Le grand môle, désigné sous le nom de pier n° 5, est achevé ; il a coûté, à lui seul, plus de 4 millions de dollars. La visite de ces bâtiments à deux étages, particulièrement aménagés pour les passagers, montre les derniers perfectionnements imaginables dans le débarquement et l'embarquement des voyageurs riches ou pauvres. Salles d'attente immenses et confortables, services des douanes, manutention accélérée des colis, etc. Et, cependant, j'ai dû faire observer à mon guide qu'aucune voie ferrée ne pénètre jusqu'à ces installations ; la gare terminus que j'aperçois en est distante d'environ 800 mètres. La réponse ne se fait pas attendre : « Quand on a pu faire la dépense d'un voyage de Liverpool ou du Havre à Boston, on peut y ajouter celle d'un auto pour aller prendre le train. » Je la donne telle qu'elle m'a été faite.

Mais on me prie aussitôt de remarquer que tous les

piers destinés aux marchandises seront reliés par voies ferrées non seulement à une grande gare, mais encore directement à toutes les lignes qui touchent Boston.

Les plans comportent, en outre, un bassin correspondant au trafic du canal de Panama, un port de pêche, des bassins spéciaux pour les légumes et les fruits du Sud, d'autres pour les cotons, les combustibles, les machines, etc., un système d'ancrage en pleine eau pour les navires en transit; enfin, des cales sèches, dont une de 370 mètres de longueur, sur 37 de large et 11 mètres d'eau au-dessus des plus basses mers; elle sera la plus vaste qui ait été encore construite. La maçonnerie seule de ce bassin de radoub, non compris les agencements mécaniques, les caissons-portes et les pompes, coûtera 10 millions de francs.

A toutes les espérances d'expansion que caressent les hommes d'affaires de Boston, il faut ajouter encore l'effet prochain du canal interocéanique de Panama et du canal intérieur de l'Érié. La foi inébranlable dans l'avenir est peut-être la plus grande force de l'Américain.

Déjà nombre de services réguliers de grandes compagnies de navigation visitaient le port de Boston : la *Cunard*, la *White Star*, la *Hamburg Amerika*, le *North German Lloyd*, une compagnie russe, etc., lorsque la guerre a d'un seul coup tout interrompu.

Nous saisissons là sur le vif un des plus vigoureux efforts de l'Amérique résolue à devenir un grand foyer d'exportation.

* *

Nous savons d'autre part qu'elle travaille avec la

même énergie à se parfaire une flotte de guerre et
une flotte de commerce. C'est pourquoi elle développe
avec une fiévreuse activité ses chantiers navals, jusqu'à
présent très inférieurs aux chantiers allemands ou
anglais. Connaissant l'incroyable rapidité de décision
et d'exécution des techniciens américains, il y aurait
témérité à m'appesantir sur une lacune qui sera sans
doute comblée en moins de temps qu'il n'en faudra
à mon exposé pour pénétrer dans le public. Car c'est
le cas de répéter une recommandation bien connue
aux États-Unis : « Ne vous endormez jamais en pen-
sant qu'une chose est impossible; vous pourriez être
réveillé par le bruit que fait quelqu'un qui l'exécute. »

Cependant je doute encore que les Américains poussent au même degré que les Allemands la science de
l'exportation. Quelle que soit l'admiration que je professe pour leur hardiesse et leur ingéniosité, je ne
puis oublier mes étonnements quand j'ai étudié de
près les méthodes employées par les exportateurs de
Hambourg. On me permettra de les rappeler ici[1].

« Tout observateur qui prendra la peine d'étudier
l'organisation commerciale à Hambourg se rendra
compte que l'Allemagne en veut faire le grand marché international de presque tous les produits de la
terre.

« Bien d'autres avant moi ont décrit le mécanisme
d'exportation hambourgeois, méthodique à l'égal d'un
règlement militaire et précis comme un chronomètre.

1. *Les Derniers Progrès de l'Allemagne*, p. 247 (librairie
P. Roger et Cⁱᵉ, Paris).

Il ressemble d'une manière frappante à celui de la librairie à Leipzig[1].

« Quand on a compris et vu fonctionner ce mécanisme, on reconnaît que ceux qui l'appliquent obtiennent mathématiquement des résultats supérieurs à ceux qui n'en font pas usage.

« Et cela est si vrai que, depuis longtemps, et de plus en plus, des marchandises d'exportation, même fabriquées en Autriche, en Italie, en France, se trouvent passer sous la coupe des commissionnaires de Hambourg, par le jeu naturel de leurs opérations.

« Le pivot des opérations extérieures, ce sont les 1 100 maisons de Hambourg qui ont pour unique objet de trafiquer avec les pays étrangers où elles ont des représentants allemands. Par eux, par les consuls, par les compagnies de navigation, leur parviennent des échantillons de tous les produits qu'on y peut vendre. Grâce aux agents d'exportation de Hambourg, aidés du *Bidermann*, énorme livre qui contient les adresses des fabricants inscrits de tous les produits européens, elles prennent contact avec les producteurs de ces marchandises. Hambourg possède, d'autre part, des collections, véritables musées, de tous les produits que l'homme, sous n'importe quelle latitude, est susceptible d'acheter.

« Les maisons d'exportation de Hambourg se sont ainsi partagé le monde dont chacune a choisi un morceau déterminé. Pas un jour qui ne soit marqué par une poussée de plus en plus pénétrante de leurs représentants, qui travaillent avec acharnement à ce que nulle part du globe ne leur échappe.

1. Voir *l'Allemagne au travail* (libr. P. Roger et Cie, Paris).

« Pendant ce temps, les agents d'exportation fouillent l'Europe, à la recherche des fabricants les mieux placés pour les servir ; car leurs investigations dépassent souvent les limites de l'Empire. Le *Bidermann* contient beaucoup de noms de firmes étrangères, soit que certains articles demandés manquent aux fabriques allemandes, soit que d'autres firmes les produisent à meilleur compte. Voilà pourquoi le commerce d'exportation de Hambourg comprend maintes expéditions qui ne passent pas par ce port.

« Les agents qui, eux aussi, sont spécialisés dans certains articles pour lesquels ils représentent généralement plusieurs fabriques continentales, ont le plus souvent, par devers eux, des collections abondantes de ces articles. Certaines maisons n'hésitent pas à adresser à leurs agents à Hambourg pour 4.000 ou 5.000 marks d'échantillons.

« Si vous voulez vous faire une idée du rôle respectif des exportateurs et des agents, pensez à une feuille de papier sur laquelle vous auriez tracé une ordonnée et une abscisse, ou plus simplement à une table de Pythagore. Dans la colonne verticale inscrivez, les uns au-dessus des autres, les 1 100 exportateurs qui sont cantonnés sur une région et non sur un article et, dans la ligne horizontale, les deux ou trois milliers d'agents qui, eux, sont spécialisés sur certains articles et non sur un pays ; puis imaginez qu'un représentant du Venezuela écrive à sa maison de Hambourg qu'il est en mesure de vendre des horloges, par exemple. Aussitôt l'exportateur consulte la ligne horizontale, figurée par une liste de tous les agents avec, en regard, les spécialités que chacun représente ; d'un coup de téléphone il appelle celui ou ceux qui s'occupent d'horlogerie. Ce dernier recherche sans retard dans sa collection ou, à défaut, au musée commercial, quel est le type d'horloge que préfèrent les Vénézuéliens ; il en passe la commande au fabricant ; l'expédition prendra le prochain paquebot.

« Pour que la collaboration de ces quatre facteurs : le représentant, l'exportateur, l'agent et l'industriel, soit profitable, il est nécessaire que chacun d'eux connaisse sérieusement son métier, et qu'il ait confiance dans les trois autres.

« Il faut notamment au fabricant une souplesse et une docilité qui en fasse, d'après les instructions transmises par le représentant à l'exportateur et par celui-ci à l'agent, le serviteur du consommateur exotique. Il doit se conformer à son goût, et non chercher à lui imposer les siens. C'est là, au dire des commerçants de Hambourg, la chose la plus difficile à obtenir. Les Allemands l'acceptent, mais il est de tradition que les fabricants français s'y refusent. »

On peut ajouter sans hésiter : « et aussi les industriels Américains ».

Il leur sera plus difficile d'inaugurer ce genre d'opérations et de se plier à ces nécessités que de creuser des ports de 500 millions et de construire dans des chantiers géants des navires de 60'000 tonneaux.

CHAPITRE VII

Le Niagara
et l'industrie électrique

Est-ce le plus vaste réservoir d'énergie du monde ? — Six cent mille chevaux captés. — *L'Ontario power Company.* — Les grandes centrales électriques. — A New-York. — A Chicago. — A Baltimore. — Toujours plus grand. — L'électrification des chemins de fer. — La ligne Chicago-Milwaukee-Saint-Paul.

Le premier effet du mot puissance hydraulique aux États-Unis est d'évoquer la pensée du Niagara dont les cataractes sont le plus énorme producteur d'énergie connu jusqu'à ce jour. Il paraît tout naturel aux Américains d'en être détenteurs. La Nature n'est-elle pas tenue de mettre à leur portée ce qu'il y a de plus beau, ce qu'il y a de plus grand, ce qu'il y a de plus riche dans le monde ! Cependant, j'ai rencontré des gens qui prétendent que les rapides et les chutes du Zambèze dans le sud-est de l'Afrique pourraient fournir une puissance plus gigantesque encore. D'autres citent aussi les cataractes du rio San Francisco au Brésil dont le volume d'eau est énorme et la hauteur de chute d'un tiers plus élevée que celle du Niagara. Mais jamais un Américain ne consentirait à l'admettre.

Quoi qu'il en soit, le débit d'étiage du Niagara entre le lac Érié et le lac Ontario est de 7 000 mètres cubes à la seconde; la hauteur de la chute est sur la rive américaine de 70 mètres et, sur la rive canadienne, de 67 mètres. Ce qui donnerait une puissance totale effective de 5 millions de chevaux de laquelle 12 à 15 p. 100, c'est-à-dire environ 600 000 chevaux, ont été captés. Mais nous allons voir que ce n'est là qu'une simple fraction des forces que les ingénieurs ont aménagées sur les divers points du territoire pour l'usage de l'industrie.

Peut-être bien est-ce dans le domaine des applications de l'électricité que les Américains ont atteint les conceptions les plus grandioses et les plus étonnantes. Je n'ignore pas qu'il est d'usage en France, dans certains milieux aux horizons bornés, de traiter de *bluffs* et d'exagérations les descriptions les plus fidèles des entreprises américaines. L'écart des proportions entre elles et nos travaux plus modestes est difficile à imaginer pour celui qui ne les a pas comparés de ses propres yeux. Il a peine aussi bien à les concevoir qu'à les suivre, parce qu'il n'est entraîné, ni à tant d'ampleur dans les plans, ni à tant de rapidité dans leur exécution. Je suis heureux d'avoir ici pour témoin parfaitement documenté mon collègue de la Société des Ingénieurs civils, M. Sosnowsky, qui a fait sur l'industrie électrique aux États-Unis une communication à laquelle j'emprunterai nombre de chiffres qui compléteront et confirmeront les miens.

On se rend de New-York aux chutes du Niagara par plusieurs lignes; la distance est en moyenne de 900 kilomètres, et la seule très grande ville que l'on

rencontre est Buffalo, qui n'est plus qu'à 30 kilomètres
de Niagara-Falls. Cette ville de 500 000 habitants, occupe, sur le lac Érié, la même situation, à la tête du
canal qui réunit l'Érié à l'Ontario, que Détroit, sur le
même lac, au débouché du lac Huron dans l'Érié.
L'Érié est long, de l'est à l'ouest, de 400 kilomètres,
et large, du nord au sud, au maximum de 100 kilomètres. La navigation y est intense. Le port de Buffalo
reçoit ou réexpédie plus de 16 millions de tonnes
(plus de la moitié du port de Londres, près de deux
fois le tonnage de Marseille).

La ville de Buffalo et le parcours entre elle et Niagara-Falls sont émaillés d'une succession continue d'u-
sines, principalement des minoteries et des ateliers
aux baies incandescentes où les fours électriques ac-
complissent, en ronflant furieusement, des opérations
chimiques et métallurgiques hier encore complètement
inconnues des humains. Un réseau serré de câbles
aériens couvre la cité et la campagne, aboutissant ici
et là à des kiosques où des transformateurs font tomber
à un voltage plus faible les hautes tensions du courant.
Buffalo, ainsi que toutes les villes qui s'adonnent à des
fabrications nouvelles, renferme beaucoup d'habitants
d'origine allemande, plus de 150 000, m'a-t-on dit.
Comme la plupart de ces usines travaillaient directement ou indirectement pour les Alliés, on doit se demander quel rôle jouent ici les pro-Germains. Bien
souvent on m'a répété, en Amérique, que les Allemands
y sont influents moins par leur nombre, que par l'importance des situations financières et commerciales
qu'ils occupent[1].

[1]. D'ailleurs, Buffalo, avec ses grands silos en ciment armé,

La ville toute neuve de Niagara-Falls (3o ooo habitants) travaille au bord du fleuve en amont et dans le rugissement de la chute américaine et des rapides tumultueux qui la précèdent. En plus de la hauteur des cataractes, les rapides donnent une dénivellation de 3o mètres. Il règne donc entre les deux lacs une différence de 1oo mètres qui est rachetée pour la navigation par un magnifique canal à écluses, long de 55 kilomètres et tout entier en territoire canadien, c'est-à-dire sur la rive gauche du fleuve.

Le spectacle effarant de ces masses d'eau en mouvement a aiguisé, depuis un siècle, la plume de tant de visiteurs — les Américains disent un million par an — que sa description se présente comme une banalité.

Tout le monde sait qu'immédiatement avant la chute, le fleuve est divisé, par une île, en deux bras d'une importance très inégale; la chute américaine forme une nappe de 33o mètres de largeur seulement, tandis que la chute canadienne se développe en une courbe de 915 mètres qui affecte en plan la figure d'un fer à cheval (Horshoe-Fall). Tout est parfaitement organisé pour que les voyageurs puissent contempler cette merveille de la nature sous toutes ses faces, d'en haut, d'en bas, de la rive droite comme de la rive gauche, d'un petit vapeur qui s'avance jusqu'au pied des chutes et d'une terrasse inférieure qui circule entre les cascades et le rocher d'où les flots se précipitent.

ses puissants aspirateurs de grains, ses nombreux appareils de chargement, rappelle aussi Mannheim, un Mannheim agrandi, mais moins bien tenu. (Voir *les Derniers Progrès de l'Allemagne*, librairie P. Roger et Cie, Paris.)

Il y a là une vaste organisation à la manière suisse,
qui doit certainement soulager les visiteurs de quelque
100 millions par an. Aussi a-t-on créé, outre une profusion d'hôtels, un très beau parc de plusieurs kilomètres de longueur le long de la rive canadienne, et
une forêt bien entretenue dans l'île qui sépare les
deux bras.

Mais l'initiative américaine a fait bien d'autres travaux pour dompter et mettre au service de l'industrie
l'inépuisable énergie dont le Créateur lui a fait don.
Nul peuple au monde n'était plus capable de profiter
en grand de ce trésor.

Bien que le Niagara serve de limite entre les États-
Unis et le Canada, les entreprises auxquelles il a donné
naissance n'ont pas de caractères différents dans les
deux pays. On est d'ailleurs surpris dans cette région
de constater que les habitudes, les procédés, les
allures économiques sont les mêmes, à droite et à
gauche du fleuve. Je ne prétends pas que cette simi-
litude se poursuive dans l'immense étendue, à peine
exploitée sur une mince surface, du Dominion anglais,
mais le long des zones de contact, comme les bords
du fleuve et des grands lacs, elle est frappante.

J'ai dit que la somme d'énergie captée au Niagara
représente environ 600 000 chevaux, soit à peine 15 p.
100 de la masse totale. Il faut s'empresser de déclarer
que le cube d'eau tombant ainsi, soustrait à la vue des
admirateurs de ce phénomène fantastique, n'enlève
rien à la splendeur du spectacle. On pourra certainement en capter encore autant sans qu'elle en soit
amoindrie. Quant aux usines génératrices, placées sur
les bords du fleuve, en aval des chutes, elles passent

presque inaperçues à travers les masses rocheuses qui les encadrent.

Il n'est pas inutile de rappeler que les premières installations ont été, sinon conçues, du moins exécutées par la maison Escher Wyss, de Zurich. Nous retrouvons là la méthode fidèlement suivie par les Américains, quand ils entreprennent quelque création nouvelle pour eux. Et bien que, depuis longtemps, pour les installations hydro-électriques, ils volent de leurs propres ailes, une partie du matériel que l'on voit autour des cataractes du Niagara vient encore de Suisse ou d'Allemagne.

**

Je décrirai les principales caractéristiques de la plus importante des captations d'eau et d'énergie de Niagara-Falls, l'*Ontario Power Company*, qui est d'ailleurs la plus récente.

L'eau est captée à l'aide d'un barrage situé à un mille environ en amont de la chute canadienne (rive gauche). Un dispositif ingénieux écarte les glaces qui pourraient s'introduire dans la conduite. Depuis neuf hivers que l'usine fonctionne, jamais elle n'a été arrêtée par les glaçons. La conduite est en viroles d'acier de 4 pieds de longueur et d'un demi-pouce d'épaisseur; elle a 18 pieds (environ 6 mètres) de diamètre. Enrobée dans du ciment, elle court sur un sol rocheux, tantôt à ciel ouvert, tantôt dans des tunnels jusqu'audessus de la station génératrice située en aval de la chute et assez bien dissimulée dans les rochers. Elle distribue l'eau à quatorze génératrices qui font ensemble 160 000 chevaux, sous une tension de 12 000 volts.

Les turbines hydrauliques sont horizontales; douze ont été construites par la maison Woïth Heidenham, de Brenz (Allemagne) et deux par Wellman Morgan, de Cleveland; sept sont de 12 000 chevaux et sept de 13 400 chevaux.

Les dynamos-génératrices qu'elles actionnent sont à courant triphasé (vingt-cinq périodes) 12 000 volts, 187 tours par minute. Sept viennent de la Compagnie *Westinghouse* de Pittsburg et sept de la *Canadian General Electric Company* de Peterboro (Ontario, Canada).

Les excitatrices sont mues par des turbines secondaires de 1 600 chevaux de Chalmers de Montréal (Canada).

Les transformateurs font passer la tension de 12 000 à 60 000 volts pour porter le courant jusqu'à 6 milles. Les fils en aluminium sont supportés par des colonnes d'acier de 18 mètres de hauteur. Pour les distances inférieures à 6 milles, le voltage est compris entre 12 000 et 30 000 volts.

Il est à remarquer que ces transports d'énergie appartiennent à une autre Société, l'*Ontario Transmission C°*, qui les oriente soit vers l'Union Américaine, soit vers le Canada.

Le point extrême atteint par les câbles est la ville de Syracuse à 217 kilomètres.

Toutes les villes situées dans le rayon de Niagara-Falls sont ainsi pourvues d'énergie électrique par telle ou telle société. Et la région desservie de Toronto à Détroit et de Syracuse à Dunkirk est devenue un ardent foyer d'industries de toutes sortes qu'habitent aujourd'hui plus de 40 000 000 d'âmes.

* * *

Mais les États de l'Union ne sont pas tous à une portée, si étendue soit-elle, de câble électrique du Niagara. Aussi ont-ils chacun de leur côté utilisé les vastes cours d'eau comme le Mississipi, l'Ohio, le Missouri, la Susquehannah et les grandes cascades des montagnes Rocheuses. Dans l'Est, une des principales installations est celle de la *Pennsylvania Water and Povel Cᵒ sur la Susquehannah*.

Le nom indien de cette rivière est bien connu par les romans de Fenimore Cooper dont les récits passionnaient la jeunesse d'il y a cinquante ans. C'est que le célèbre chantre des exploits de Bas-de-Cuir et du Dernier des Mohicans était né et a vécu presque toute son existence sur ses rives (1789-1851).

La Susquehannah, qui prend sa source au nord de l'État de New-York, pas très loin d'Albany, coule du nord au sud, traverse les États de New-York, de Pensylvanie et de Maryland où elle se jette dans la baie de la Chesapeake entre Philadelphie et Baltimore. Son bassin, le plus étendu de tout le versant Atlantique des États-Unis (le Saint-Laurent est canadien), couvre 70000 kilomètres carrés et, comme il y tombe une hauteur de pluies annuelles de 120 centimètres, le volume d'eau qu'elle roule à la mer est considérable.

Sur les confins de la Pensylvanie et du Maryland, à Holtwood, on a profité de la topographie, qui présente une grande île succédant à des gorges resserrées, pour créer une chute d'eau de 63 pieds (20 mètres environ).

La station hydro-électrique, composée de 7 unités, développe 110 000 chevaux, mais est prévue pour 150 000. Chaque turbo-alternateur est de 16 000 chevaux. L'énergie est transportée à Baltimore par six lignes de câbles en aluminium portées sur des pylônes de 20 à 30 mètres de hauteur, s'étendant sur une piste de 40 milles (75 kilomètres) de longueur, à 70 000 volts.

Cette installation, commencée en 1910, a pour station de secours, dans la banlieue de Baltimore, une usine à vapeur de 80 000 chevaux. La Compagnie a bientôt fusionné avec les compagnies de gaz, d'électricité et de tramways de Baltimore. Mais toutes ces entreprises réunies font que la source d'énergie est déjà insuffisante.

C'est que les grandes villes américaines consomment une quantité de force motrice dont leurs vieilles sœurs européennes n'ont aucune idée.

*
* *

Malgré les utilisations sans cesse croissantes de la houille blanche la plus grande part de cette force est fournie par des combustibles minéraux.

Ainsi New-York possède des centrales électriques appartenant à trois grandes compagnies.

La *New-York Edison C°* qui exploite deux centrales; l'*Interborough Transit C°*; l'*United electric light and power C°*.

La première des centrales de l'Edison C° fut installée en 1900 (Waterside n° 1); sa puissance est de 135 000 kilowatts (184 000 chevaux), répartis en trois groupes de 20 000, deux de 10 000, deux de 7 500, un de 9 000 kilowats; tous ces groupes sont actionnés par

des turbines à vapeur à axe vertical entraînant directement des génératrices à courant triphasé. Il y a, en
plus, sept machines marines à piston d'une force totale de 32 000 kilowatts.

La chaufferie se compose de cinquante-quatre chaudières à chargement mécanique, tirage forcé et surchauffe. Tous les appareils auxiliaires sont commandés
par des turbines à vapeur.

La seconde station de l'*Edison C°* date de 1909; elle
a une puissance de 151 000 kilowatts (205 000 chevaux) dont les unités varient de 12 000 à 30 000 kilowatts (16 000 à 40 000 chevaux). Les génératrices sont
triphasées de 6 000 à 7 500 volts, vingt-cinq à soixante-
deux périodes.

La chaufferie renferme quatre-vingt-seize chaudières
à tirage forcé, chargement mécanique et surchauffe,
disposées sur huit rangs et deux étages. Elles peuvent
produire plus de 1 million de kilos de vapeur à
l'heure, et la consommation de vapeur n'est que de
1 kilo de vapeur par kilowatt-heure, environ 600
grammes de combustible par cheval-heure.

La remarque générale que l'on peut faire dans toutes les usines américaines est le souci constant de se
tenir au niveau de tous les progrès.

Ainsi l'*Interborough rapid transit* qui a deux centrales, l'une à la cinquante-neuvième rue, l'autre dans
la soixante-quatorzième et qui est chargée d'assurer
le service des chemins de fer souterrains de New-
York, les avait installées, il y a quelques années, avec
une telle perfection qu'on les donnait partout comme
des modèles. Et cependant on est en train de les trans-
former complètement.

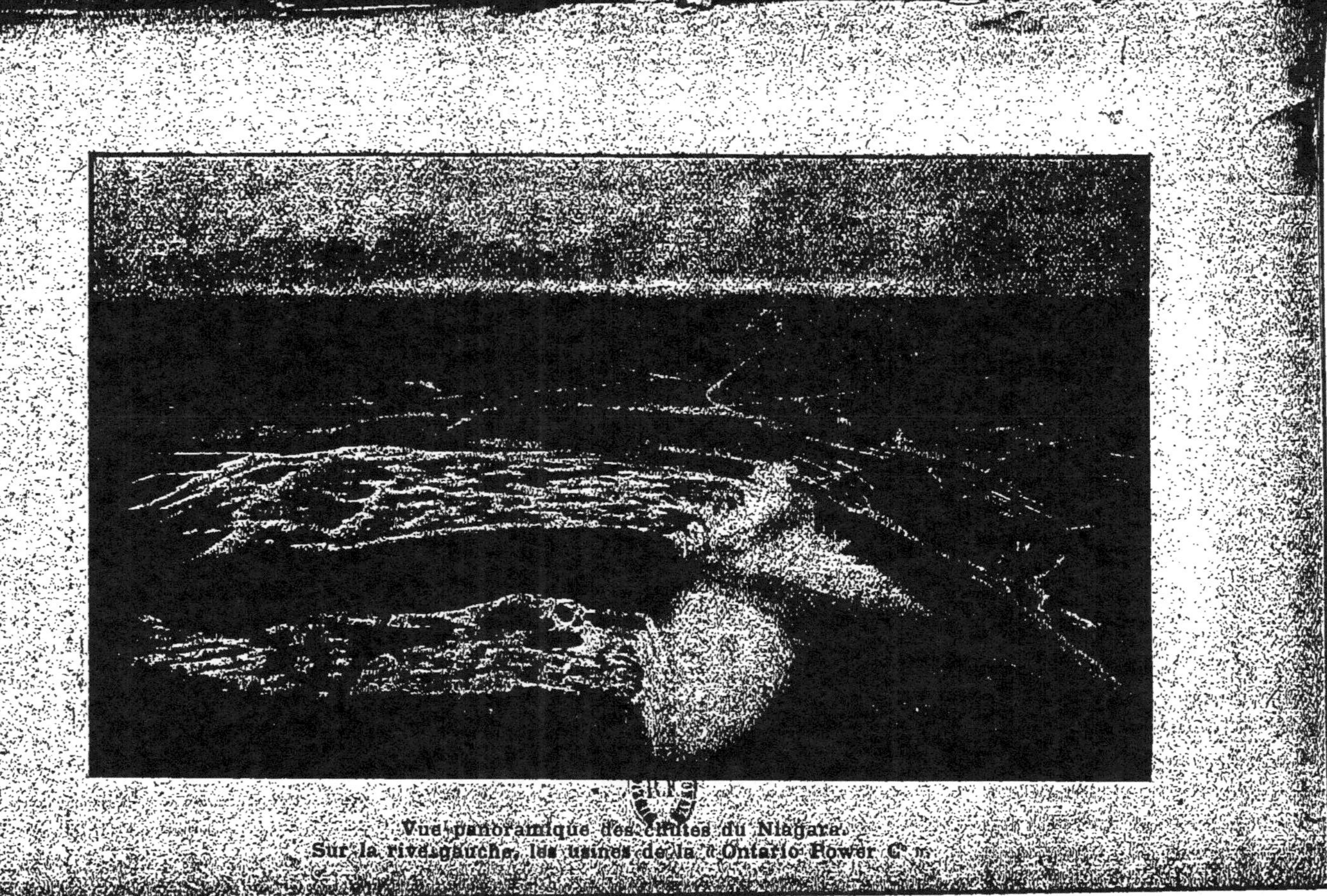

Vue panoramique des chutes du Niagara.
Sur la rive gauche, les usines de la « Ontario Power C° ».

Cette société montrait dans la cinquante-neuvième rue, neuf machines à vapeur compound à cylindre horizontal et à cylindre vertical en équerre (type Chalmers, de Montréal), et, dans la soixante-quatorzième rue, huit machines dont le total général était de 132 000 chevaux, alimentées par soixante chaudières Babcock dans chaque station avec chargement mécanique, surchauffe, etc. Les machines entraînaient des alternateurs Westinghouse à 11 000 volts et quinze périodes; elles consommaient 7 kg. 800 de vapeur par kilowatt-heure. On est en train de remplacer les machines par des turbines de 40 000 chevaux chacune, à 15 kilos de pression et l'on construit quatre cheminées de briques de 80 mètres de hauteur avec un vide de 5 mètres de diamètre.

L'*United electric light and Power C°* s'efforce de faire mieux encore. Elle occupe dans la deux cent unième rue une superficie de 18 500 mètres carrés sur laquelle s'élèvent quatre cheminées de 100 mètres et de 6 m. 50 de diamètre intérieur. La fumée de ces cheminées est réduite au minimum par une combustion poussée à ses dernières limites grâce au tirage forcé et au passage des gaz de cette combustion dans des nettoyeurs mécaniques. Les chaudières sont disposées sur plusieurs rangs et deux étages superposés. Cette centrale a en projet de nouveaux agrandissements.

En additionnant les puissances fournies par ces trois sociétés, on voit qu'elles distribuent à New-York plus de 600 000 chevaux.

* *

Chicago ne saurait rester en retard sur la métropole.

Là Commonweath Edison. C°, formée en 1907 par la fusion de plusieurs sociétés antérieurement existantes, avait débuté par un modeste capital de 500 000 dollars qui s'élève aujourd'hui à près de 500 millions de francs. La vente de courant, naguère de 5 millions de francs, dépasse aujourd'hui 100 millions.

Les turbo-alternateurs de 5 000 kilowatts qui, en 1903, étaient considérés comme très puissants, ont fait place à des unités de 12 000 kilowatts, puis aujourd'hui de 25 000 à 30 000, et l'on projette maintenant des turbines à vapeur de 60 000 et même de 75 000 kilowatts (plus de 100 000 chevaux)!

A la station de Fish-Street, la salle des machines a 200 mètres de long; on y installe en ce moment un groupe de 25 000 kilowatts, avec turbine à haute pression en flux unique, puis une turbine à basse pression à flux double avec alternateur et excitatrice; le conducteur a 3 500 mètres carrés de surface. La consommation garantie de vapeur sera de 5 kg. 3 à 5 kg. 7 suivant les régimes de marche.

Une autre installation toute neuve se dresse dans la North-West, qui aura à elle seule une puissance de 500 000 chevaux et coûtera 100 millions de francs.

Si la consommation de force s'accroît à Chicago aussi rapidement que dans les dix dernières années, ses centrales devront lui fournir 1 million de chevaux en 1920.

***

La même progression se constate dans toutes les villes, à Philadelphie, à Pittsburg, à Détroit, etc.

A Philadelphie, on a construit en une année, jour

pour jour, une centrale de 35000 kilowatts, qui est remarquable entre autres par la vitesse extraordinaire que l'on a donnée aux turbines à vapeur, 2800 tours par minute, ce qui a nécessité des coussinets creux de 61 centimètres de diamètre et 1 m. 20 de long avec une circulation d'eau de 380 litres par minute sous la pression de 1 kilo et demi, obtenue par une pompe spéciale.

L'énorme développement des centrales électriques qui suit pas à pas l'expansion de l'industrie aux États-Unis appelle un grand nombre d'observations.

D'abord la tendance générale de l'économie américaine de centraliser et de spécialiser les éléments de sa production. Cette tendance s'applique à tout. Chaque ville, petite ou grande, possède, outre ses centrales d'énergie de lumière, ses centrales d'alimentation pour les eaux, ses centrales de production de chaleur, dont la distribution se fait par des conduites de vapeur qui vont, soigneusement enveloppées de substances calorifuges, de maisons en maisons, sans compter les usines monstres qui centralisent telle ou telle industrie, les Robuck et les Armour à Chicago, les éditions Curtis à Philadelphie, les Ford à Détroit, les immenses magasins de New-York, etc. La spécialisation devient de plus en plus la règle aux États-Unis.

Pour ce qui concerne les centrales électriques nous voyons s'accomplir des progrès qui consacrent universellement certains principes : la substitution de la turbine à la chaudière à vapeur, l'accroissement ininterrompu des dimensions unitaires, l'augmentation de vitesse de ces unités, la mécanisation et l'automatisme de plus en plus généralisés de toutes les opérations.

De même, dans les chaudières, le chargement mécanique des combustibles, l'enlèvement mécanique aussi des cendres et mâchefers, le tirage forcé par ventilateurs, la surchauffe jusqu'à 300 et 350 degrés, les économiseurs, la fumivorité des gaz de la combustion, l'augmentation de la pression de vapeur, le remplacement des maçonneries de revêtement par des surfaces métalliques entourant des matières calorifuges; enfin l'augmentation progressive des dimensions. Autrefois, un générateur de 500 chevaux était considéré comme une forte chaudière; aujourd'hui, on atteint couramment 3 500 et 4 000 chevaux. Les pressions de 10 à 12 kilos étaient presque des maxima; certains chaudronniers proposent aujourd'hui des chaudières à 40 kilos de pression.

Enfin, quand on visite ces gigantesques installations, toutes admirablement entretenues, on est frappé de la profusion d'appareils de réglage, de contrôle, de mesures, d'analyses dont elles sont pourvues. Il semble que le tout petit nombre d'hommes qui sont chargés de la conduite de ces usines n'aient d'autre occupation, grâce à l'application universelle des engins mécaniques et automatiques, que de surveiller et de noter les variations de ces appareils de contrôle. En somme, ce sont ces observations innombrablement multipliées qui ont déterminé l'évolution de l'industrie américaine. Car il ne faudrait pas croire que ces remplacements brusques et résolus d'un matériel presque neuf par un nouveau matériel soient simplement dictés par la nécessité d'accroître les puissances sous la poussée des demandes de la clientèle; ils sont logiquement motivés par les résultats de l'expérimentation. Il s'agit avant tout d'améliorer les rendements, de diminuer la main-d'œuvre et les consommations de combustible. Lorsque l'Américain, qui est un observateur vigilant et un statisticien imperturbable, se rend compte qu'une innovation le fera bénéficier de quelque 30, 20 ou même 10 p. 100 de son argent par rapport à l'outillage qu'il possède, il n'hésite jamais à substituer le mieux au moins bien. J'ai vu naguère les Allemands opérer de façon identique ; aussi serais-je fort en peine de dire lesquels ont été les imitateurs des autres. Il n'y a qu'une chose dont je sois sûr, c'est que l'industrie française n'a suivi jusqu'à ce jour ni les uns ni les autres.

Je voudrais terminer ce chapitre par quelques mots sur une question qui se rattache, elle aussi, à la centralisation des éléments de travail, je veux parler de l'électrification des chemins de fer.

Sans doute elle n'est qu'à son début ; mais la marche vertigineuse des progrès techniques fait envisager pour cette innovation un avenir assez prochain.

J'ai parlé ailleurs[1] de l'électrification par la Compagnie des chemins de fer du Midi de certaines de ses lignes pyrénéennes à l'aide de la houille blanche des torrents. J'ai signalé[2] les expériences d'électrification de la ligne de Leipzig à Berlin au moyen de centrales alimentées par les lignites saxonnes. Enfin, je viens

1. *La France au travail*, Bordeaux, Marseille, Nice (librairie P. Roger et Cⁱᵉ, Paris).
2. *Les Derniers Progrès de l'Allemagne* (librairie P. Roger et Cⁱᵉ, Paris).

de noter l'électrification, limitée à l'agglomération et à la banlieue de New-York, de toutes les voies ferrées qui y pénètrent. Mais les Américains envisagent l'application de ce principe à des lignes de très grand parcours.

J'emprunte ici à M. Sosnowski, ses remarques sur l'application de l'énergie électrique aux lignes de chemins de fer américaines.

« L'électrification initiale de 180 kilomètres de la ligne principale, entre Three Forkes et Deer Lodge, est le premier pas vers l'électrification de quatre tronçons allant de Harlowton (Montana), vers Aveyry (Idaho), d'une longueur totale de 708 kilomètres approximativement, avec 1 045 kilomètres de voies, y compris les voies de garage.

« Si les résultats obtenus sont satisfaisants, on va étendre la ligne de Harlowton jusqu'à Coast, soit une longueur de 1 295 kilomètres.

« Le projet de la ligne Chicago-Milwaukee Saint-Paul est particulièrement intéressant, comme première tentative.

« L'électrification de cette ligne est entreprise surtout au point de vue économique, dans l'attente de réaliser, avec les locomotives électriques, une réduction sensible sur les frais actuels d'exploitation à vapeur.

« Si les économies escomptées sont réalisées, cette installation va constituer une des plus importantes étapes dans les progrès des chemins de fer électriques et ouvrir un large avenir à l'électrification des grandes lignes de chemins de fer.

« Le chemin de fer Chicago-Milwaukee-Saint-Paul

a passé un marché avec la Montana Power C° pour la fourniture d'énergie sur une distance de 708 kilomètres.

« La Montana Power C° couvre une grande partie du Montana et une partie de l'Idaho, avec ses lignes de transmission qui viennent de nombreuses sources et dont la puissance déjà développée est de 69 000 kilowatts et, non encore développée, de 175 000 kilowatts.

« La capacité totale sera donc de 244 000 kilowatts.

« Les premières transmissions sont supportées par des poteaux en bois et fonctionnent sous 50 000 volts, les dernières sont supportées par des pylônes métalliques et fonctionnent sous 100 000 volts.

« Il y a, en outre, de grandes quantités d'eau emmagasinées dans les réservoirs construits dans les montagnes.

« La Compagnie du chemin de fer obtiendrait le courant à 0 fr. 0268 par kilowatt-heure. On espère réaliser, dans ces conditions, l'exploitation à bien meilleur compte qu'avec du charbon.

« Le contrat spécifie que l'électrification totale sera en service le 1ᵉʳ janvier 1918.

« Les sous-stations seront alimentées par deux ou plusieurs sources d'énergie.

« L'électrification immédiate de 180 kilomètres de la ligne va comprendre quatre sous-stations contenant des transformateurs abaisseurs de tension, des commutatrices et tout l'appareillage nécessaire pour convertir le courant triphasé 100 000 volts, soixante périodes, en courant continu 3 000 volts.

« C'est la première installation à courant continu de tension aussi élevée.

« L'installation à 2 400 volts de la ligne Butte-Anaconda-Pacific dans le voisinage de celle proposée Chicago-Milwaukee-Saint-Paul, a fourni, paraît-il, une excellente démonstration du fonctionnement des locomotives à courant continu et à haute tension, et le choix de 3 000 volts pour cette dernière a été dû, en partie, à l'expérience satisfaisante pendant un an et demi de l'installation Butte-Anaconda-Pacific.

« L'équipement de la ligne Butte-Anaconda-Pacific a été fait par la General Electric C⁰, et la comparaison, durant six mois, des deux modes de fonctionnement (vapeur et électricité) aurait accusé une économie totale nette très sensible; on dit de plus de 20 p. 100 en faveur de l'électricité.

« Il résulte également de cette comparaison que le tonnage par train a pu être augmenté de 35 p. 100, pendant que le nombre de trains a pu être diminué de 25 p. 100 et le temps du parcours diminué de 27 p. 100.

« Les locomotives sont d'un intérêt tout particulier. Ce sont les premières que l'on ait osé construire pour les chemins de fer avec des moteurs à courant continu et une tension de 3 000 volts.

« Leur poids sera de 260 tonnes et leur capacité de traction plus grande que celle d'aucune locomotive électrique construite à ce jour.

« Il faut signaler le dispositif du freinage électrique récupératif pendant les descentes qui n'a jamais été fait sur une aussi vaste échelle. Voici les caractéristiques de ces machines :

Poids total . . . . 260 tonnes.
Nombre d'essieux 8

Nombre de moteurs   8
Longueur totale de la locomotive. .   34 m. 16
Voltage de la locomotive. . . . . .   3 000 volts.
Puissance. . . . .   3 000 chevaux.
Effort de traction. . . . .   2 500 tonnes.
Vitesse approximative. . . . . .   25 à 26 km. heure.

« Il y a huit moteurs de 375 chevaux de puissance normale, capables d'une surcharge jusqu'à 430 chevaux pendant une heure.

« Les locomotives des trains de marchandises sont faites pour remorquer 2 500 tonnes avec la vitesse de 19 km. 6 à l'heure.

« L'électrification des chemins de fer est une affaire de la plus haute importance, qu'on chiffre là-bas à plus de 10 milliards. »

CHAPITRE VIII

Le Taylorisme

Le gaspillage. — Main-d'œuvre rare. — La vie de W. Taylor. — Sa conception philanthropique de l'industrie. — A production prospère, salaires élevés. — Les Allemands, premiers disciples du Maître. — Leur intérêt est que nous le méconnaissions. — Inconscience des détracteurs. — Enquête concluante. — Nécessité de l'organisation scientifique des usines. — Le rôle de l'ouvrier, de l'ingénieur, du chef.

Regardez un dogue affamé dévorer une soupe où baignent dans le bouillon du pain, des légumes et des débris de viande. Il commence par happer avidement les meilleurs morceaux et sa précipitation fait rejaillir tout autour de l'écuelle une partie de sa pitance qu'il gaspille.

Ce spectacle rappelle assez exactement l'image de la première période de l'industrie américaine, qui n'est d'ailleurs pas encore close partout. L'état des forêts en fait foi. On y a exploité d'abord sans méthode et sans mesure les ressources qui s'offraient abondantes et faciles à extraire, en rejetant, et parfois même en détruisant tout ce qui n'était pas de réalisation immédiatement avantageuse.

Forcément beaucoup de désordre et d'imprévoyance

régnaient dans ces exploitations souvent rudimentaires
où l'on ne tirait pas de la matière première tout ce
qu'elle pouvait rendre et du travail humain tout ce
qu'il doit produire. Il n'est richesse au monde qui ne
s'épuiserait à ce régime.

Dans notre vieux continent, où la population est
dense et les ressources naturelles partiellement épui-
sées, l'ère du sabotage des matières premières est à
peu près passée, et celle des économies de main-d'œuvre
commence à peine.

Aux États-Unis, au contraire, la rareté des bras s'est
depuis longtemps fait sentir. Observons que l'anéan-
tissement actuel de millions de vies humaines va réduire l'Europe aux mêmes conditions que l'Amérique
du Nord.

Il était logique que ce pays cherchât, avant tous autres, à mieux utiliser cet élément indispensable qu'est
le travail humain; d'où le développement merveilleux
des mécanismes destinés à le seconder ou à le suppléer.
On a compris aussi que les aptitudes au travail sont
inégales et qu'il est absurde de placer un homme dé-
bile aux postes qui demandent de la vigueur physique
et un ouvrier robuste, mais gauche, là où il faut des
mains adroites. On s'est rendu compte aussi, mais plus
tardivement, que l'ordre, la précision, l'harmonie sont
des facteurs nécessaires à toute production avantageuse.

Ces idées flottaient dans l'air sans forme précise, ne
donnant lieu qu'à des efforts empiriques et isolés, lorsqu'il se rencontra dans le milieu des innombrables
techniciens d'Amérique un homme doué d'un génie
persévérant et d'une inlassable volonté qui leur trouva,

grâce à une expérimentation de longue haleine, des formules que l'on peut considérer comme définitives.

*
* *

Frédéric W. Taylor est né aux États-Unis en 1856. Après avoir passé par l'Université d'Harvard il entra comme apprenti modeleur — ce qui est courant en Amérique — dans une fonderie; puis devint ouvrier dans les ateliers de la *Midwale Steel Company* à Bethléem. C'est là qu'il conçut la première idée de la révolution qu'il devait accomplir dans l'organisation des usines. Il passa successivement contremaître, chef d'atelier, ce qui lui valut de mettre en pratique les premiers principes de sa méthode; puis, devint directeur du bureau des études en 1884, et, enfin, ingénieur en chef de la maison.

Ses fonctions lui permirent de se consacrer aux expériences fondamentales qui, parallèlement à la découverte très importante des aciers à coupe rapide, consacrèrent sa renommée dans le monde industriel.

L'œuvre économique et sociale de Taylor ne l'empêcha pas de se livrer aux travaux techniques les plus compliqués; on lui doit la conception, les dessins et l'exécution d'un marteau-pilon qui est en grande faveur dans les forges américaines.

Malgré l'énormité des sommes qu'il avait libéralement consacrées à ses expériences de toutes sortes et à ses inventions, il avait amassé une fortune de plusieurs millions de dollars lorsqu'une courte maladie mit fin, en mars 1915, à cette magnifique et utile carrière; il avait à peine cinquante-neuf ans.

Parmi les discours qui furent prononcés sur sa tombe, les Américains ont fidèlement retenu cette phrase rappelée par l'amiral Gaspard Goodrich : « Lorsque Taylor fut appelé à donner des conseils pour la réorganisation de la flotte de guerre des États-Unis, il écrivit : « Je suis prêt à faire tout ce que je pourrai pour notre marine nationale, mais sachez bien que je ne me soucie pas le moins du monde de procurer un succès à votre administration. »

Parole qui synthétise bien le dédain des Américains pour les administrations publiques.

Les expériences entreprises et les conclusions posées par Taylor causèrent aux États-Unis une énorme sensation, qui ne tarda pas d'ailleurs à traverser l'Atlantique. L'Allemagne les accueillit avec une faveur marquée. Depuis plus de quinze ans, les revues, les journaux de science et de technique allemands lui ont consacré des pages et des pages de documentation, y ajoutant d'intarissables commentaires dont le résultat fut l'adoption de ces idées ou d'idées similaires qui répondaient pleinement aux habitudes d'ordre, de précision et de discipline de ce peuple. Une partie de ses progrès leur est dû.

Les préparatifs de la guerre actuelle, ses opérations offensives, le rendement formidable des manufactures allemandes qui les appuient sont des applications incontestables du taylorisme dont nos ennemis se sont pénétrés.

J'avoue humblement que, lors de mes nombreuses et longues enquêtes dans l'industrie allemande, l'imitation ou le plagiat des méthodes tayloriennes par nos ennemis m'avaient échappé, parce que je n'avais pas jusque-là étudié dans les livres et sur place les travaux du célèbre novateur de Philadelphie ; mais quand je me remémore aujourd'hui les grandes installations de Zeiss, de l'A. E. G. à Berlin, de Bayer à Leverkusen, l'organisation de la librairie à Leipzig, de l'exportation à Hambourg ; quand je revois les méthodes, si inconnues chez nous, de comptabilité dans les grandes firmes, les ateliers de montage mécanique où toutes les pièces sont chronométriquement apportées aux monteurs, je me rends compte que les profiteurs les plus avisés de l'organisation scientifique des usines furent les Allemands. Par là s'explique leur formidable capacité de production pendant une guerre où, comme chez nous, la plupart des éléments actifs du pays sont mobilisés aux armées.

En France, les principes scientifiques de l'organisation des usines ont eu pour interprète et pour apôtre M. l'Ingénieur Le Chatelier, inspecteur général des mines. Mais ils sont loin d'y avoir rencontré l'accueil qu'ils avaient reçus de l'autre côté du Rhin ; la fantaisie traditionnelle et la persévérance très modérée de notre race s'en accommodant médiocrement.

Puis, par suite d'une déformation singulière de la vérité, fruit d'une observation, pour les uns inconsciemment, pour les autres volontairement incomplète, une violente croisade a été prêchée en France contre les principes de Taylor.

On éprouve une affliction patriotique et de graves appréhensions pour l'avenir, à lire les insanités qu'une passion aveugle ou hostile a pu accumuler sur ce sujet.

C'est au point que lorsqu'on compare les avantages que l'Allemagne a retirés de ces procédés et son in-

térêt manifeste à ce que nous ne les adoptions pas,
on est porté à voir dans ces diatribes systématiques,
des suggestions insidieuses de nos ennemis.

Ainsi l'argument capital des adversaires de l'organisation proposée par Taylor est que cet ingénieur
inhumain n'a eu, en vue, que l'épuisement rapide du
travailleur pour le plus grand profit de son patron,
alors que toute sa vie, toute son œuvre, tous les résultats
de ses méthodes démontrent mathématiquement le
contraire.

Avant Taylor, en Amérique, tandis que l'ingénieur
étudiait avec le plus grand soin, avant de les acheter,
l'efficacité, la qualité, la robustesse des machines
dont il avait besoin, nul ne s'inquiétait guère des
aptitudes variables des ouvriers qu'il embauchait.
Ainsi en est-il encore à peu près dans nos industries
attardées.

Cette étude physique et psychologique, si importante cependant, du travailleur, est presque complètement négligée par nous ; on ne l'enseigne pas dans les
cours, on n'en tient pas compte dans les ateliers ; le
choix, la conduite et le renvoi des ouvriers sont con-
fiés à un contremaître que rien n'a préparé à la tâche
délicate de savoir mener des hommes.

Il semble que pour certains industriels le cerveau
et les muscles humains soient une sorte de mécanique
à tout faire qui donne un temps et un labeur exigés
contre une rémunération, non pas proportionnée à ce
travail, mais aussi réduite que possible, quel que soit
le rendement obtenu.

C'est contre cette tradition antisociale que Taylor
s'est insurgé et qu'il a formulé toute sa doctrine.

L'étude de son œuvre le démontre avec une éclatante évidence.

La recherche fondamentale de Taylor a été la meilleure utilisation de l'homme dans le travail librement accepté. Pour y parvenir, il s'est livré à des expériences innombrables, à des calculs patients pendant des années et il en a extrait un certain nombre de lois dont les applications sont infiniment variées. Et alors, parce qu'il prit soin de chronométrer le temps nécessaire à telles ou telles opérations manuelles, dont, avant lui, la durée était indéterminée et dépendait de la vigueur, de la résistance ou de l'application de l'ouvrier, que ses essais, poursuivis sur un grand nombre d'individus, ont fait apparaître entre eux, comme on pouvait s'y attendre, de sensibles différences, on a voulu y voir l'obsession de considérer l'homme comme une machine que le patron, fort des chiffres obtenus, avait le droit de surmener à son profit jusqu'à la briser.

Or, il n'est pas une page des livres de Taylor qui ne contienne des affirmations contraires. Qu'on lise la première phrase par où débute *l'Organisation scientifique des usines* :

« L'objet principal d'une organisation bien comprise doit être d'assurer à l'employeur et au personnel la prospérité maxima; ce mot, étant pris dans le sens le plus large, pour signifier non seulement de gros bénéfices pour le patron, mais encore le développement intégral de l'affaire.

« De même la prospérité maxima pour chaque employé ne consiste pas seulement dans un salaire plus élevé que celui des hommes de valeur égale,

Usine Ford, à Detroit.
Montage des voitures sur tapis roulant à chaîne.

Type d'ouvriers d'une usine travaillant d'après la méthode Taylor.

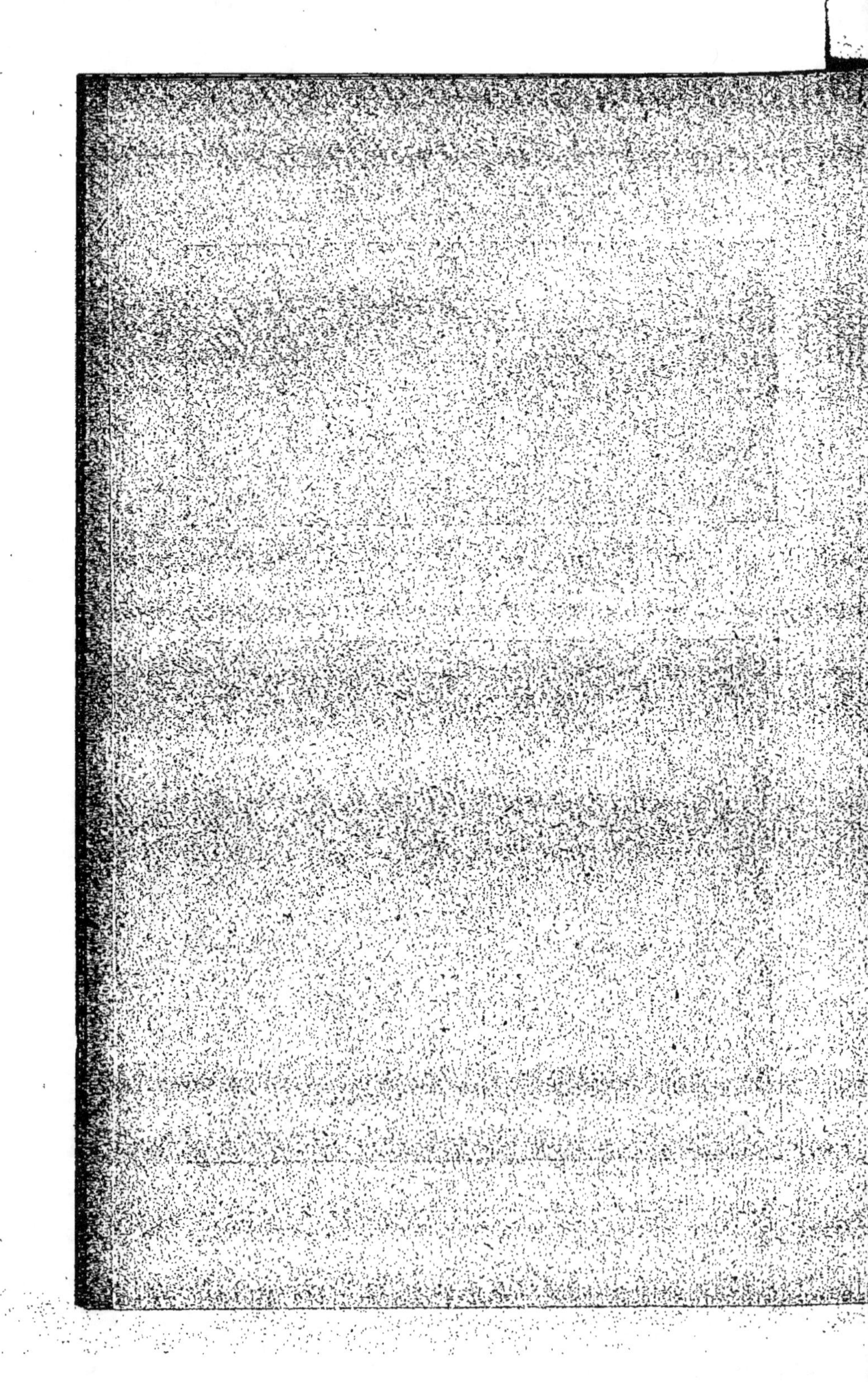

mais surtout dans le moyen, pour chacun, d'atteindre
son rendement maximum. »

Et plus loin :

« Avec l'organisation scientifique, les intérêts véritables des deux parties sont les mêmes ; la prospérité de l'employeur ne peut durer que si elle est
accompagnée de celle de l'employé... »

« Il est évident que la plus grande prospérité pour
les deux parties sera atteinte lorsque le travail exigera
la dépense minima d'effort humain. »

Enfin cette dernière proposition qui vise l'aboutis-
sement des recherches de Taylor : « Le but vers
lequel doivent tendre les directeurs d'usine et le personnel ouvrier doit être de former chaque individu de
manière à lui faire exécuter le travail qui convient le
mieux à ses aptitudes naturelles. »

*
* *

J'ai réfléchi maintes fois au moyen de donner ici
même un certain développement aux *principes d'organisation scientifique des usines*, mais en présence des
études abstraites, des calculs, des graphiques, des
détails techniques qu'il faudrait présenter au public,
j'y ai, pour le moment, renoncé.

D'autre part, nous avons depuis deux ans, aux
États-Unis, nombre d'ingénieurs français qui ont
observé sur place les méthodes Taylor dans diverses
applications ; la plupart en sont devenus des adeptes
convaincus et fervents. Parmi eux se trouve un de
mes jeunes camarades qui, déjà avant la guerre, s'était
engagé comme ouvrier aux usines du Thabor, à Phi-

ladelphie, sous la direction personnelle de Taylor[1]. Après de nombreux mois passés sur le front français, comme capitaine d'artillerie, il est retourné en mission à Philadelphie où il continue ses investigations sur les méthodes du maître. A son retour, sa place est marquée en France pour professer cet enseignement. Nous présenterons alors au public un travail aussi complet que possible sur ce sujet capital pour notre industrie.

Je me bornerai à réfuter quelques-uns des sophismes les plus courants et les plus paradoxaux des détracteurs de Taylor, parmi lesquels il en est qui se prévalent, pour contredire ses expériences précises et consciencieuses de vingt-cinq années, de soi-disant essais de laboratoire !

On sait que l'une des premières initiatives de Taylor à Bethléem fut de s'occuper d'une manœuvre bien élémentaire, le chargement sur wagon de gueuses de fonte produites par l'usine. Ce chargement se faisait alors à bras ; soixante-quinze hommes y étaient employés ; la moyenne de leur travail était de 12 tonnes et demie par ouvrier. Taylor choisit l'un d'entre eux qui consentit à se soumettre à tous les essais que l'ingénieur lui demanderait.

En faisant faire à cet homme des mouvements judicieusement étudiés, lui prescrivant une allure déterminée, alternant les périodes de travail et des temps de repos, Taylor parvint à faire charger par cet ouvrier 47 tonnes au lieu de 12 et demie, sans augmenter sa fatigue. Puis, soumettant ensuite aux mêmes

1. M. Négrier, ingénieur des arts et manufactures.

prescriptions tous ses camarades, il en dut éliminer 66 sur 75 comme impropres à ce travail. Ce fut son premier pas dans la recherche méthodique des aptitudes individuelles.

De cela le détracteur s'indigne et s'apitoie sur le sort de ces soixante-six *pauvres diables*, sans s'apercevoir que l'acte le plus inhumain est précisément de faire exécuter à des ouvriers un travail au-dessus de leurs forces, alors qu'on pourrait les affecter à un autre.

La sélection et l'adaptation des travailleurs à des besognes adéquates à leurs facultés est précisément une des maîtresses branches du taylorisme. Au lieu d'abandonner cette recherche aux improvisations et aux tâtonnements de chaque maître d'industrie, Taylor a constitué, à la suite d'innombrables expériences, un corps de doctrine précis et, pour ainsi dire mathématique, qui permet d'arriver d'emblée au résultat.

Ce n'est là, sans doute, qu'un des compartiments de la méthode, car elle s'applique à toutes les parties de n'importe quelle exploitation, aussi bien à la comptabilité qu'à la fabrication, à la direction qu'au bureau de dessin et à la vente des produits.

Relativement au travail humain, je dirai, puisque c'est le cheval de bataille des opposants, que le principe fondamental est de n'imposer à aucun ouvrier, des mouvements superflus ou déplacés; il faut arriver à leur faire faire des mouvements auxquels ils soient *habitués*. Les mouvements auxquels on est habitué ne fatiguent pas le cerveau et très peu le corps. Ces deux propositions s'appuient sur des constatations de physiologie.

Prenons un exemple à la portée de tous.

Quand un apprenti cycliste commence ses premiers essais, il se fatigue énormément. Pourquoi? Parce qu'il exécute des mouvements mal coordonnés, des mouvements dans lesquels il met en action des *muscles antagonistes*, ce qui produit de la raideur. La raideur est le fait, pour un mouvement musculaire, d'être produit à la fois par le muscle qui doit exécuter le travail, tandis qu'un autre muscle tend à enrayer l'action du premier, de telle sorte que pour un travail donné interviennent quantité de muscles inutiles au mouvement et dont les efforts, se contrariant, déterminent vite une sensation pénible de fatigue. Le cerveau commande avec maladresse l'organisme.

L'habitude confère l'avantage de ne faire travailler que les muscles nécessaires à l'exécution des mouvements prescrits par le cerveau; les muscles antagonistes n'entrent plus en action.

L'habitude, outre qu'elle assure moins de fatigue au corps, supprime toute fatigue au cerveau. Les physiologistes définissent l'habitude « l'art de faire passer le conscient dans l'inconscient ». A partir du moment où l'on fait un mouvement par habitude, on ne pense plus du tout à ce mouvement, et on peut songer à tout autre chose.

Les ouvriers américains qui exécutent du travail en série, c'est-à-dire avec des mouvements toujours identiques, ont toute la liberté de penser à perfectionner la machine sur laquelle ils travaillent, afin de diminuer encore la somme d'efforts nécessaires à l'exécution des objets. Et l'on peut dire que c'est là l'occupation d'esprit préférée des ouvriers américains.

En somme on doit définir la méthode Taylor, au point de vue du facteur humain, l'application rationnelle des procédés par lesquels l'homme fournira, à fatigue égale, la plus grande somme de travail utile.

Et quand on entre dans le détail de cette application, on s'aperçoit que l'homme qui dans l'exploitation a le plus de peine à se donner pour implanter et mettre au point le système Taylor, ce n'est pas l'ouvrier, mais le patron.

Bien plus délicat est encore le travail d'analyse et de décomposition en éléments unitaires ou collectifs des commandes à exécuter. Coordonner, harmoniser et fabriquer dans le même temps toutes ces parties, rassembler tout l'outillage nécessaire afin que l'ouvrier ne perde et ne fasse perdre une seule minute à sa machine, avoir toujours en magasin, grâce à une rigoureuse tenue de fiches, les matières premières et les outils nécessaires, tenir à jour sur d'autres fiches les indications de durée de toutes les opérations successives, voilà une besogne de tous les jours, d'où dépend le succès, et à laquelle nos industriels ne sont pas préparés. Plutôt que de s'y livrer, beaucoup d'entre eux préféreront se persuader que leurs ouvriers n'en veulent pas.

On fait encore au taylorisme un reproche assez original.

Comme le maître a formé beaucoup d'élèves qui sont devenus des adeptes et des propagateurs de sa méthode, il a été répété qu'ils sont les apôtres d'une religion nouvelle, qu'il existe un mysticisme taylorien analogue aux convictions confessionnelles et, par cela même, intolérant, et qu'enfin ces disciples, entraînés par l'ardeur de leur foi, ne raisonnent plus avec une complète liberté d'esprit.

A quoi je répondrai sans trop de peine qu'une religion qui a fait gagner à M. Ford 360 millions, en 1915, sur lesquels il en a réparti un tiers, soit 120 millions, à ses cinquante mille employés ou ouvriers, en plus de leur salaire moyen de 30 francs par jour, est un culte singulièrement agréable à pratiquer et je souhaite ardemment qu'il se propage dans notre pays, aussi bien parmi les employeurs que parmi les prolétaires.

***

Mais pourquoi n'ajouterais-je pas à cet argument déjà bien entraînant les résultats d'une enquête privée récente faite aux États-Unis par un journal scientifique dans un certain nombre de manufactures où l'organisation scientifique a été appliquée. (*Journal System*, novembre 1915.) L'auteur, C. Bertrand Thomson, est lui-même un des disciples de Taylor.

Le nombre des établissements enquêtés s'élève à 143. 4 de ces établissements sont des ateliers municipaux dont 3 ont installé la méthode avec le concours temporaire d'un technicien spécialiste du système, le quatrième est dirigé par un homme qui est lui-même un expert en méthode scientifique. 5 sont des compagnies de chemins de fer ou de navigation (à l'exclusion des magasins et ateliers de réparations) et 131 des installations industrielles diverses, dont 4 usines de réparations de railways, 4 sociétés de services publics, 3 sociétés de constructions, 1 grand magasin, 1 banque, 4 librairies, 1 association professionnelle, en tout 80 va-

riétés d'industrie ; ce qui prouve qu'il faut écarter complètement toute hésitation à considérer l'application
du système comme universelle.

On fait observer que les lois de Taylor sont la ré-
sultante de tant d'essais mécaniques et mathématiques
qu'un soupçon a pu se glisser que leur application
pourrait bien être seulement une spéculation scientifique, et non un avantage financier. L'enquête actuelle
démontre bien que ce sont des résultats à la fois financiers et techniques qui ont été obtenus.

« Le succès d'un mode d'administration, dit M. Thomson, ne doit pas se démontrer par quelques exemples
ou détails isolés, mais par son résultat net sur les affaires. »

La présentation la plus documentée et la plus précise sur les résultats se trouve dans la réponse du général Crozier, de l'armée américaine, qui a adopté le
système dans les arsenaux du gouvernement ; il s'y est
traduit par une économie annuelle, toutes choses égales
d'ailleurs, de 1 850 000 francs (363 251 dollars).

M. Thomson cite encore :

Une fabrique de machines à mouler, qui a pu tripler
sa production avec le même nombre d'hommes. Une
autre a produit un peu plus qu'il y a six ans avec les
deux tiers de la main-d'œuvre d'alors.

Des 106 autres firmes industrielles qui ont donné
leurs réponses, 58 ont déclaré un succès complet ; 15, un
début encourageant ; 34, un échec ; sur ces dernières
29 avaient adopté un système d'organisation analogue,
mais non identique au système Taylor. Il n'y eut
donc que 5 échecs déclarés sur la méthode authen-
tique.

Aux quinze applications récentes il n'y a pas lieu de prévoir d'insuccès.

L'analyse des échecs montre principalement deux causes suivantes : 1° la personnalité des ingénieurs qui ont présidé comme spécialistes à l'installation ; 2° la personnalité du directeur. Plusieurs des experts étaient incapables ou inexpérimentés ; d'autres ne purent s'entendre avec les directeurs ou se faire comprendre d'eux.

Mais la plus grande proportion des insuccès a été due à la direction elle-même et, parmi les causes, la plus fréquente fut la manière spasmodique avec laquelle les propriétaires d'ateliers, sans une sérieuse étude ou sans avoir suffisamment compris la méthode, se sont lancés à toute vapeur dans son application, quitte à se mettre bientôt à vaciller et à hésiter avant que les ingénieurs aient eu le temps d'obtenir des résultats.

D'autres échecs sont attribuables à des dissentiments entre les chefs d'industrie, ou entre eux et leurs contremaîtres ; d'autres à l'insuffisance de contrôle ou à l'immixtion dans les affaires d'administrateurs banquiers ou avocats incompétents dans l'industrie, qui ne surent pas aplanir les difficultés entre experts et directeurs.

Le fait le plus frappant révélé par l'enquête est qu'aucun des échecs ne fut occasionné par les ouvriers, qui, contrairement à certaines craintes, adoptent avec empressement ces méthodes nouvelles aussitôt qu'ils sont familiarisés avec elles.

L'auteur décrit ensuite les plus-values de production déterminées par l'organisation scientifique.

C'est dans les ateliers de constructions mécaniques qu'elles furent le plus considérables. Fréquemment la production a doublé et même triplé; des augmentations de sept et même dix pour un ont été constatées.

D'autre part, une nature d'industrie qui ne semble pas exiger une technique bien compliquée, la maçonnerie, a donné des résultats étonnants.

Dans les productions où les machines ne sont pas des outils mécaniques actifs, les augmentations de production ont été peu sensibles, mais on a partout pu réduire le nombre des ouvriers travaillant à ces machines.

L'adaptation de la méthode aux travaux purement manuels a présenté des résultats assez divers, parce que l'habileté individuelle des ouvriers y joue le principal rôle. Les augmentations de production ont varié de 10 p. 100 à 300 p. 100; la majorité se cantonnant entre 50 et 100 p. 100.

D'autres compartiments du système Taylor ont été l'objet de succès remarquables, telle la manière d'acheter les marchandises, de les manutentionner, de les examiner, de les mettre en stock, de les en retirer. Dans tous les cas où le système a été bien appliqué, la diversité exagérée des matières constituant les stocks a pu être réduite à 90 p. 100.

Partout les salaires individuels ont été sensiblement augmentés.

La cause fondamentale dans la diminution des stocks de matériaux réside dans leur *standardisation*, qui est en quelque sorte une conception annexe des théories de Taylor.

Expliquons d'abord ce que signifie ce néologisme

anglo-saxon. Le mot *standard*, si fréquemment employé dans les industries britannique et américaine, n'est pas facile à traduire en français. Il correspond à peu près à notre mot *étalon*, mais veut dire plus exactement *uniformité de type*.

L'industrie moderne, dans les pays où elle marche vers une amélioration continue, s'efforce de réduire au minimum les modèles des éléments dont elle se sert. Exemple : les directeurs des chantiers maritimes allemands, réunis dans la puissante *Association des constructeurs de navires*, ont depuis longtemps décidé et fait adopter la règle qu'il n'y aurait dans toute la marine de guerre et de commerce qu'un seul type de chaudières. Énormes sur l'*Imperator* ou sur les super-dreadnoughts, minuscules sur les petits canots à vapeur, elles sont toutes du même système.

Ce système offre d'immenses avantages ; d'abord dans la construction où il permet la fabrication en série de presque toutes les pièces, dans l'exploitation où il procure aux mécaniciens et aux chauffeurs la certitude que, quel que soit le bateau où on les embarque, ils seront toujours au courant de la conduite des générateurs, enfin dans les réparations, attendu que les pièces étant interchangeables dans une même grandeur de chaudière, leur remplacement est aussi rapide que peu coûteux.

J'ignore si la première idée de la standardisation est venue aux Allemands ou aux Américains ; mais les uns comme les autres travaillent à qui mieux mieux à la propager dans tous les domaines des constructions. Pour les unités navales, notamment, les Américains ont adopté la règle que, non seulement les chaudières,

mais tous les organes entrant dans la construction
d'un bateau, seraient identiques et interchangeables
pour tous les bateaux du même tonnage. Il serait difficile d'imaginer une idée plus heureuse et plus féconde;
aussi fait-elle rapidement son chemin dans toute l'industrie.

Il s'est cependant trouvé un écrivain, que dis-je, un
technicien français, pour la combattre !

Une de ses objections est que les Américains vont
se mettre à tout construire chez eux, suivant les principes avec lesquels M. Ford — qui est un tayloriste
convaincu — établit ses automobiles. Or, on ne saurait
faire un plus complet éloge de la standardisation,
puisque M. Ford arrive à équiper chaque année plus de
cinq cent mille fois la même voiture, avec des organes
mathématiquement identiques, ce qui lui permet de
la vendre 2.400 francs au détail, résultat que personne
n'a pu encore réaliser.

Par contre, tout le monde sait qu'un des reproches
les plus constants que l'on adresse à notre marine est
d'être une flotte d'échantillons; nous n'avons pas deux
navires identiques.

Cette indiscipline, qui vient de haut, se retrouve
dans nos chemins de fer, dont chaque compagnie veut
avoir son type de wagons et de locomotives. Il n'est
infime ligne départementale qui n'impose à son four-
nisseur ses machines, ses tenders et ses freins. On voit
le problème qui s'impose à ces constructeurs : autant
d'unités autant de modèles différents. Et les prix sont
en conséquence.

Nous ne fûmes cependant pas toujours tels; nous
avons même été les premiers à faire utilement de la

standaridsation, le jour où la Convention décréta pour toute la France notre incomparable système décimal métrique.

On ne se prive pas de prétendre, même dans le public éclairé, que la méthode Taylor, applicable dans les pays comme l'Amérique ou l'Allemagne à cause de la discipline native des travailleurs, ne saurait pénétrer chez nous. Ceux qui propagent cette assertion ne réfléchissent point que, si elle était exacte, elle consacrerait d'une façon péremptoire l'infériorité irrémédiable de notre production, puisqu'il est démontré que le taylorisme donne à qui l'emploie la maîtrise sur ses concurrents. Mais fort heureusement cet ostracisme est une erreur, en dépit de l'obstruction imaginée par les hommes intéressés à le maintenir.

Rien n'est moins exact que de supposer les ouvriers américains particulièrement disciplinés; c'est plutôt le contraire qui est la vérité. Or, il est notoire que quand ils ont compris l'économie et le mécanisme du système, ils l'adoptent avec empressement, souvent même avec passion. Pourquoi en serait-il autrement en France ?

Certes, si le patron veut y trouver un avantage uniquement pour lui, s'il recherche par le chronométrage des productions de base élevées sans en faire bénéficier ses ouvriers par une augmentation de salaire correspondante, ces derniers refuseront de s'y soumettre et ils auront parfaitement raison. C'est là ce qu'on a pu constater en France dans certaines tentatives isolées qui n'ont abouti à autre chose qu'à disqualifier la méthode dans le monde du travail; mais ces patrons mal inspirés ont, en réalité, pris le contre-pied du but envisagé par Taylor, lors qu'il dit, par exemple : « Aucun directeur intelligent ne peut espérer une initiative zélée de ses hommes s'il n'est pas disposé à leur donner plus que le salaire habituel. Le directeur doit leur donner un stimulant effectif lorsqu'ils produisent plus que la moyenne de l'atelier. »

Qui pourra, d'autre part, croire sérieusement qu'un ouvrier sera assez ennemi de ses propres intérêts pour réduire systématiquement sa production, quand il est certain que son salaire croîtra avec le rendement de son travail ?

On a pu donner à une certaine époque à ce malthusianisme un motif de solidarité, en prétendant que si chaque ouvrier embauché donne son plein d'activité, beaucoup de camarades ne trouveront plus d'embauche. La guerre actuelle se charge, hélas ! de démontrer qu'il y aura demain plus d'embauche offerte que de travailleurs pour y faire face.

A côté de ce sentiment de solidarité, qui serait respectable s'il était motivé, il s'en glisse bien plus souvent un autre, méprisable celui-là, et soigneusement entretenu par ceux qui l'exploitent à leur profit ; c'est l'envie à l'égard du patron que le travail du prolétaire enrichit. Que cette mentalité soit humaine, je n'en disconviens pas, mais judicieuse, assurément non.

En général, l'ouvrier américain, beaucoup plus intelligent que ses camarades d'Europe, en est exempt. Il se rend compte que plus il y a dans une région de patrons opulents, plus les industries y seront nombreuses et plus ses bras feront prime. Bref, il comprend cet aphorisme économique : les industries prospères engendrent les salaires élevés. Pour les obtenir, la grève

est un moyen dont il ne se prive pas; mais à quoi
sert la grève si le patron est aussi gueux que l'ouvrier?

Je connais un exemple tellement topique de cette
situation que je ne résiste pas à le citer. Sétubal, dans
le sud du Portugal, est une ville maritime où tout le
monde, patrons et ouvriers, devrait nager dans la
prospérité. Ce port est renommé pour la prodigieuse
abondance de sardines, que l'on pêche à quelques milles
du rivage. Toute la population y vit de la sardine et
l'on n'y compte pas moins de soixante fabricants de
conserves.

Malheureusement, outre que ces producteurs se font
entre eux une concurrence enragée qui avilit les prix,
ils sont perpétuellement en conflit avec leurs ouvriers
et avec les pêcheurs.

La pêche en mer est, de sa nature, fort capricieuse.
Quand elle est médiocre les fabricants de conserves
payent cher la sardine, les ouvriers ont peu de travail;
ni eux, ni leurs patrons, ni les pêcheurs ne font leurs
affaires. Le poisson abonde-t-il : aussitôt voilà les ouvriers en grève par jalousie de ce que pourra gagner le
patron. Alors les pêcheurs ne trouvent pas d'écoule-
ment puisque les usiniers sont sans main-d'œuvre; le
poisson pourrit et tout le monde y perd. Et voilà pourquoi à Sétubal aucun pêcheur n'est à son aise, fort peu
de fabricants de conserves s'enrichissent, aucun ouvrier
ne gagne en moyenne plus de 75 francs par mois. Ainsi
en advient-il quand on écoute l'envie, pernicieuse con-
seillère.

Non moins dupes sont les naïfs prolétaires qui se
laissent persuader que Taylor voulut leur abrutisse-

ment, alors que l'effort de toute sa vie fut de prévenir
la discorde entre l'employeur et ses employés, en donnant à l'un et aux autres le maximum de rémunération
pour un travail bien distribué, bien ordonné, scientifiquement exécuté.

Ceci prouve que tout homme capable de faire dispa-
raître les malentendus entre le capital et le travail
sera toujours combattu par les aigrefins qui vivent de
leurs discordes.

* *

En résumé toute étude approfondie et désintéressée
démontre que l'œuvre de Taylor fut une des plus fé-
condes qui aient jamais été entreprises contre la routine humaine. Elle égale les plus grandes découvertes,
en ce sens que c'est un effort gigantesque contre les
idées qui régnaient dans toutes les usines du monde.
Il semblait que la production eût atteint son maximum;
Taylor est venu qui a forcé les gens à réfléchir; il les
a réveillés en leur montrant que, grâce à cette réflexion
et à de la méthode, cette production pouvait être encore considérablement augmentée.

Le bienfait de cette méthode est d'avoir prouvé à
tous les producteurs que leur production est inférieure
à ce qu'elle devrait être et que l'insouciance et le défaut
d'observation en sont la cause fondamentale, et son
triomphe est de se propager aujourd'hui à travers le
monde.

Après avoir redouté, dans les années qui ont précédé la guerre, une crise de pléthore, nous subissons
et nous subirons longtemps après la paix une disette
des objets indispensables à la civilisation et même à

l'existence de l'humanité. La suppression de tant de millions de bras valides ne permettra plus de satisfaire nos besoins, si le rendement des travailleurs survivants n'est pas augmenté.

On ne s'était pas rendu compte scientifiquement, avant Taylor que, quelle que soit la branche de production où l'on travaille, c'est par l'organisation et la coordination des efforts, par la méthode, qu'on peut l'accroître. Voilà le facteur essentiel de l'activité humaine dont l'importance ira grandissant.

Cette conception m'amène à examiner quelle sera l'économie générale de toute entreprise qui voudra désormais se développer.

Nous voyons déjà en Amérique et en Allemagne quels sont les hommes qui détiennent dans leurs mains la puissance industrielle. Ce sont des organisateurs, c'est-à-dire ceux qui ont su étudier les conditions générales de leur industrie, coordonner la pratique avec la théorie, distribuer une égale attention aux questions commerciales, financières et techniques. Ce type d'homme est le seul qui devienne un véritable homme d'affaires pouvant lutter sur tous les marchés et donner à son pays l'influence qu'il mérite.

Que devient l'ingénieur dans ce nouvel état de choses? S'il n'est qu'un technicien, il perdra de son prestige et restera un rouage important, mais seulement un rouage dans la grande machine. Il faut au-dessus de lui un homme de décision et d'exécution qui préside souverainement à toutes les opérations; cet homme doit être un organisateur, un chef. Le vrai réalisateur, c'est lui. Il n'invente pas, mais il produit au mieux.

Par lui est atteint le but final de l'exploitation.

En France, les intelligences et les capacités abondent plus qu'en tout autre pays ; mais jusqu'ici elles ont été dirigées surtout vers les études théoriques et spéculatives, par suite d'une aberration d'optique de nos plus grandes écoles, qui saturent les esprits de connaissances abstraites et ne les orientent point vers la notion concrète de productivité.

Leurs lauréats ne s'aperçoivent pas de cette lacune dans leur formation. Parce qu'ils sont très savants, ils se croient très complets. Erreur fâcheuse pour l'individu qui se lance dans la lutte industrielle, erreur funeste pour la nation quand ils sont investis d'une fonction publique. Nous ne voyons que trop dans la partie économique, si prépondérante dans cette guerre, à quels déboires nous conduit l'incapacité de savoir commercer et produire !

Rien ne s'oppose à ce que nos jeunes ingénieurs conservent cette haute culture générale qui les fait partout apprécier et que personne n'admire autant qu'eux-mêmes ; mais il importe d'y joindre sur le même rang l'idée de production et d'organisation.

Loin de moi la prétention qu'il faille être un technicien consommé pour devenir un organisateur et un chef. On trouverait en Amérique, comme en France, des avocats ou des médecins qui s'imposent par leurs dons naturels de réflexion et de commandement ; cependant si nos ingénieurs français avaient la bonne fortune de se voir enseigner ces notions, comme elles le sont dans les écoles américaines, ils deviendraient les maîtres de ceux qui, doués de facultés exécutives, n'ont pas de connaissances scientifiques.

Voilà pourquoi le taylorisme, où nos amis d'Amérique et nos ennemis d'Allemagne puisent leur prospérité et leur puissance, s'impose comme étude dans nos grandes écoles et comme application dans nos services publics et nos manufactures.

CHAPITRE IX

Les Assurances préventives contre l'incendie

Une appellation impropre. — Comment on développe une
institution. — La société Arkwright. — Les sprinklers. —
Inspections préventives. — Un laboratoire d'études contre
le feu. — Un simulacre d'incendie. — Une usine reconstruite
en six semaines. — Salutaires enseignements.

Quand on dit en Europe qu'on s'assure contre l'incendie, on emploie un terme impropre, puisque les sociétés avec lesquelles on fait un contrat ne vous sau-
vegardent pas du feu, mais se contentent de vous en
payer les dégâts.

Aux États-Unis, au contraire, il existe des entreprises, qui ont adopté la forme de sociétés mutuelles,
dont la préoccupation maîtresse est de prévenir les
incendies à l'aide d'installations techniques ingénieu-
sement étudiées. La diffusion considérable qu'elles
ont réalisée par suite de leur efficacité reconnue mérite de fixer notre attention.

L'origine en est déjà ancienne. En 1835, un propriétaire de tissage à Allendale dans le Massachusetts,
du nom de Zaccharie Allen, qui était en même temps
un mécanicien remarquable, auteur de nombreuses in-

ventions, non seulement dans son établissement, mais dans toute la région nord-américaine (il fut le premier à jauger le débit du Niagara), avait étudié méthodiquement les causes des incendies et adopté certains moyens de les prévenir. Ayant engagé à cet objet de fortes dépenses, il crut devoir réclamer à ses compagnies d'assurances des réductions, puisqu'il avait diminué leurs risques. Celles-ci s'y refusèrent.

Sans se décourager il se mit à visiter les industriels de sa région et leur persuada d'adopter ses procédés de sauvegarde contre le feu et de s'unir pour s'assurer mutuellement.

Ainsi fut créée la première mutuelle incendie, sous le titre de : *Manufacturer Mutual fire insurance C° of Providence, Rhode-Island.*

Maintes autres mutuelles analogues furent fondées successivement à son exemple.

La Société *Arkwright C°*, qui a célébré en 1910 le cinquantenaire de sa création, est le résultat de la fusion de toutes ces entreprises. Ce jour-là elle a pu annoncer qu'elle avait fait tomber pour l'industrie le prix de la prime annuelle par 100 dollars, de 40 cents à 4 cents 1/3 (par 500 fr. de 2 fr. à 20 c. 3). Pendant ce demi-siècle, les mutuelles réunies avaient assuré 3 milliards 680 millions de dollars; les pertes totales n'ont été que de 3 millions 118 000 dollars, et elles ont pu rendre aux assurés 84, 5 p. 100 des primes qu'elles avaient préalablement encaissées. Aujourd'hui cette proportion s'élève à 94 p. 100. On peut dire que toutes les chances d'incendie sont éliminées grâce à l'organisation et aux appareils que l'*Arkwright* met en œuvre. Je rappelle ici qu'*Arkwright* est bien connu dans l'industrie du tissage, grâce au métier qui porte son nom.

Pour y parvenir, l'*Arkwright* préconise et impose à ses assurés, simultanément deux conditions : d'abord, un mode de construction déterminé ; plus de toitures surélevées, à charpentes inclinées en bois, mais des terrasses ou des toitures basses en matériaux incombustibles ; secondement, elle établit dans toutes les usines un agencement spécial de pompes pouvant envoyer de l'eau dans toutes les parties de l'établissement, et, comme secours à ces pompes, doivent être installés des réservoirs aériens constamment pleins d'eau qui se trouve ainsi partout en charge dans les tuyauteries.

Mais l'appareil fondamental sur lequel repose la sécurité est le *sprinkler*.

On employait primitivement des tuyaux fixes, perforés d'une multitude de trous, que l'on disposait sous le plafond des ateliers, de telle façon qu'ils pouvaient au moment voulu projeter l'eau en pluie. Son entrée en action était autrefois commandée à la main, aujourd'hui elle est automatique grâce au sprinkler.

Les sprinklers automatiques détrônèrent les tubes perforés. Les premiers que l'on construisit se composaient d'un capuchon de laiton ajusté sur l'orifice et ainsi maintenu par une soudure fusible à 160° Fahrenheit (71° centigrades). Quand un commencement d'incendie se produit, l'air, au plafond, atteint bien vite cette température et le tuyau est décapuchonné. Alors un tourniquet hydraulique placé dans le capuchon projetait l'eau dans tous les sens. Toutefois la masse de laiton était assez forte pour que cet appareil fût lent à fonctionner.

Aussi depuis 1875 a-t-on imaginé de multiples perfectionnements à ces appareils : des valves avec d'ingénieuses dispositions de bras et de leviers. Sur plusieurs centaines de brevets successivement pris pour cet objet, les Compagnies n'en ont adopté que six, et ce sont ceux qu'elles imposent aux assurés.

On comprend quelles conditions délicates et compliquées ces valves ont à remplir. Il faut réaliser un type qui, à la longue, ne s'immobilise pas par adhérence, qui permette aux fusibles de s'échauffer presque instantanément, qui soit suffisamment simple et robuste, qui reste insensible au climat, aux intempéries, à l'humidité et cela pendant des années d'inaction.

D'autre part, quand un incendie éclate, le sprinkler doit fonctionner dans la fumée, les vapeurs acides, en plein air aussi bien que dans n'importe quel réduit. Enfin, le jet d'eau qu'il provoque doit atteindre tous les points de l'espace soumis à son rayon d'action. La pression de l'eau a, comme on peut l'imaginer, une grande importance et on l'a successivement augmentée de 55 livres à 250 livres par pouce carré.

Le problème est aujourd'hui résolu et plus de 10 millions de sprinklers sont placés dans les nombreuses usines assurées par l'*Arkwright*.

Il n'est pas inutile de rappeler que les principes posés par les mutuelles de préservation rencontrèrent de vives résistances, tant à cause des habitudes prises et du coût élevé des installations, que de l'opposition faite par les autres Compagnies. Une des objections les plus spécieuses était que, les primes étant ainsi considérablement diminuées, les courtiers d'assurances renonceraient à leur métier et les capitalistes se détourneraient des valeurs d'assurances.

Les adeptes du nouveau système répondaient avec raison que prévenir un incendie, c'est sauver une partie du patrimoine national et que c'est surtout éviter les pertes de temps et d'argent qu'entraîne la reconstruction des bâtiments et du matériel. Aujourd'hui la cause est gagnée.

Une statistique déjà bien ancienne, puisqu'elle concerne la période décennale de 1877 à 1887, nous apprend que 759 incendies ont éclaté dans des usines sans sprinkler et ont causé une perte de 5 707 000 dollars, avec une moyenne de 7 500 dollars par sinistre, alors que dans les usines pourvues de sprinklers on ne constata que 206 incendies ou commencements d'incendies ayant occasionné 220 000 dollars de pertes, soit 1 080 dollars chacun en moyenne.

Pour que l'application des sprinklers ait toute son efficacité, il faut établir sous le plafond des ateliers un véritable réseau de tubes parallèles, munis chacun de plusieurs fusibles, et il faut aussi que l'eau afflue avec une pression suffisante dans tous ces tubes. En pratique, chaque sprinkler protège 9 mètres carrés.

Enfin, on ne doit pas oublier que les sprinklers sont des appareils qu'une cause ou une autre peut empêcher de fonctionner et qu'ils doivent avoir pour éléments de secours des pompes intérieures et surtout extérieures à jets puissants et des murs de séparation en matériaux incombustibles.

Il arrive aussi que le sprinkler et les tuyaux qui les alimentent soient placés dans des locaux où la température descend au-dessous du point de congélation de l'eau. La solution de cette difficulté a nécessité de laborieuses recherches. Le moyen le plus employé consiste à maintenir de l'air injecté sous pression dans la partie du tuyau soumise au froid. Quand le feu se déclare, la pression de l'air en augmentant fait sauter la valve et aussitôt l'air s'échappe et l'eau, qui se trouvait reléguée par l'air dans des parties moins froides de l'établissement, se précipite dans la tuyauterie et remplit son office d'extinction.

Mais la large application et les longues études du principe de mesures préservatrices contre le feu ont donné lieu à une institution du plus haut intérêt pratique.

Pour qu'un établissement puisse être assuré normalement par une Mutuelle, il faut qu'elle soit certaine que les dispositions prescrites ont été prises et qu'elles sont constamment maintenues. A cet effet l'inspection fréquente et minutieuse des ateliers est le principe fondamental.

Les inspecteurs des Mutuelles sont des agents qui ne cessent de circuler dans les établissements assurés; ils visitent minutieusement toutes les parties, non seulement des appareils disposés contre l'incendie, mais encore les agencements généraux de l'usine et de la construction. Ces visites ont lieu tous les trois mois et elles ne sont jamais exécutées deux fois de suite par le même inspecteur, afin que, si certains défauts échappent à un premier, ils soient découverts par les suivants. Fréquemment ils font donner l'alarme pour des simulacres d'incendie. Ils établissent à chaque visite un rapport détaillé.

Mais l'institution des *Arkwright* se développant et se perfectionnant sans cesse, comme toutes choses aux États-Unis, les nombreux inspecteurs sont tenus de se

Usine moderne
avec protection contre l'incendie

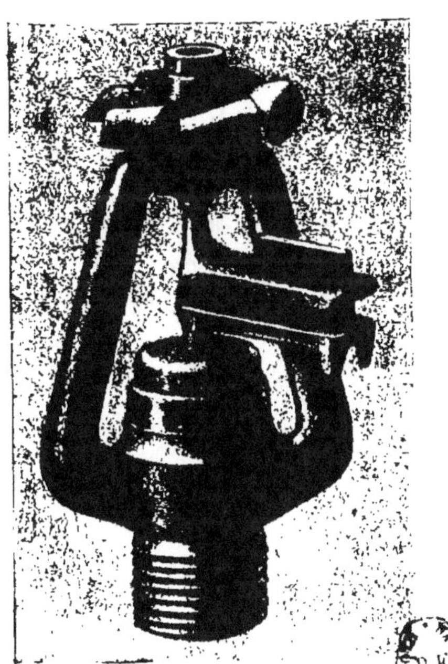

Un sprinkler

Usine ancienne
gros risques d'incendie

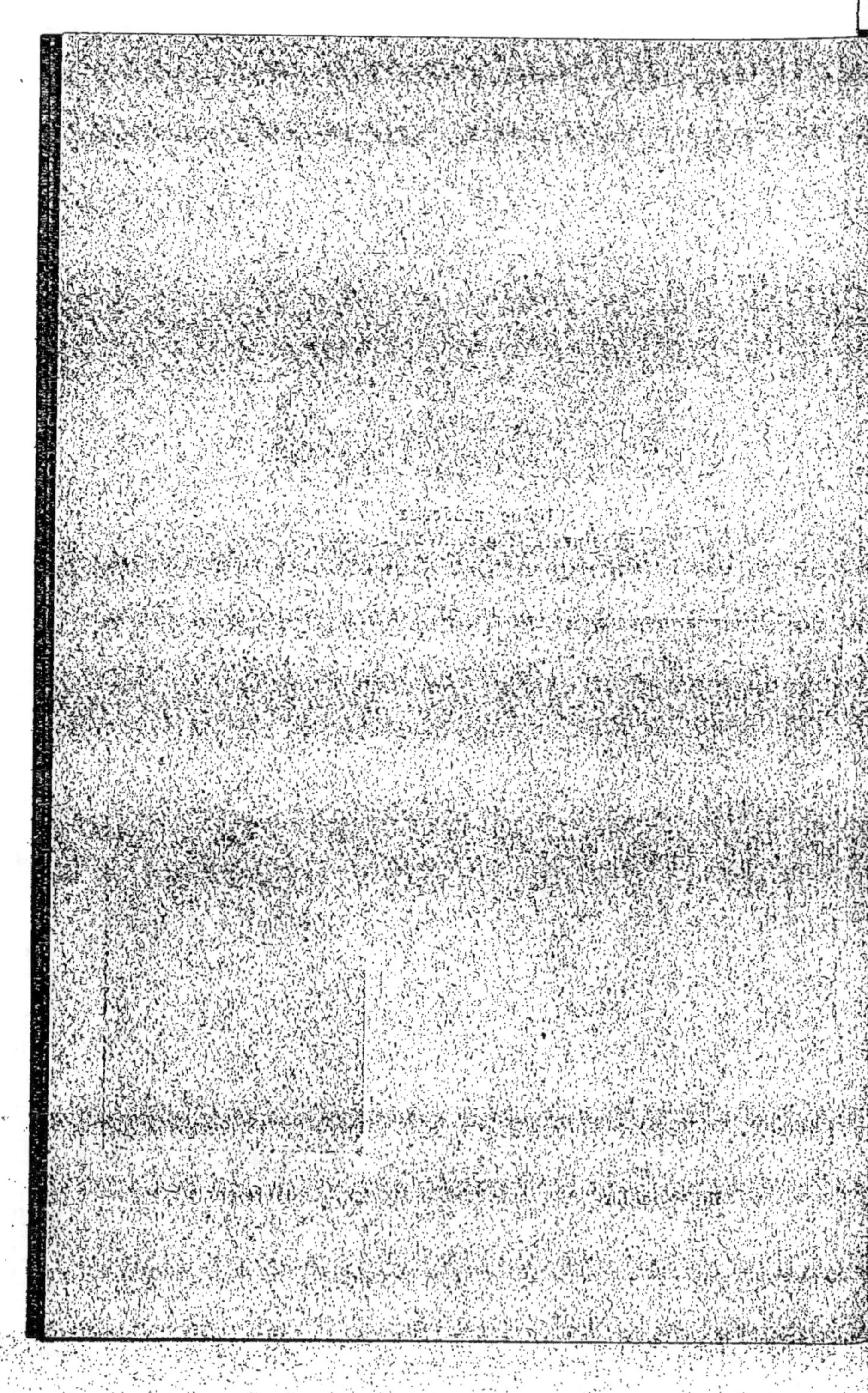

Pluie d'eau empêchant la propagation du feu

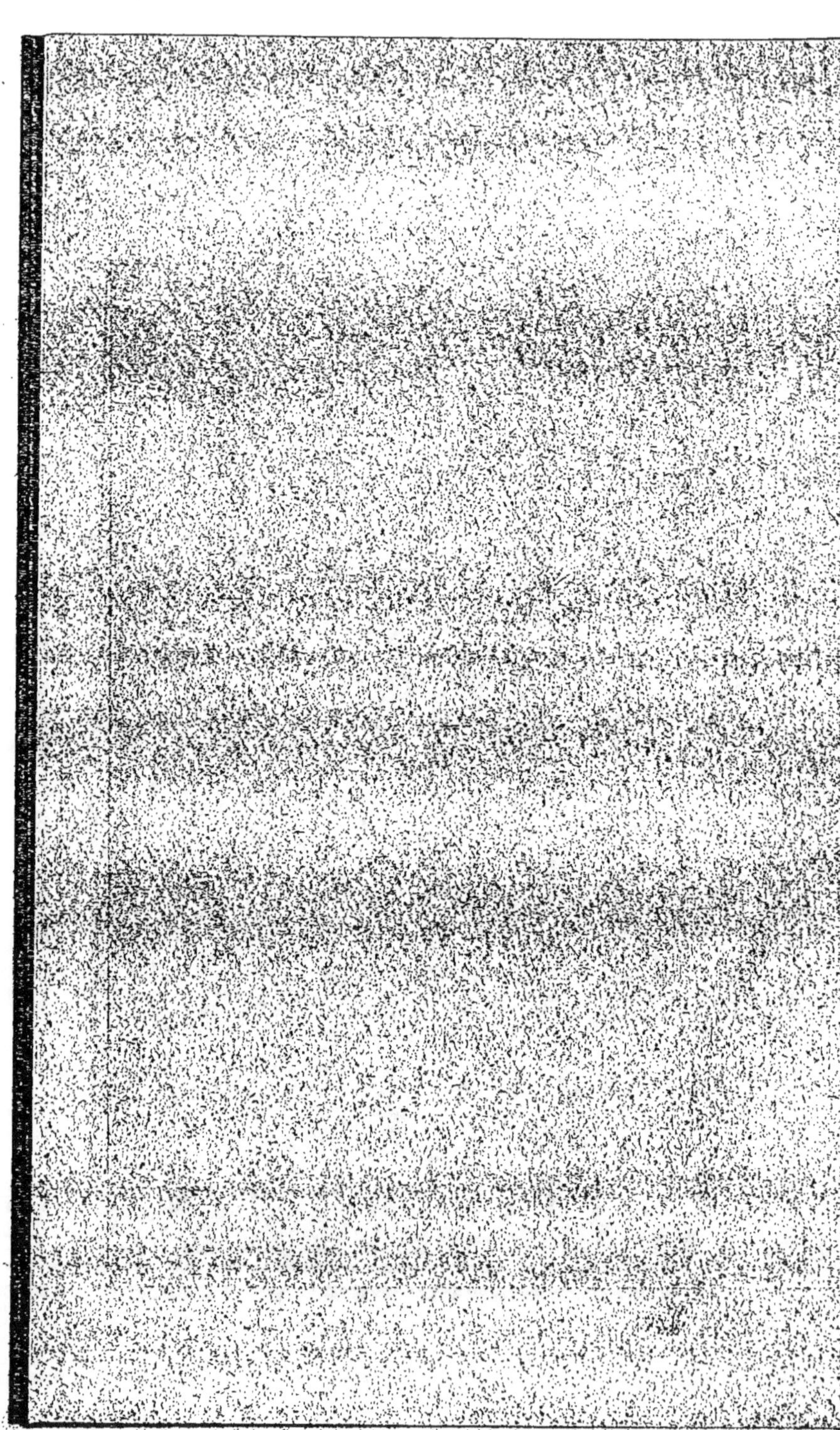

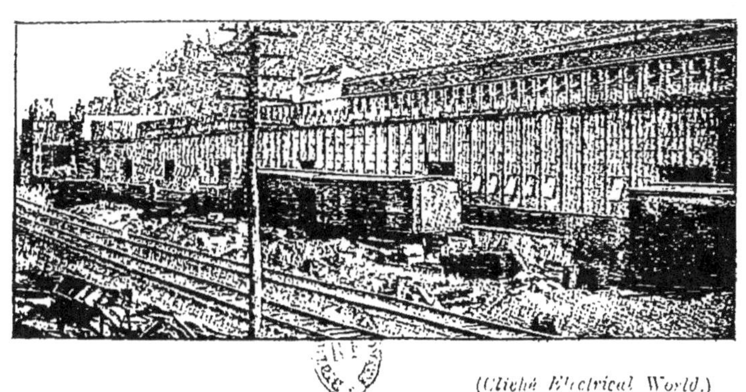

(Cliché *Electrical World*.)

Une usine incendiée et reconstruite en cinq semaines

réunir en conférence une fois par mois. Là, sont agitées toutes les questions concernant les incendies qui ont pu éclater, leurs causes, leur sauvegarde, les nouveaux procédés proposés par les inventeurs.

Et, comme leurs travaux ne sauraient être pratiques sans des essais et des expériences, il a été fondé, en 1890, par la Fédération des Mutuelles, à frais communs, un vaste laboratoire de physique, mécanique et chimie où tout ce qu'on propose est recherché, essayé et expérimenté. Dans ce laboratoire travaillent des techniciens qui deviennent de véritables spécialistes en matière de protection contre le feu et de dispositions appropriées dans la construction des établissements industriels. C'est là notamment que sont éprouvés tous les sprinklers.

A ce laboratoire on a été amené à annexer un grand atelier de dessin où s'élaborent les plans d'usines et d'installations de sauvegarde.

A Providence, cité mère de l'*Arkwright*, une formidable usine construit uniquement du matériel contre l'incendie. Elle peut fabriquer vingt mille sprinklers par jour. Toute sa fabrication est sous le contrôle minutieux du laboratoire.

Ainsi s'est créé aux États-Unis un compartiment technique de premier ordre qui nous est complètement inconnu.

Il m'a été donné de visiter et de voir en action un agencement intégral placé par les soins de l'*Arkwright*.

C'était en Pensylvanie, chez un industriel français qui possède un des plus beaux et des plus vastes ateliers de tissage qu'il y ait au monde.

Là ont été appliqués jusqu'aux plus rigoureux détails les appareils de la Mutuelle de Providence. Outre les sprinklers qui, avec leurs tuyauteries, forment un réseau régulier dans tous les ateliers, s'étendent, tout autour des bâtiments, des conduites d'eau souterraines avec prises de distance en distance. Toutes ces conduites sont constamment remplies d'eau sous pression provenant d'un réservoir placé à une quinzaine de mètres d'élévation.

En outre, une grosse pompe à vapeur toujours prête, peut puiser un torrent d'eau dans la rivière et servir de secours au réservoir en cas d'accidents.

Comme je me trouvais là depuis deux jours, le propriétaire me dit un matin : « Je vais vous offrir le spectacle d'un simulacre d'incendie. »

A midi moins un quart, un ouvrier apporta un marchepied et une lampe et se mit à chauffer un sprinkler dans un magasin, naturellement vide de marchandises. En quelques secondes le fusible fondit et fut projeté, l'eau se répandit en une averse abondante dans le rayon de l'appareil. En courant dans le tuyau l'eau déclancha un levier qui, électriquement, donna un signal dans les bureaux et dans la chambre des chaudières. Les sirènes se mirent à siffler, des lampes à lumières rouges s'éclairèrent dans tous les ateliers; des portes spéciales pour cas d'incendie s'ouvrirent automatiquement, et instantanément les treize cents ouvrières s'élancèrent hors des ateliers, sans encombrement, ni confusion, car partout se lisent des affiches indiquant ce que chacun doit faire et par où sortir en cas de sinistre. En moins de deux minutes les bâtiments étaient déserts.

Pendant ce temps les ouvriers, désignés d'avance

pour faire partie de l'équipe des pompiers, couraient aux prises d'eau, vissaient les tuyaux flexibles toujours placés, avec leurs lances, à portée des prises d'eau et se mettaient en devoir d'inonder de partout, au premier commandement, l'édifice entier.

Toute cette série de manœuvres, qui ressemblent fort à une machinerie de féerie, n'avait pas duré cinq minutes.

Au bout de ce temps, on remplaça le sprinkler, l'eau cessa de couler, tout rentra dans le calme et le personnel s'en fut prendre son repas.

Les considérations que font valoir les Mutuelles, pour justifier leur admirable organisation sont que, si les dépenses d'installation et de surveillance sont onéreuses, la prime annuelle de l'assuré est insignifiante; quelque cent dollars pour une police d'une quinzaine de millions. A cet avantage, il faut ajouter qu'un incendie fait presque toujours des victimes, qu'un sinistre payé par une compagnie n'indemnise pas, ai-je déjà dit le sinistré de la perte de temps et de la peine que lui impose la reconstruction; enfin, que tout établissement dévoré par les flammes est une perte sèche pour le patrimoine national de l'Union américaine.

*
* *

Comme suite à cet aperçu sur les mesures préventives, contre l'incendie, je voudrais donner un spécimen de la rapidité avec laquelle une usine peut être reconstruite après un sinistre qui l'avait anéantie.

Le 28 février 1916, la fabrique de matériel électrique P... était totalement détruite par un incendie; la figure

en montre les ruines. Le 2 mars, les propriétaires si-
gnaient un contrat avec un entrepreneur pour la reconstruction en acier et béton de leur établissement mesu-
rant 26 mètres de largeur sur 160 mètres de longueur.
L'entrepreneur s'engageait à ce qu'il fût achevé le
15 avril, sous peine d'indemnités.

Le magasin d'approvisionnements et de pièces fabriquées de l'usine ayant été épargnés par le feu, la plus
grande partie des marchandises y étaient intactes et
pouvaient devenir disponibles aussitôt après l'évaluation des dégâts, c'est-à-dire le 10 mars. Constatons en
passant la célérité des compagnies d'assurances qui
ont évalué et réglé un sinistre aussi considérable en
dix jours !

La maison dès lors écrit à ses clients de lui télé-
graphier quelles parties de leurs commandes, passées
antérieurement à l'incendie, leur sont le plus urgentes,
afin qu'elle puisse les expédier à l'aide du stock resté
intact en magasin ; de plus, elle leur demande de passer
éventuellement toutes commandes nouvelles afin de
pouvoir les exécuter aussitôt la reprise de l'exploitation.

Après une semaine. — Les exploitants répondent aux
journaux, qui avaient signalé l'incendie comme dû à la
malveillance, que jamais ils n'ont fabriqué de matériel
de guerre. Ils déclarent qu'ils ont commandé par téléphone du matériel nouveau, lequel leur a été expédié
en grande vitesse et fonctionne provisoirement nuit et
jour dans le magasin, afin de réparer ce qui peut être
restauré de l'ancien. Pendant ce temps, on a déblayé
les décombres de l'incendie ; déjà 20 p. 100 des assises
du nouveau bâtiment sont fondées. Les pièces d'acier

de la charpente font route. Les stocks de marchandises épargnées ont été transportés sous une vaste tente de cirque, qui sert à la fois de magasin et de hall d'expédition.

Après deux semaines. — Un tiers de la charpente est en l'air sur l'emplacement de l'ancienne, et la construction avance avec rapidité sous les efforts de trois cent cinquante hommes travaillant jour et nuit. Une partie du bâtiment pourra être occupée le 1ᵉʳ avril. L'atelier provisoire d'outillage fonctionne jour et nuit avec l'énergie électrique de la *Duquesne Light Cⁱᵉ*. Simultanément, on livre à la clientèle de nombreuses commandes grâce au stock.

Après trois semaines. — 80 p. 100 des charpentes d'acier, un tiers de la couverture en ciment et tuiles et la moitié des murs en briques et poutres d'acier sont terminés et on pousse la pose des planchers avec une telle rapidité que les exploitants pourront occuper la moitié de l'usine dès le 1ᵉʳ avril, pendant ce temps qu'ils continuent à expédier à leurs acheteurs la plupart des types d'objets contenus dans leur catalogue illustré.

Après quatre semaines. — Les magasins du nouveau bâtiment de 26 mètres sur 160 sont achevés et mis à la disposition des industriels. Soixante menuisiers sont occupés à poser les planchers. On y installe le stock des marchandises sauvées de l'incendie. La salle des machines se termine, on pourra reprendre la fabrication dans dix jours.

Après cinq semaines. — Les machines sont placées, on est en train d'en terminer le montage. On continue les expéditions. Dans la salle des presses, on pose les

planchers en bois d'érable. Cinq arbres moteurs sont
en montage et l'un d'entre eux qui actionne cinq machines-outils est en fonctionnement. Quand tout sera
achevé, la puissance de production de l'usine sera le
double de ce qu'elle était avant le sinistre.

Après six semaines. — On commence déjà à charger
des marchandises fabriquées dans l'usine reconstruite.
Les neuf dixièmes du grand hall sont terminés. L'atelier de mécanique, ainsi que la voie des grues sont en
achèvement. Le travail de fabrication est déjà aussi
important qu'avant l'incendie.

Après sept semaines. — 29 avril. — Tout est terminé,
malgré qu'il y ait eu, pendant la reconstruction, quatre tempêtes de vent et deux orages avant que la couverture fût placée, et malgré l'encombrement actuel
des chemins de fer. Ainsi, l'achèvement a été complet
avant l'époque garantie. Il avait fallu établir la lumière
et l'énergie électriques pour le travail de nuit, ce qui
avait été fait en dix jours. Toutes les installations
électriques intérieures ne demandèrent pas plus d'une
semaine. Le matériel avait été entièrement amené par
grande vitesse et le personnel ouvrier avait montré un
zèle et une activité à toute épreuve.

La puissance de production de l'usine s'est trouvée
portée, dès le mois qui a suivi la restauration, au double de ce qu'elle était auparavant.

Les propriétaires adressent leurs chaleureux remer-
ciements tant à leurs fournisseurs qu'à leur personnel
et à leurs clients, qui ont bien voulu consentir à leur
maintenir leurs ordres antérieurs et en passer de nouveaux pendant la période de reconstruction.

Ainsi, de même que Dieu créa le monde en six jours,

les Américains reconstruisent une usine en six semaines, et, de plus, ils ne se reposent pas la septième!

*
* *

Voici un dernier exemple d'extraordinaire rapidité d'exécution.

Dans un des énormes *breackers* (triage et laverie) d'anthracite de la Lehig Valley, en Pensylvanie, un incendie se déclarait et le détruisait complètement. C'était un des breackers en bois qui, successivement, font place à des constructions en acier.

Le projet de reconstruction demandait 740 tonnes d'acier, 25.000 rivets, 8.300 boulons, etc., et beaucoup de fonte.

Le premier poteau d'acier fut mis en place le 28 février et le premier rivet a été écrasé le 14 mars, l'ensemble fut achevé et accepté le 11 mai, c'est-à-dire quatre-vingt-onze jours après la signature du contrat et huit jours avant l'expiration des délais convenus. Aussitôt après, les charpentiers en fer se sont mis aux travaux de couverture et de clôture métallique, et, le 1ᵉʳ août, les monteurs avaient achevé l'installation du matériel, et le nouveau breacker était mis en marche, exactement six mois et demi après la destruction du vieux breacker en bois.

Les industriels américains estiment qu'un incendie est aussi fâcheux par la perte de temps que par la perte de matériel.

Que d'exemples nous pourrions prendre chez eux, tant pour l'organisation des précautions préventives d'incendie, que pour cette célérité de réparation des établissements sinistrés!

CHAPITRE X

La Métallurgie aux États-Unis

Énormité de cette industrie. — Plus de pratique que de théorie. — Les trusts et la loi Sherman. — Les ingénieurs français. — La menace allemande. — Les illusions dans le Far-West. — Les aciéries de Gary. — Laminoirs automatiques. — Une ville nouvelle.

La métallurgie américaine apparaît incomparable dans son ampleur et dans ses formes qui dissimulent une certaine pauvreté scientifique à la base de ses grandioses opérations.

On reste tout d'abord ébloui devant sa production, et devant l'énormité des masses en mouvement dans les usines qui transforment les minerais en métal.

Voici les chiffres des quatre principaux pays producteurs de fonte à dix ans d'intervalle en 1902 et 1912 en millions de tonnes :

	1902.	1912.
États-Unis d'Amérique	18	30
Allemagne	8,53	18
Angleterre	8,80	10
France	2,40	4,8

Ainsi donc, en 1912, les États-Unis dépassaient le chiffre monstrueux de 30 millions de tonnes de

Approvisionnement de charbon par train arrivant au-dessus du bâtiment des chaudières.

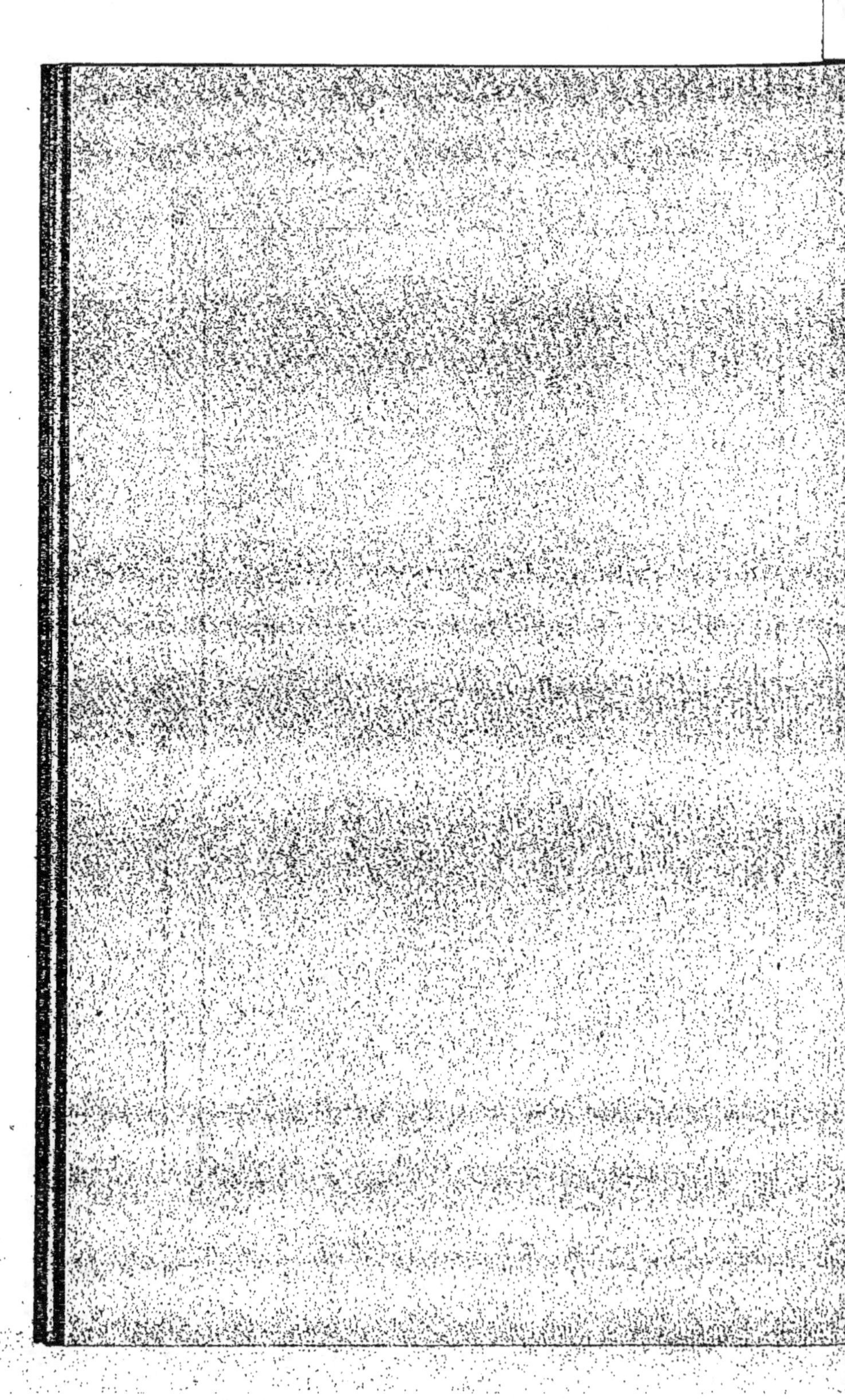

Aciéries de Gary. — Déchargement du minerai.

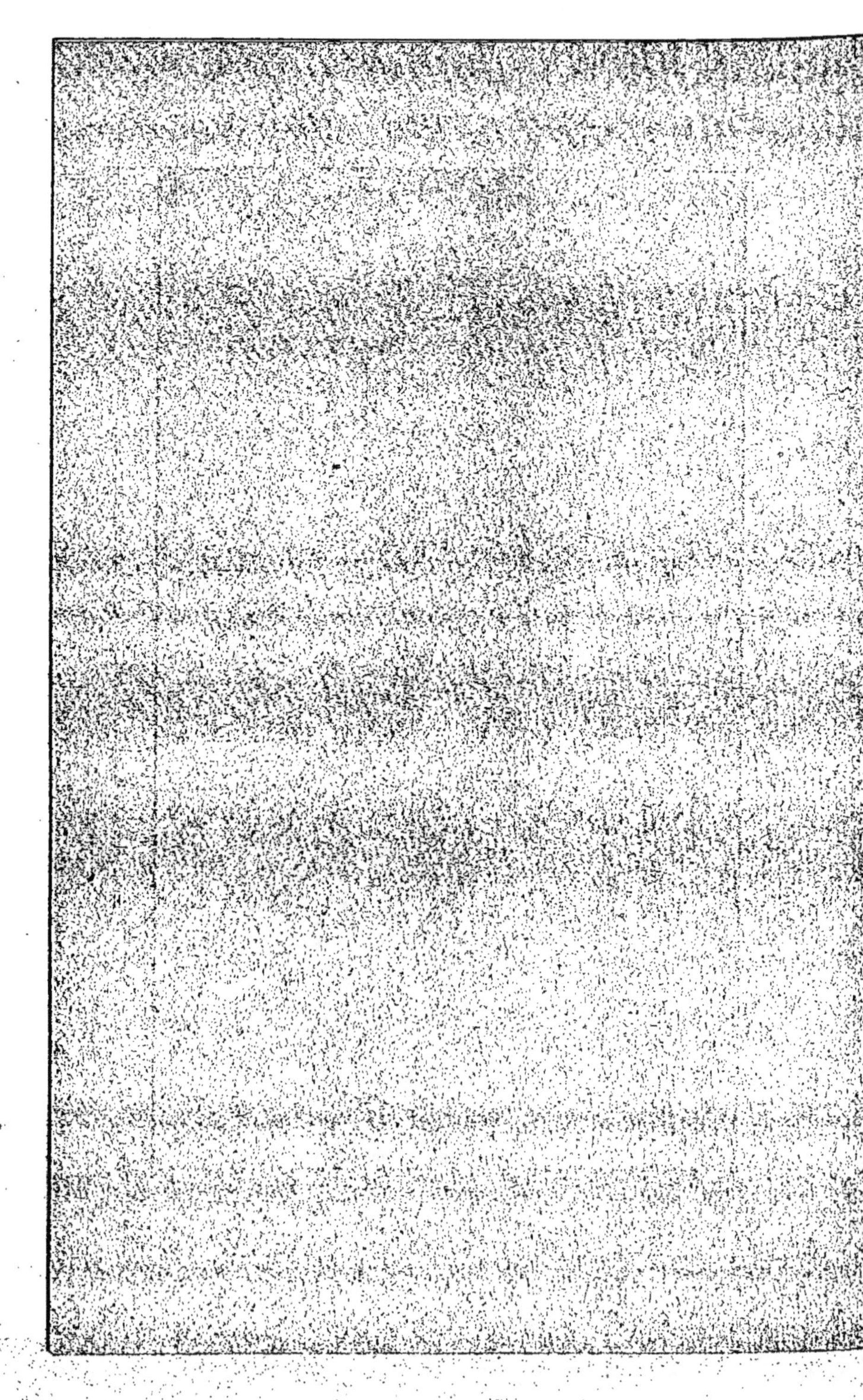

fonte en augmentation de 66 p. 100 sur celui de 1902. Et les derniers chiffres qui me parviennent, ceux de 1916, accusent une nouvelle augmentation de 9 millions de tonnes. Les États-Unis en sont actuellement à 39 millions !

Toutefois, pendant la même période, c'est-à-dire avant la guerre qui a bouleversé toutes les productions, la France avait augmenté de 100 p. 100 et l'Allemagne de 111 p. 100. Ces comparaisons montrent que, malgré son prodigieux essor, l'Amérique se laissait approcher par la production germanique, et que la France, grâce aux minerais de Briey, était en voie de sérieux accroissement.

La fabrication des fontes, fers et aciers américains, est favorisée par la possession de minerais abondants dans presque tous les États, mais surtout dans l'Ohio, l'État de New-York, la Pensylvanie, l'Illinois, l'Alabama et par d'immenses gisements de combustibles.

Les fameuses mines du lac Supérieur sont surtout des gisement de cuivre.

On comprend que de pareilles richesses, aux mains d'un peuple aussi entreprenant et aussi audacieux que les Américains, aient donné naissance à une sidérurgie dont le tonnage représente presque la moitié de la production mondiale.

Le marché américain est si vaste, ou plutôt la consommation intérieure est si intense, qu'à peu près tout le métal brut s'emploie dans le pays ; l'expoitation ne comprend guère que des produits finis.

*
* *

Tout le monde connaît les spéculations, disons même

les accaparements auxquels la finance et l'industrie américaines s'étaient livrées à la fin du siècle dernier sur le fer et l'acier. La loi Sherman y a mis un terme non sans de furieuses résistances.

Loué par les uns, les démocrates surtout, blâmé par les républicains, le bill Sherman a certainement exercé une influence sur la production américaine. Fut-elle heureuse ou intempestive, il m'appartient d'autant moins de le dire que les deux thèses sont soutenues aux États-Unis avec la même énergie.

Voici les articles principaux de cette loi :

« Tout contrat ou combinaison dans la forme d'un trust ou coalition d'affaires ou de commerce soit dans les divers États, soit avec les nations étrangères est déclaré illégal. Toute personne qui fera un tel contrat, combinaison ou coalition sera reconnue coupable d'un délit et punie d'une amende de 5 000 dollars au plus ou d'une année de prison au maximum.

« Toute personne qui monopolisera ou essayera de monopoliser ou s'associera avec une autre personne pour monopoliser n'importe quelle partie des affaires ou du commerce, parmi les divers États, ou avec l'étranger, sera reconnue coupable d'un délit et punie des mêmes peines.

« Toute propriété possédée dans ces conditions pourra être saisie et confisquée.

« Toute personne qui sera lésée par ces manœuvres pourra poursuivre le délinquant et recouvrer jusqu'à trois fois les dommages à elle occasionnés, plus les montants des poursuites.

« Le mot « personne » s'applique aussi bien aux associations qu'aux individus.

« Tout contrat de ce genre est nul.

« Quand un contrat, une combinaison ou une coalition auront pour objet de fausser les prix du commerce libre entre États ou avec les pays étrangers, il sera déclaré délictueux et donnera lieu aux mêmes pénalités. »

D'autres dispositions interdisent à une personne ou à une association de cumuler plusieurs entreprises différentes. Ainsi il est défendu à une compagnie de chemins de fer d'exploiter une ligne de navigation.

Cette dernière clause a été funeste à la marine de commerce américaine, dont beaucoup de lignes étaient la propriété de compagnies de chemins de fer et se sont vues acculées à la ruine quand elles ont été abandonnées à leurs seules ressources.

Cependant je me suis laissé dire par certaines personnes que, comme avec le ciel, il est avec les lois des accommodements. Un politicien de carrière me traduisait avec humour cette combinaison en disant : « Il est sans doute défendu de mettre plusieurs objets différents dans une même poche, mais on s'arrange pour avoir plusieurs poches dans le même pantalon. »

*
* *

Revenons à la métallurgie. Les Américains en sont justement fiers comme comme de leur plus belle industrie. Les fonderies, forges et aciéries de Pittsburg, de Bethléem, de Chicago sont les plus grandioses qu'il y ait au monde, et les aménagements dont elles sont pourvues frappent d'admiration les personnes les plus étrangères à cette profession. Ce sont même ces dernières qu'elles enthousiasment le plus vivement. On ne peut rien imaginer à la fois de plus grand et de mieux étudié que les moyens mécaniques mis en œuvre dans ces établissements modèles. Il faut y ajouter que les méthodes de fabrication, tout aussi bien que les appareils de manœuvres, sont en perpétuelle évolution. Et cependant il ne paraît pas que les opérations techniques soient le résultat d'une science théorique bien approfondie.

Les Américains ont coutume de procéder de leur propre initiative avec une audace et un esprit d'entreprise vertigineux; les études économiques sur l'emplacement et la disposition des usines, leur puissance de matériel, l'automatisme de leur outillage dépassent tout ce que nous connaissons ; mais les opérations elles-mêmes sont le résultat soit de tâtonnements successifs, quelquefois très onéreux, soit de la collaboration d'ingénieurs étrangers.

J'ai écrit ailleurs que dans la plupart des industries tout commence par la chimie pour finir par la mécanique. Les ingénieurs américains sautent volontiers à pieds joints par-dessus la première de ces deux sciences. La recherche patiente et méthodique au laboratoire n'est pas dans leur tempérament. Ne serait-ce pas pour ce motif que les grandes découvertes sidérurgiques des cinquante dernières années leur sont presque toutes venues d'Europe? Ni Siemens, ni Thomas, ni Gilchrist, ni Martin, ni Lechatelier, ni Héroult n'étaient Américains.

Il faut toutefois reconnaître que les hommes d'affaires des États-Unis se sont assimilés les procédés de ces savants, qui ont révolutionné la métallurgie moderne, aussi vite que leurs collègues d'Europe, en n'hésitant pas à s'assurer à prix d'or leur concours.

Ceci s'applique particulièrement à notre compatriote Héroult, dont le four électrique pour la métallurgie de l'acier a trouvé aux États-Unis un légitime et magnifique succès. Héroult avait gagné là-bas un nombre respectable de millions lorsqu'une mort prématurée vint interrompre sa brillante carrière.

Le peu d'élasticité des procédés de fabrication américains s'est montré avec une complète évidence lors des premières et importantes commandes que la France leur a faites en matériel de guerre. On a vu quelles difficultés leur présenta la composition d'aciers spéciaux répondant aux types et aux épreuves que nos cahiers des charges leur demandaient.

Les ingénieurs que nos maisons de construction envoyèrent en Amérique pour surveiller et réceptionner ces commandes leur furent des auxiliaires précieux, souvent indispensables.

A leur arrivée ils ne furent certainement pas appréciés à leur juste valeur, parce que les usines où ils travaillent en France ne sont ni aussi vastes ni aussi bien outillées qu'aux États-Unis; mais quand leurs collègues d'Amérique, se trouvant embarrassés pour produire exactement ce qu'on leur demandait, virent que nos ingénieurs les tiraient d'affaire avec une sûreté infaillible, leur jugement se modifia; car c'est un des traits de l'Américain de n'avoir pas de parti pris et d'être pratique; ils comprirent qu'ils avaient là des collaborateurs capables de les instruire gratuitement et ils en profitèrent avec bonne grâce.

Du reste ils ne rompaient pas ainsi avec leurs habi-

tudes. Un peu partout les hommes d'affaires américains entreprennent des travaux ou des fabrications
auxquels ils ne connaissent rien. Ils étudient avec
grand soin les conditions économiques de leur conception, les facilités de matières premières, de main
d'œuvre, de transport, de débouchés et, pour la partie
technique, font appel aux lumières de spécialistes où
qu'ils se trouvent, leur faisant des conditions superbes
pour s'assurer leur concours.

Cette méthode a de grands avantages, mais aussi des
inconvénients, parce qu'on est de la sorte tributaire de
techniciens étrangers dont le loyalisme n'est pas toujours à toute épreuve. Les Américains l'ont bien vu
avec les Allemands qui occupaient et occupent encore
une foule de situations élevées où ils se sont rendus
indispensables.

Je ne voudrais pour rien au monde être désobli-
geant pour nos amis des États-Unis, mais la vérité
m'oblige à leur déclarer que s'ils ont des ateliers merveilleux comme installation, ils ne possèdent cependant pas la maîtrise intégrale de leurs industries au
même degré que nos ennemis. Ils exécutent par grandes masses, par grandes séries des produits déterminés, mais sans la même abondante variété; il y a des
trous dans l'ensemble de leurs productions. Et ceci
tient uniquement à ce que la science est plus creusée,
plus raffinée en Allemagne qu'en Amérique. Cette
vérité a éclaté au delà de l'Atlantique quand à la suite
du blocus, on a reconnu qu'il manquait une masse de
produits que, ni plus ni moins que nous, les Américains ne prenaient pas la peine de fabriquer eux-mêmes. Pris au dépourvu les États-Unis ont fait des

réflexions salutaires auxquelles, vu leur esprit de décision, les résolutions énergiques succèdent dès à présent. Les vides seront rapidement comblés.

Mais, en attendant, qu'il me soit permis de signaler
à ce grand peuple ami le danger auquel la France et
ses alliés l'ont incontestablement soustrait.

**

Si les Allemands, avec leur avance, hélas, évidente
en industrie et en armements sur tous les autres peuples, avaient déclaré la guerre à l'improviste, non pas à
la France et à l'Angleterre, mais à la grande République américaine, et que toutes les nations européennes fussent restées neutres, que fût-il arrivé?

Oui, que fût-il arrivé aux Américains si un demi-
million d'Allemands, montés sur leur puissante marine
marchande, escortés de toute leur flotte de guerre :
cuirassés, croiseurs, torpilleurs et submersibles, si un
demi-million d'hommes, dis-je, pourvus de gros canons
par milliers, de mitrailleuses, de grenades, de gaz
asphyxiants, avaient franchi l'Atlantique en deux
semaines et paru simultanément devant New-York,
Boston, Baltimore et Philadelphie?

Hypothèse chimérique, dira-t-on. Sans doute; mais
uniquement parce que les Alliés et surtout la France
en ont supprimé la possibilité.

Beaucoup d'Américains s'en sont rendu compte,
puisque les cinémas de New-York, dès 1915, représentaient, dans une suite de films terrifiants, l'invasion
des États de l'Union par les hordes germaniques.

Mais combien d'autres, par suite de l'ignorance où

ils restent des choses du vieux monde, ou de l'idée exagérée qu'ils se font de la supériorité américaine, ne soupçonnaient pas qu'ils pussent courir le moindre danger!

A la fin de 1915, dans une petite ville de Pensylvanie, je me trouvais au Club avec quelques amis; on nous présenta un *farmer* de l'Ouest Américain qui se trouvait là de passage. Cet habitant du Missouri, très francophile, pour nous prouver ses sentiments, nous dit avec un orgueil national convaincu : « Que ne puis-je vous envoyer contre les Allemands quelques régiments de nos habiles cavaliers cowboys du Far-West; avec eux vos ennemis n'en mèneraient pas large! » Ce brave *farmer* en était resté au genre de guerre que son grand-père faisait aux derniers des Mohicans.

Les maîtres de forges américains qui fabriquent pour les Alliés des obus et des lingots bruts pour nos canons ont pu acquérir une autre mentalité sur la nature des combats qui se livrent depuis deux ans et demi le long des quelques milliers de kilomètres du front, car presque tous travaillent pour nous. La plupart vous font visiter leurs usines avec empressement et satisfaction. Cependant, comme il y a eu dans quelques-unes des attentats, des incendies et des explosions meurtrières, soudoyés par les pro-Germains, nombre d'ateliers sont entourés de grillages bordés de piques et les portes restent sévèrement closes devant les visiteurs. Tel est le cas de Bethléem, la grande aciérie de Schwab.

Cette circonstance me détermina fort heureusement à visiter les usines de Gary, près de Chicago, où se

Laminoirs de rails aux aciéries de Gary — Banc sur lequel se fait la dernière passe.

trouvait comme contrôleur un de mes jeunes camarades, ingénieur du Creusot. Je dis fort heureusement, parce que Gary est la plus récente et la plus vaste des usines métallurgiques des États-Unis, et, par conséquent, du monde entier.

*
* *

Au printemps de 1906, M. Gary, président de la *Indiana Steel Company*, filiale de l'*United State Steel Corporation*, jeta le fondement d'une immense aciérie dans l'État d'Indiana, à 25 milles au sud-est de Chicago, sur les bords du lac Michigan. Le nom de son fondateur fut donné à cette usine et à l'agglomération à laquelle elle donna naissance.

La conception qui, dans cette gigantesque entreprise, inspira M. Gary, ancien collaborateur de M. Carnegie, est que cet établissement recevrait à quai devant lui les navires chargés de minerais et derrière lui, au sud, les wagons de houille de l'Ohio et de l'Indiana ; que de plus, se trouvant à proximité de Chicago, carrefour de trente lignes de chemins de fer, il serait merveilleusement placé pour leur fournir des rails et des châssis de wagons. Ce sont donc des rails et du matériel brut de chemins de fer qui font l'objet principal de la fabrication.

L'usine de Gary a été établie pour contenir quatorze hauts fourneaux, dont huit seulement ont été construits, et produisent chacun 500 tonnes de fonte par vingt-quatre heures, et cinquante-six fours Martin. Les laminoirs travaillent des rails, des billettes d'acier, des tôles, des aciers en barres et des essieux.

Des batteries de fours à coke au nombre de cinq cent

soixante, avec de larges espaces pour l'extension future, alimentent les hauts fourneaux.

Le premier haut fourneau fut mis en marche en 1908; les autres suivirent d'année en année, ainsi que les laminoirs. Tout était en marche dès la fin de 1911; mais, depuis lors, on n'a cessé d'agrandir les installations.

Pour recevoir les minerais, on a creusé dans le lac un port pouvant recevoir des navires de 12000 tonnes; sur ses bords, les appareils électriques de déchargement sont les plus puissants qui aient jamais été construits.

La rapidité du déchargement atteint 1 250 tonnes à l'heure. Les plus grands cargos peuvent donc être débarrassés de leur chargement en une journée.

Parallèlement au rivage se dresse la rangée des hauts fourneaux; mais entre le port et les appareils s'étend un espace qui peut recevoir 4 millions de tonnes de minerais. Cette réserve phénoménale est nécessitée par le gel du lac qui immobilise les navires parfois pendant plusieurs mois. Des appareils de levage, semblables à des ponts métalliques qui se dresseraient en l'air, portent le minerai dans des réservoirs en tôle, où il est distribué par gravité dans des élévateurs qui le conduisent au sommet des hauts fourneaux. Par des moyens analogues le coke et la chaux sont répartis et mélangés au minerai à son entrée dans le gueulard du fourneau.

Les fours à coke situés non loin des hauts fourneaux peuvent produire 2 millions de tonnes de coke, c'est-à-dire distiller 3 millions de tonnes de houille.

En même temps qu'à Gary le coke est consommé à l'*Illinois Steel Company*, au sud de Chicago.

La récupération des fours à coke se compose de goudron, de sulfate d'ammoniaque et de gaz combustibles.

L'examen de ces fours montre que les procédés de récupération sont l'œuvre d'ingénieurs belges ou allemands (il en est de même d'ailleurs à Béthléem), dont les plans, en ce qui concerne les manutentions mécaniques, ont été modifiés par les exploitants américains.

Toutefois je n'ai pas vu terminés à Gary les appareils de distillation fractionnée des goudrons tels qu'on les voit à Gelsenkirchen en Westphalie, chez Thyssen, et dans les principales usines ou houillères rhénanes [1].

Les gaz des fours à coke, ainsi que les gaz des hauts fourneaux sont utilisés, dans des moteurs à explosion, à produire de la force motrice.

A cet effet, il existe, dans un hall de plusieurs centaines de mètres de longueur, une batterie de quarante-six moteurs à gaz de 2 500 chevaux chacun, pouvant ainsi fournir 112 000 chevaux, en partie transformés par des génératrices en énergie électrique. La majeure fraction de la puissance ainsi produite est consommée dans l'usine pour les manutentions, les machines soufflantes, les fours Martin, les laminoirs, etc. Le reste est transporté par câbles au dehors et vendu à diverses industries. Les hauts fourneaux seuls consomment 50 000 chevaux; les laminoirs 25 000, etc.

Au milieu de tant de spectacles qui vous déconcertent par leur nouveauté grandiose le travail des laminoirs à rails est ce qui m'a le plus stupéfié.

1. Voir *les Derniers Progrès de l'Allemagne* (librairie P. Roger et Cie, Paris).

Les billettes d'acier au rouge blanc, qui y sont transformées en rails de chemin de fer, proviennent de fours Martin, où ce métal est obtenu, partie avec des fontes de haut fourneau, partie avec de vieilles ferrailles. Chaque billette pèse de 2 500 à 3 000 kilogrammes.

Dans le hall long de 400 mètres, large d'une trentaine, se trouve un seul train de laminoir actionné par une force de 18 000 chevaux. Les billettes circulent automatiquement tantôt entre des cylindres jumeaux, tantôt dans des cylindres trios ; on compte 18 passes successives sans réchauffement, c'est dire que la vitesse des passages est vertigineuse. Le rail profilé, long de 60 mètres, encore rouge, se dirige ensuite automatiquement au-devant de six scies circulaires parallèles qui le débitent simultanément en six longueurs de 10 mètres environ chacune, pesant 500 kilos. Puis, toujours automatiquement, ces six tronçons sont portés comme par enchantement le long d'une vaste sole où ils se refroidissent ; après quoi une grue à aimant les enlève par paquets de 2 500 kilos et les porte sur les wagons de 50 tonnes qui doivent les emporter.

Le train de laminoirs débite ainsi 4 000 tonnes de rails par jour, et ce travail est effectué par six ouvriers placés chacun dans une guérite en face d'un véritable clavier de manivelles, de leviers et de boutons électriques. On voit, en outre, dans le hall deux ou trois hommes qui se promènent, les mains dans les poches, à travers les mécanismes pour surveiller l'état du matériel en action.

La vue de ce travail sans ouvriers est quelque chose de fantastique. On croirait qu'il y a là un démon invisible et tout-puissant qui s'amuse à projeter en tous sens d'énormes serpents de feu.

La production de l'usine de Gary était, avant la guerre, de 1 200 000 tonnes de fonte de hauts fourneaux; 2 700 000 tonnes de billettes d'acier; 1 million 200 000 tonnes de rails; 1 200 000 tonnes de billettes, vendues telles quelles; 600 000 tonnes d'acier en barres; 200 000 tonnes de tôles; 100 000 tonnes de métal pour essieux. Si on compare ces chiffres à la production totale de la France, on peut se rendre compte qu'elle en représente à elle seule près des deux tiers.

Le capital investi dans cette entreprise est de 100 millions de dollars (actuellement environ 600 millions de francs). Et, depuis 1914, des agrandissements successifs y ont été opérés.

La superficie totale est de 1 255 acres, un peu plus de 500 hectares[1].

Quel que soit l'effet que suscitent à les lire ces chiffres vertigineux, il est peu de chose en face de l'impression du saisissement que produit une promenade à travers cette accumulation formidable de travail humain.

Dans les grandes usines allemandes, récentes comme celle de Frédéric Bayer, à Leverkusen, les chefs et les visiteurs circulent en automobile; chez Gary on est transporté dans des automotrices électriques sur rails. Ce qui ne peut manquer de surprendre, c'est le nombre infime d'ouvriers que l'on aperçoit. Partout des mécanismes se sont substitués aux bras humains. On a

---

1. L'usine Krupp à Essen couvre un peu plus de 400 hectares, avec 11 kilomètres de tour. Voir *les Derniers Progrès de l'Allemagne* (librairie P. Roger et Cⁱᵉ, Paris).

peine à croire que cet ensemble qui forme un monde,
puisse être actionné par le chiffre relativement très
faible que l'on m'a indiqué : neuf mille travailleurs.

Le directeur de l'usine de Gary, dont je ne saurais
assez louer la cordiale obligeance et les sentiments
d'amitié pour notre patrie, m'a signalé non sans un
regret, qui était comme un reproche, que depuis l'ouverture de son établissement jusqu'à la guerre, vingt
et un métallurgistes allemands étaient venus le visiter
et pas un français.

Il y a dix ans, tout ce que l'on voit là, était une forêt
illimitée. En même temps qu'il fondait l'usine, M. Gary
créait une filiale immobilière à l'est des constructions
industrielles, la *Gary land Company* et une ville s'élevait, dont les édifices publics ont été construits par
cette Société. Toutefois une surface de terrain libre,
égale à celle de l'usine déjà établie, était réservée pour
ses agrandissements éventuels.

D'autre part, plusieurs autres grandes industries
venaient s'installer dans le périmètre environnant, et
recevaient l'énergie des grands moteurs à gaz : l'*Uni-
versal ciment Portland Company*, qui fabrique déjà
27 000 barils de ciment par jour; l'*American sheet et
tin plate* C°, manufacture de fer-blanc, qui occupe
230 acres; c'est là qu'ont été montés les plus grands
laminoirs du monde pour le fer-blanc; ils en sortait, dès
1913, 83 000 tonnes de ce métal; l'*American bridge* C°
(144 acres), ateliers et magasins qui peuvent contenir
150 000 tonnes de produits finis; l'*American car et
foundry* C°, capable de construire 125 wagons par jour;
l'*American locomotiv* C° (de Shenectady), qui a acheté

150 acres pour construire 50 locomotives par mois et occuper 4500 ouvriers; la *Gary screw and bolt* (boulons et rivets), avec 20 acres de terrains.

Enfin, la Société a créé comme dernière filiale une compagnie de chemins de fer qui fait communiquer directement la ville et les usines de Gary avec chacune des trente lignes qui aboutissent ou passent à Chicago.

****

La ville de Gary, en face de tels éléments, s'est développée avec une extraordinaire rapidité; elle compte à cette heure 50000 habitants. C'est une cité modèle; établie sur les 9000 acres que lui a cédés la *Land C°*, elle a été bâtie suivant un plan grandiose. Tous les services publics furent exécutés simultanément : avenues, rues, égouts, pavages, gaz, eau, électricité, chauffage central, tramways. La rue principale a 100 pieds de large, l'avenue perpendiculaire 80 pieds.

Le long de ces artères se dressent déjà, comme partout en Amérique, nombre d'édifices construits grâce aux libéralités de personnages multimillionnaires.

Une association chrétienne de jeunes gens, avec gymnasium, dortoirs, jeux, etc.; une autre école l'*Emerson school*, fréquentée par un millier d'élèves, munie de salles de gymnastique, piscine, ateliers d'apprentissage; M. Carnegie a fait construire une bibliothèque somptueuse.

Et un très bel hôtel reçoit les visiteurs attirés par ces magnifiques créations et les nombreux ingénieurs ou employés qui préfèrent au home familial l'existence confortable des palaces modernes.

CHAPITRE XI

Les Soieries aux États-Unis

Modestes débuts. — Le progrès par la mécanique. — Autres pays, autres procédés. — Théories contestables. — Une usine modèle, la *Duplan Silk C°*. — La recherche du personnel. — Agrément et confort. — Autres industries françaises aux États-Unis. — Le souvenir du berceau.

A côté des industries déjà anciennes et sans cesse grandissantes que les nécessités de la subsistance et les ressources naturelles ont provoquées aux États-Unis, en voici une dont rien ne semblait leur favoriser la création. D'abord c'est une industrie de luxe, et, comme je l'ai dit précédemment, ce sont les dernières qu'un peuple nouveau tend à installer. En second lieu, l'Amérique par extraordinaire ne possède pas les matières premières qui l'alimentent; enfin, les nations européennes, la France surtout, en détenaient, depuis des siècles, les traditions, la technique, les secrets de fabrication et la vente mondiale. Et cependant, les États-Unis ont réussi en peu d'années à devenir le plus grand producteur du monde en étoffes de soie.

Voilà un exemple d'initiative hardie qui mérite qu'on s'y arrête. Aussi bien nos grands fabricants lyonnais ont-ils aujourd'hui autant à apprendre, non pas en

fait de goût et de richesse de créations, mais en procédés pratiques, de leurs rivaux d'Amérique, que ces
derniers ont appris, dans les débuts surtout, des producteurs européens.

Les Américains ne manquent pas de vous rappeler,
non sans un certain dépit, que leur continent ne produit
pas de soie brute.

A une époque très reculée, en 1639, des artisans
français débarquèrent en Virginie, dans la colonie de
Jamestown, et s'efforcèrent d'y planter des mûriers
pour élever des vers à soie; ils se proposaient de vendre
en Europe leurs productions de cocons. Ces tentatives
échouèrent et ne furent jamais reprises. Toutes les
soies brutes ont donc été jusqu'ici importées du dehors.
D'autre part, ce n'est qu'en 1824 qu'on voit apparaître
pour la première fois dans les tarifs de douane les
étoffes de soie avec un droit de 25 p. 100 *ad valorem*;
c'est à la faveur de ce droit, qui fut successivement élevé
à 56 p. 100, que la fabrication allait naître et se développer dans l'est des États-Unis. Ce droit s'est maintenu jusqu'à nos jours avec des oscillations plus ou
moins sensibles suivant les époques et suivant les
variétés de tissus.

En 1860, il n'y avait encore que cinq mille personnes occupées à cette industrie; les étoffes produites
représentaient une valeur de 35 millions de francs, et
les étoffes importées, 160 millions de francs. Aujour-
d'hui, c'est-à-dire un demi-siècle après, la production
américaine dépasse 1 milliard et demi de francs et
l'importation est toujours de 160 millions!

En réalité, le véritable essor ne commença qu'après
la guerre de la Sécession. Jusque là (1865), les soieries

étaient universellement fabriquées au métier à main et c'est un fait bien connu que les artisans manuels émigrent plus rarement que les ouvriers travaillant sur des machines, les articles fabriqués à la main étant généralement de la part de ceux qui les font une sorte de production supplémentaire qui s'ajoute à d'autres travaux, à la culture des champs, par exemple. Tout au contraire, le travail mécanique se transporte aisément d'un pays à un autre, parce qu'il ne demande pas de main-d'œuvre spécialisée, et les machines fonctionnent aussi bien en lointain pays que dans celui qui les a vues naître.

Est-il nécessaire de faire remarquer les difficultés où avaient à se débattre les premiers fabricants américains, sans expérience, sans matières premières, sans modèles, sans autre main-d'œuvre exercée que celle de quelques rares ouvriers qui émigraient d'Europe. La transmission mécanique appliquée au métier Jacquard leur donna la première impulsion et je crois bien que ce furent eux qui l'adoptèrent avant tous les autres.

Je me souviens encore du scepticisme et de la répugnance des vieux fabricants lyonnais, vers 1875, à l'idée de tisser la soie dans des usines analogues aux tissages mécaniques de coton ou de laine. Cependant, après des accès de mauvaise humeur de quelques mois pour les uns, de quelques années pour les autres, ils s'y mirent bravement et le métier à main n'est plus à Lyon que l'exception. Aux États-Unis il n'a pour ainsi dire jamais existé.

Les Américains eurent à importer d'Europe non seulement la soie brute, mais les premiers métiers et les divers accessoires de la fabrication, tout en ne possédant qu'une main-d'œuvre inexpérimentée et qu'ils payaient cependant fort cher. Aussi disent-ils bien haut que ce fut la protection douanière qui soutint leurs premiers pas. Ils y ajoutent cette observation piquante que les cinquante dernières années ont vu l'industrie de la soierie passer, dans l'Angleterre, libre-échangiste, de 625 millions de francs à 120, tandis que l'importation s'élevait à 330 millions, et dans les États-Unis, protectionnistes, la même industrie s'élever à 1 milliard et demi avec une importation constante de 32 millions de dollars.

Tout en me gardant soigneusement d'un doctrinarisme systématique à l'égard du libre-échange ou de la protection, je ne puis m'abstenir de remarquer que des droits de douane, établis chez un peuple indolent y endorment la production, tandis que, dans une nation laborieuse, ils la surexcitent.

Quand la paix renaîtra dans l'Europe épuisée, les questions douanières se poseront à nouveau avec une gravité sans précédent. C'est à ce moment qu'il faudra faire litière de tout dogmatisme et ne pas oublier que la France aura à payer, en plus de ce qu'elle payait antérieurement à la guerre, 6 ou 8 milliards d'impôts nouveaux. De quel pourcentage cette somme grèvera-t-elle ses productions, par suite des diverses répercussions? Je n'oserais le chiffrer. Et à quel prix sera la main-d'œuvre? D'autre part, sur les articles que nous exporterons, nous bénéficierons de la faiblesse de notre change qui ne s'améliorera que lentement, contrairement à ce que beaucoup d'innocents supposent. De toutes ces complications il résulte qu'établir aujourd'hui

le prix de revient de demain de n'importe quel article
dans n'importe quel pays est un casse-tête chinois
impossible à résoudre.

Quoi qu'il en soit, l'industrie américaine des soieries
s'est développée, à l'abri des droits protecteurs, avec
beaucoup plus de rapidité et plus d'ampleur qu'en
France, tant à cause de la hardiesse ordinaire yankee
que de l'absence complète de traditions; rien n'étant
pire en industrie que les traditions qui vous incitent à
opérer, quand des conditions nouvelles se présentent,
comme on avait coutume de le faire auparavant. J'ai
rappelé que les premiers wagons de chemins de fer
français furent construits à l'instar des vieilles diligences; de même les premiers métiers mécaniques
lyonnais furent installés à l'image des métiers à bras
avec lesquels on travaillait depuis des siècles. On
demandait aux machines, non de produire des mouvements ayant un but déterminé, mais de reproduire ceux
que l'artisan exécutait avec ses bras et ses jambes pour
obtenir le même résultat.

En outre, les Américains jouirent dès le début et
jouissent plus que jamais de facilités de trésorerie
inconnues dans notre pays. Ainsi, j'ai constaté que, par
une anomalie assez inexplicable, les soies brutes
d'Extrême-Orient, qui constituent la grande majorité
aujourd'hui, sont facturées à trois mois à Lyon et à six
à New-York.

Autre combinaison très avantageuse aux Américains :
quand les soieries sont importées d'Europe aux États-
Unis, l'expéditeur les adresse à un *commissionnaire* à
New-York, qui se charge de les dédouaner et de les
vendre en se portant garant du payement; ces maisons

de commission sont généralement riches. Lorsque le jeune fabricant américain s'est installé, il a trouvé cette organisation toute prête, et elle lui a évité un fort appoint de capital à débourser, puisque le commissionnaire est là pour recevoir sa marchandise ou la lui warranter et se charger de l'écouler. La plupart du temps l'étoffe est fabriquée et vendue ou warrantée avant que le délai de six mois donné pour payer la matière première ait été atteint. L'industriel a ainsi travaillé avec l'argent d'autrui. Et je crois bien qu'autrui est formé de nos braves Lyonnais qui règlent à trois mois, ou plutôt qui, ayant toujours dans les affaires plus d'argent qu'il n'est indispensable, payent au comptant avec escompte de 2 p. 100, fournissant ainsi à leurs vendeurs, de quoi faire crédit à leurs concurrents d'Amérique. Je me suis laissé répondre par nos industriels français que l'habitude d'avoir devant eux de gros fonds disponibles, c'est-à-dire ne travaillant pas, leur est imposée par la crainte que les établissements de crédit ne leur refusent tout découvert s'ils en ont besoin.

Il suffit, dès lors, pour tisser de la soie aux États-Unis, d'avoir une usine et des métiers. Or, les métiers s'achètent également à crédit et les usines s'hypothèquent. Toutes ces opérations, qui paraîtraient invraisemblables et téméraires chez nous, sont d'usage courant au delà de l'Atlantique.

Quoi qu'on en puisse penser, on ne saurait rien en dire, lorsque dans l'ensemble elles sont couronnées de succès. Les chiffres qui suivent, extraits du bureau de statistique du département du commerce à Washington le prouvent triomphalement. J'engage vivement les lecteurs à les examiner. Ils sont très éloquents et appellent diverses réflexions.

La production de soieries de toutes sortes aux États-Unis, en 1915, a atteint 253 764 170 dollars (le dollar vaut normalement 5 fr. 15, accidentellement 5 fr. 90). Cette production de 1 500 millions de francs qui représente environ deux fois et demi la production totale de la France, a été exécutée dans neuf cents établissements en chiffres ronds.

La production, en 1909, était seulement de 196 millions 911 667 dollars dans huit cent cinquante-deux établissements.

Les soies brutes employées, en 1909, représentèrent 17 472 200 livres (de 453 grammes) valant 67 787 000 dollars; en 1914, 22 507 000 livres valant 86 587 000 dollars, soit une augmentation de 28 p. 100 en cinq ans.

On tissa, en outre, 1 974 000 livres de soie artificielle d'une valeur totale de 3 440 000 dollars; en augmentation de 78 p. 100 sur 1909.

Il faut ajouter encore 4 528 000 livres de bourres de soie, valant 3 066 000 dollars, en augmentation de plus de 80 p. 100.

A ces matières premières ont été mélangées 16 900 000 livres de coton (6 163 000 dollars).

La longueur d'étoffe ainsi tissée dépasse 200 000 kilomètres.

Les soieries se divisent en deux classes : les soies pures qui représentent 142 000 kilomètres, et les soies mélangées 73 000 kilomètres, valant respectueusement 96 et 41 millions de dollars.

Les rubans ont vu leur fabrication passer de 32 millions à 38 millions de dollars; les peluches de 2 à

10 millions, les velours de 8 millions et demi à plus de 16 millions, etc.

Il n'est pas moins intéressant de constater d'où venaient les soies brutes, qui ont alimenté cette énorme production. J'ai relevé les deux années 1907 et 1914.

Pays d'origine.	Poids.		Valeur.	
	1907.	1914.	1907.	1914.
	(En kilogr.)		(En millions de dollars.)	
France.	528 000	67 560	2,234	0,250
Italie.	3 352 006	1 880 600	16,663	8,307
Chine.	3 056 580	4 388 500	11,437	11,912
Japon	8 618 600	19 120 400	40,844	68,550

On voit simultanément comme faits principaux : la presque cessation des apports de soies françaises, la diminution des quantités de soies italiennes et l'envahissement du marché américain par les soies asiatiques.

Il y a bien longtemps que la sériciculture dans le Languedoc et la Provence ne se soutiennent plus que par les millions que l'État lui accorde chaque année sous forme de primes, système absurde qui a pour résultat de ne faire travailler quelques centaines de personnes à une production agonisante qu'en vue de toucher la prime. La sériciculture demande une population féminine laborieuse et dépourvue de besoins coûteux. Les Lyonnais ont coutume de dire que l'armoire à glace chasse le ver à soie.

C'est donc par excellence une production qui convient à l'Extrême-Orient, riche en main-d'œuvre abondante, soigneuse et bon marché. La soie est la première des invasions jaunes à travers la race blanche.

Prévoyons sagement que ce ne sera point la dernière.

On comprend sans peine, pour les raisons que je viens de donner, que l'élevage des vers à soie ne sera jamais une spéculation américaine.

Les soies importées aux États-Unis sont *condition-nées*, c'est-à-dire essayées à New-York. Cette habitude d'essayer la matière première, générale en Europe, peu usitée naguère en Amérique, s'y propage de plus en plus. Ainsi le nombre des analyses ou essais qui n'était que de 3000 en 1880, 3500 en 1890, s'est élevé à 26000 en 1910 et à 53000 en 1914. Ces nombres sont cependant encore dépassés par les conditions de Milan[1] et de Lyon.

Les fabriques des États-Unis sont exploitées par des Américains, originaires de tous les pays, mais surtout d'Allemagne, de Suisse et de France. Un certain nombre de ces derniers ont conservé leur nationalité d'origine. 4 p. 100 de la production totale est l'œuvre de maisons purement françaises.

Cette question du transfert par des patrons français de leur industrie en Amérique a donné lieu à des discussions passionnées. Pour être équitable, il faut d'abord scinder la question en deux parties.

Si l'industriel transporte là-bas une fabrication dont les produits ne sont pas exportés par la France aux États-Unis, il ne cause aucun tort à ses compatriotes; mais on doit examiner les choses de plus près, si, au contraire, la France est exportatrice des articles que notre industriel va fabriquer en Amérique. Beaucoup de gens n'hésitent pas à le considérer comme un mau-

---

1. Voir *l'Italie au travail* (libraire T. Roger et Cⁱᵉ, Paris).

vais Français; c'est parler un peu vite, parce qu'il faudrait d'abord démontrer que cette industrie ne s'y serait pas installée sans lui. Or, l'industrie de la soierie a été fondée aux États-Unis, ai-je dit, par des praticiens de toutes les nations européennes et notamment par des Allemands et des Suisses, naturalisés ou non. Ces hommes n'ont pas tardé à y adopter les allures et les principes américains. Ces procédés, aidés par les droits de douane que l'on sait, leur ont permis de se développer, de prospérer rapidement et d'enrichir leurs heureux exploitants.

Sans doute, ils ont plus visé dans leurs usines à la quantité qu'à la qualité, en quoi ils n'ont fait qu'un tort minime à la fabrique lyonnaise qui a toujours conservé la supériorité artistique.

Quant à ceux qui ont tenu à perfectionner leur fabrication, ils ont procédé de deux manières : ou bien ils sont venus ou ont envoyé des employés étudier la technique du métier dans les écoles de tissage de Lyon, de Zurich et de Crefeld qui leur sont largement ouvertes, ou bien ils ont attiré d'Europe et principalement de Lyon, à grands coups de dollars, des contre-maîtres exercés qui leur ont appris tous les secrets de la production.

Ces deux méthodes me suggèrent deux réflexions. Je me souviens que, visitant, en 1911, l'École d'agriculture de Montpellier où l'on enseigne surtout, théoriquement et pratiquement, la viticulture et l'œnologie, j'y rencontrai des élèves de tous les pays, des Russes de Crimée, des Californiens, des Roumains, des Argentins, des Espagnols, et je fis au directeur, M. Ferrouillat, cette observation : « Comment ne craignez-vous pas que ces jeunes étrangers, après avoir appris ici les meilleures méthodes de culture de la vigne et de la vinification, n'aillent créer dans leurs pays d'origine des concurrences aux crus français ? »

A quoi il me répondit : « Nous ne sommes pas la seule école de viticulture d'Europe ; s'ils ne viennent pas à Montpellier, ces étudiants iront à Geisenheim en Prusse Rhénane, en Autriche, en Italie, où ils apprendront cette science tout aussi bien qu'ici, et nous perdrons tout le bénéfice des bonnes relations qui se créent entre élèves ; ils ne connaîtront pas les fournisseurs français d'appareils de culture et d'œnologie ; aucun d'eux ne connaîtra même la France, ils seront toute leur vie des clients de pays étrangers et rivaux. Bref, je considère leur stage dans notre école comme un bienfait pour notre nation. » Ainsi se défend le libéralisme de notre école lyonnaise de soierie.

Voici maintenant ma seconde réflexion. J'ai visité, entre autres, dans les environs de New-York, à Patterson, un grand atelier où s'exécutaient des travaux délicats se rapportant à la soie, dans lequel j'ai constaté, non sans surprise, que la plupart des contremaîtres étaient Lyonnais. J'ai interrogé ces compatriotes ; tous étaient contents de leur sort ; aucun d'eux ne songeait à retourner au pays ; ils gagnaient des salaires considérables et n'avaient point encore oublié leurs principes héréditaires d'économie. Cependant, ils déclaraient vivre confortablement, ne se priver de rien et élever aisément de nombreux enfants. Les plus récemment transplantés parlaient encore d'aller faire, tous les trois ou quatre ans, une tournée en France chez les parents ou les amis ; mais ils le disaient sans émotion ni regrets de la patrie quittée. D'autres ne songeaient plus qu'à se faire naturaliser Américains. Cette mentalité est rare chez les Français qu'on rencontre au loin, et il faut que l'Amérique soit singulièrement prenante pour ainsi les déraciner.

D'autre part, je savais que les patrons de cette firme ont gagné des millions de dollars, grâce à la collaboration de ces Français qui, eux, n'en avaient économisé que quelques milliers, et je ne puis m'empêcher de songer que si ces chefs d'industrie, au lieu d'être des Américains, eussent été des Lyonnais, la France n'y eût rien perdu, bien au contraire.

Car il se présente encore un autre point de vue, celui du prestige que s'acquiert un peuple, grâce à ceux de ses nationaux qui font bonne figure à l'étranger. On ne voit que trop le parti effrayant que l'Allemagne a tiré de ses colonies d'ingénieurs, de représentants, de producteurs et de financiers répandus sur les divers points du globe. Ils ont renseigné leur métropole sur tout ce qui s'y passait, l'ont affermie dans ses convoitises, aidée dans ses efforts, secourue de leurs ressources, sans compter leur maîtrise professionnelle qu'ils ont imposée. De telles situations se retrouvent dans toutes les villes et dans toutes les professions américaines. La fabrication des soieries n'est pas une des moindres.

S'il y a aux États-Unis, en dépit d'une majorité évidente favorable aux Alliés et surtout à la France, une hésitation dans la manifestation de ces sentiments, cela tient aux positions élevées que les Allemands ou les pro-Germains occupent dans les affaires du pays.

Loin de déplorer qu'on y trouve à côté des chefs

de cuisine et des garçons d'hôtels, quelques rares
Français enrichis dans les affaires, je souhaiterais
qu'ils eussent eu de nombreux imitateurs.

La soierie est peut-être la seule industrie aux États-
Unis où l'on rencontre du matériel venu de France.
Le visiteur qui a fait le tour non seulement des ateliers
où l'on tisse la soie, mais encore de ceux où on la
dévide, où on la mouline, où on la teint et où on l'apprête, s'aperçoit que ce matériel est considérable et
très varié. Une partie vient de la région lyonnaise,
une autre de Suisse ou d'Allemagne et le reste d'Amérique même. Peu à peu, cette dernière fraction augmente par rapport aux autres. Fidèles à leur habitude
de perfectionner sans relâche la machinerie, les Américains ont déjà appliqué aux soieries maints procédés
mécaniques qui ne sont point venus d'Europe; ils ont
copié de même d'autres engins chinois et japonais.
Le dévidoir américain Grant a révolutionné aussi bien
le moulinage des soies, que celui de tous les textiles
dans le monde entier. Dans les opérations de tissage.
les Américains ont apporté leurs qualités maîtresses,
la rapidité et la diminution du nombre de bras. La
même étoffe qui était vendue 2 dollars en 1860, ne vaut
plus aujourd'hui que 3 francs.

Voilà déjà pour nos compatriotes des enseignements
précieux à cueillir sur place. Mais la plus salutaire, la
plus indispensable étude qu'ils puissent faire aux
États-Unis est la construction, l'aménagement, la
marche et l'entretien des ateliers. Tout fabricant
français qui s'installe aux États-Unis s'organise à
l'américaine et si, en même temps, il a conservé des ateliers en Europe, nul doute que ces derniers ne soient,

avant peu d'années, transformés suivant les principes américains et comme la supériorité de l'usine américaine crève les yeux, l'exemple ainsi donné sera profitable à toute l'industrie similaire française.

De telles affirmations pourront laisser sceptiques ceux qui n'ont point eu l'occasion de voir et de comparer; par contre elles sembleront l'évidence même à quiconque a pu étudier les deux systèmes.

L'appréciation d'une manufacture en marche n'a de portée, que si le visiteur a déjà observé avec attention des ateliers similaires; si tant de descriptions, tant d'opinions exprimées sont sans valeur, c'est parce qu'elles émanent de gens qui n'ont pas eu le loisir ou pas pris la peine de se donner des points de comparaison : défaut essentiellement français et qui se manifeste en toutes choses. Nous nous sommes béatement imaginé être les premiers du monde jusqu'au jour où des concurrents plus avisés sont venus submerger notre industrie, tout simplement parce que nous n'étions pas allés voir à temps comment ils opéraient. L'industrie américaine est partagée en moyenne et grande industrie; tandis que la première diminue la seconde s'accroît de jour en jour en s'inspirant des principes de la production intensive, division infinie du travail, concentration en d'énormes usines, application générale de l'automatisme, enfin travail ininterrompu de jour et de nuit à l'aide de trois équipes de huit heures.

Rien n'est plus utile que de montrer de quelle façon est outillée une grande fabrique de soieries aux États-Unis. Cet exemple, je suis heureux de le dire, nous le trouverons dans une maison française installée dans ce pays.

Quand on quitte New-York par la ligne qui, traversant l'Hudson, se dirige par la Lehig Valley vers la Pensylvanie, on passe par Bethléem, puis par la cité toute neuve, mais déjà peuplée de cent mille habitants, qui porte le nom de ses deux fondateurs Wilkès-Barré, enfin, 30 kilomètres plus loin, on arrive dans la ville plus neuve encore d'Hazleton située au centre du merveilleux bassin d'anthracite pensylvanien. On est là à 200 kilomètres de New-York.

Le pays est fortement vallonné, et sillonné de plus de voies ferrées que de routes. Les collines sont couvertes de forêts, à demi dévastées, comme elles le sont toutes dans l'Est américain. Presque pas de cultures; nous sommes ici dans le domaine de l'anthracite. Des puits de mine surmontés de leurs énormes *breckers* aux silhouettes monumentales et étranges apparaissent de tous côtés. Autour d'eux sont rangées des baraques de bois, disons plutôt de petites villas modestes mais généralement confortables, où habitent les mineurs. Ce monde de travailleurs est tout ce qu'il y a de plus cosmopolite; le mineur étant presque toujours un immigré de fraîche date. Ceux qui trouvent femme se marient et ont de nombreux enfants.

Voilà pourquoi mon ami Duplan est venu planter son usine dans cette ville naissante. Il n'y a pas seulement de superbes gisements d'anthracite à Hazleton, on y trouve quantité de filles de mineurs qui cherchent du travail, et les métiers demandent de la main-d'œuvre féminine. En Amérique, comme d'ailleurs en Allemagne, la mère de famille ne travaille guère dans les usines; les soins du ménage suffisent à l'occuper. Économistes et moralistes s'accordent à reconnaître que ceci est dans l'ordre. Un pays où toutes les femmes iraient passer leurs journées dans des usines verrait bientôt s'abaisser dangereusement le chiffre des naissances, et s'accroître la mortalité des enfants en bas âge.

Hazleton, qui n'avait qu'une population de quatorze mille habitants en 1900, est aujourd'hui la capitale de la région du *diamant noir* (nom pittoresque que les Américains donnent à l'anthracite) avec près de quarante mille âmes, au milieu d'une agglomération de près de cent mille personnes. Elle est abondamment pourvue de tous les services publics imaginables, de quatre lignes de chemins de fer avec embranchements dans toutes les directions, de nombreux tramways électriques, d'écoles, d'un bel hôpital, d'une alimentation d'eau excellente. La municipalité y attire les industries en les libérant de toutes taxes pendant dix ans. L'énergie électrique est très bon marché. Aussi une banque d'affaires au capital de 50 millions s'y est-elle installée.

Voici quelques-unes des principales firmes industrielles : La *Jeanesville Iron works C°* (constructions mécaniques), qui distribue 600 000 dollars de salaires ; puis de nombreuses sociétés de charbonnages ; la *Benjamin Iron and Steel C°* ; des fabriques de lingerie et de confections ; de pâtes alimentaires ; des brasseries ; des ateliers de construction d'outillage pour les fabriques de cigares ; des ateliers pour matériel de mines ; une fabrique de tricots, etc., et, enfin la grosse *Duplan Silk C°*.

Une des particularités de cette ville est le nombre de ses églises ; on en compte vingt-six, appartenant à autant de cultes différents, ce qui démontre quelle population cosmopolite, de toutes provenances, est venue peupler cette nouvelle cité.

Hazleton est approximativement à égale distance de New-York, de Philadelphie, de Harrisburg (bifurcation pour Baltimore et Washington d'un côté, de Pittsburg et du Far-West de l'autre). Une ligne ferrée se dirige sur Buffalo et le Canada.

La *Duplan Silk* occupe un vaste emplacement entre un large boulevard et la petite rivière qui arrose Hazleton, avec un terrain vague d'égale importance destiné aux agrandissements éventuels. Une voie ferrée la dessert, et une large cour, sans concierge, ni baraques en verre, y donne accès. Les bureaux sont logés dans le corps de bâtiment des ateliers, suivant la mode américaine.

Je suis tout d'abord frappé par la construction originale de ces ateliers. Ce sont des bâtiments à toiture en dents de scie, comme chez nous, mais composés d'un rez-de-chaussée et d'un premier étage. Le rez-de-chaussée, éclairé, lui, par des fenêtres verticales, forme un ensemble de magasins magnifiquement spacieux.

Au premier étage sont les ateliers proprement dits, avec des centaines et des centaines de métiers dans des salles qu'on a successivement agrandies.

Semblables à ces monuments du moyen âge dont l'achèvement a demandé des siècles, pendant lesquels le style a changé à mesure qu'on les bâtissait, les ateliers de la *Duplan Silk* sont également de plusieurs styles qui marquent ici, non des siècles, mais seulement des lustres.

Dans la partie la plus ancienne, qui date de 1899, les

Usine de soieries « Duplan Silk Cᵒ ». — Salle de tissage (1910).
avec transmission par moteurs électriques par groupe.

Usine de soieries « Duplan Silk Cᵒ ». — Salle de tissage (1915),
Métiers actionnés par moteurs individuels.

métiers sont actionnés par des transmissions courant
d'un bout à l'autre de l'atelier, avec des poulies et
courroies attaquant chaque métier; dans la seconde
époque (1909), des moteurs électriques actionnent de
courtes transmissions qui conduisent par courroies de
petits groupes de métiers; enfin, dernière période
(1914), chaque métier a son moteur électrique; plus de
transmissions, plus de poulies, plus de courroies; entre
les métiers et le plafond à sous-ciel règne un espace
vide illimité. Les câbles qui desservent les moteurs
sont enfermés dans des tubes qui courent sous le plafond du rez-de-chaussée.

Treize cents jeunes filles travaillent dans ces immenses salles. Tout ce monde a très bon air; on voit
qu'il se tient propre, vit confortablement et mange à sa
faim. Beaucoup d'ouvrières, dans l'usine même, sont
en corsage de soie. En général chaque jeune fille
mène deux métiers et son salaire est calculé d'après
sa tâche. Les métiers sont de diverses marques. Chaque fois qu'un métier perfectionné est annoncé, on en
achète un modèle pour l'expérimenter. Il se passe alors
un phénomène, d'ailleurs général aux États-Unis et
bien caractéristique de ce pays où la recherche du
progrès anime tous les esprits : des compétitions s'élèvent entre les ouvrières qui, toutes, demandent à travailler sur la mécanique nouvelle, espérant y faire
sortir une journée plus élevée. Nous sommes loin de
la mentalité française à tel point hostile aux innovations qu'un fabricant me racontait naguère que pour
pouvoir faire fonctionner du matériel inédit il avait
dû monter un atelier dans une région où l'on n'avait
jamais encore établi d'industries, tant est invincible

la puissance de la routine et de la tradition dans les vieux pays.

Les ouvrières d'Hazleton travaillent normalement cinquante-quatre heures par semaine. Je dirai plus loin quels agréments leur sont prodigués pour rendre leur existence attrayante.

Tout visiteur qui a l'habitude de parcourir les usines peuplées d'un nombreux personnel est frappé ici de ne percevoir aucune mauvaise odeur. Cet avantage ne tient pas seulement à l'ampleur des locaux, mais à l'organisation de la ventilation mécanique. On s'est préoccupé d'y insuffler de l'air extérieur pur, puis de le refroidir à une température déterminée, et enfin de le doter d'une teneur normale d'humidité. Cette dernière précaution, qui d'ailleurs est observée dans certaines manufactures françaises, a pour but de rendre le textile moins cassant au tissage.

Pour obtenir ce résultat, l'air est appelé du dehors par un puissant ventilateur, traverse une grande chambre dans laquelle de l'eau tombe constamment en une pluie fine qui l'humidifie et le refroidit, puis passe sur des faisceaux de radiateurs qui, en hiver, le chauffent à une température réglée automatiquement par des thermomètres munis d'un index mobile ouvrant ou fermant un courant électrique qui agit sur les robinets de vapeur. L'air, ainsi traité et purifié par l'eau, entre dans les ateliers par des conduites pourvues d'ouvertures qui le distribuent comme s'il provenait d'un calorifère. Le débit des ventilateurs est calculé pour renouveler l'atmosphère plusieurs fois par heure.

Bien d'autres particularités attirent l'attention; c'est d'abord l'organisation complète des appareils *Arkwright* pour prévenir les incendies, que j'ai décrits en détail dans un autre chapitre.

C'est l'aménagement extrêmement étudié des magasins du rez-de-chaussée, divisés en de nombreux compartiments. Dans chacun d'eux les balles ou caisses sont superposées en piles à l'aide d'un appareil mobile très ingénieux qui les prend sur le sol et les superpose automatiquement à la hauteur voulue. Là aussi, nous trouvons de nombreuses bascules à pesage et timbrage automatiques du poids des objets.

C'est l'installation d'ensemble des *vacuum cleaner* (nettoyage par le vide) qui, à l'aide d'un moteur électrique, enlèvent la poussière dans tous les locaux. Ce genre d'appareils est si répandu en Amérique que la fabrication des balais doit être une industrie en pleine décadence. On me montre cependant là, comme spécimen, un balai à moteur électrique qui opère lui-même, à sec ou en mouillant la poussière, avec une maestria qui ressemble à de l'intelligence.

C'est le pointeur électrique de l'entrée et de la sortie de chaque unité du personnel.

Ce sont les machines et chaudières à vapeur, placées dans un bâtiment à part et spécialement aménagées pour brûler de la poussière d'anthracite, qui coûte moins de 1 dollar la tonne.

C'est le parti pris partout de supprimer toutes les marches d'escaliers entre des locaux de niveaux différents et de les remplacer par des rampes à pente convenable pour les pouvoir gravir sans peine, mais surtout pour permettre de rouler sur des chariots des fardeaux de toute sorte. Cette innovation est en train de faire le tour de l'Amérique. J'ai même visité à Philadelphie une usine colossale où l'on fabrique dix huit cents pianolas par jour et où l'on peut monter ainsi en voiture jusque dans les combles.

L'installation des usines américaines, ainsi pourvues d'un raffinement inouï d'outillage perpétuellement en évolution, n'est pas l'œuvre d'une seule personnalité, mais de spécialistes successifs qui viennent y apporter chacun le fruit de sa compétence. Tel tracera le plan d'ensemble, tel autre placera le matériel proprement dit, un troisième les appareils à incendie, d'autres la ventilation, la chaufferie et les moteurs, etc. L'énorme développement et le renouvellement ininterrompu de l'industrie américaine ouvrent à ces ingénieurs, toujours au courant des moindres perfectionnements dans leur partie, de magnifiques carrières. Et, cependant, la plupart d'entre eux sont loin de posséder la base scientifique solide de nos ingénieurs français ; par contre, ils sont doués d'une provision d'expérience qui en fait des hommes pour ainsi dire indispensables dans un pays dont le progrès continu est le seul point de mire.

Prenons un exemple. Demandez à des industriels français à partir de quelle capacité de chaudière il est avantageux d'adopter une chaufferie à grille mécanique mobile, vous entendrez émettre les avis les plus contradictoires. Un spécialiste américain vous donnera immédiatement, en fonction des prix de la main d'œuvre et de cet appareillage mécanique, la limite exacte à partir de laquelle ce système devient plus avantageux ; et, quand cette consultation est prise, le manufacturier américain démolira, s'il le faut, un générateur tout neuf, mais il adoptera le procédé. La simple logique prononce évidemment que c'est celui qui ne le fait pas qui est dans l'erreur.

La *Duplan Silk* ne s'en est pas tenu, dans son développement, au tissage d'Hazleton, puisqu'elle vient de construire au prix de plusieurs millions un moulinage à Wilkès-Barré. Pourquoi cette seconde usine à 30 kilomètres et non pas à côté de l'autre ? Tout simplement pour ne pas raréfier sur la première place la main d'œuvre féminine, éternelle préoccupation des industriels américains.

La description de cette nouvelle installation par le principal quotidien de Wilkès-Barré est très suggestive. Elle montre à la fois à quel raffinement de confort l'industrie américaine en arrive pour attirer les ouvriers, et quelle intelligente séduction les gazettes locales mettent en œuvre pour attirer les habitants dans leur ville.

*
* *

« La mieux installée des usines de soieries des États-Unis, est, suivant la mention décernée par les connaisseurs, la nouvelle fabrique de la *Duplan Silk C°*, qui vient de s'ouvrir à Wilkès-Barré.

« Les personnes au courant de l'industrie textile, aussi bien que le public, ont admiré la construction, sur le versant ouest, de cette usine de soieries incombustible, de 1/2 million de dollars, la plus moderne et la plus complète, dans son genre, de celles de la région. Il y a neuf mois le terrain fut nivelé pour recevoir la fabrique, et le travail fut commencé. Aujourd'hui, près de cent ouvrières sont aux métiers, et environ cinq cents autres y seront mises aussitôt que les machines seront montées.

« En dehors de la machinerie moderne qui embrassera toutes les catégories d'opérations connues dans l'industrie de la soie, rien n'a été omis de ce qui pourra ajouter au bien-être matériel et moral de ceux qui auront la bonne fortune d'être employés dans cet établissement. Réfectoire, gymnase, salle de danse, bains-douches et vestiaires, étaient des choses complètement inconnues dans l'usine de soieries, il y a encore six ans. Un hôpital et une infirmière démontrent de plus que la *Duplan Silk C°*, est toujours attentive au confort et à la santé des employés. Dans beaucoup de détails, la manufacture ressemble plutôt à un club monstre qu'à une usine.

« La société est particulièrement fière de son remarquable réfectoire pour les employées. Les chaises et tables sont revêtues d'émail blanc. A un comptoir le thé et le café, ainsi que des mets de toutes sortes seront distribués gratuitement. L'usine entretiendra sa propre cuisine avec de nombreuses cuisinières compétentes,

« Attenant à cette salle à manger, la plus jolie de la région, sera une salle de danse et une salle de récréation. Un concert au victrola et un piano seront à la disposition des employées. Des chaises bascules seront installées pour l'agrément des jeunes filles qui ne dansent pas et qui préfèrent lire. Pour encourager ces jeunes femmes, qui peuvent avoir une aptitude pour l'étude, une partie de la pièce a été réservée comme bibliothèque, et on y trouvera des magazines et des livres.

« Les hommes n'ont été en aucune manière oubliés, et un gymnase complètement équipé sera à leur disposition durant les repos (qui a jamais entendu parler d'un gymnase dans une usine de soieries?). Des bains-douches sont à côté du gymnase, et un réfectoire séparé sera au service des employés. Des vestiaires avec des armoires individuelles ont été installés pour les employés des deux sexes.

« Poursuivant son plan de bien-être maximum des employés, la *Duplan Silk C°* a installé une infirmerie merveilleusement conditionnée. Elle sera sous la direction d'une infirmière, dont la tâche sera, non seulement de soigner les employés malades ou blessés dans l'usine, mais de les visiter à la maison, et de leur donner les soins nécessaires.

« En approchant de la fabrique, le visiteur est d'abord étonné par l'absence de fenêtres. Un solide mur en briques, avec un toit divisé en arêtes, donnent à l'usine un aspect inédit. Même par un temps nuageux, la lumière est suffisante, car elle est procurée par la plus moderne installation d'élairage. Pour parfaire ce mode d'éclairage, cent vingt gallons de blanc de zinc ont été employés à l'intérieur de l'usine. Une aération, comme peu d'usines peuvent se vanter d'en posséder, est assurée par un système nouveau de ventilation qui maintient des conditions idéales pendant les heures de labeur. L'appareil est capable de rafraîchir la température à environ 15 degrés en dessous de la température extérieure durant l'été.

« Des filtres réfrigérants fourniront de l'eau potable pure glacée, et il y aura de l'eau froide et de l'eau chaude dans les ateliers.

« Les jeunes gens qui trouveront pratique de venir à leur travail en bicyclette auront un garage.

« Des systèmes de protection du type le plus approuvé préservent contre les accidents de machines dans l'usine, et pour faciliter le maniement des lourds fardeaux d'un niveau à un autre, des plans inclinés ont été construits, et les fardeaux y seront transportés au moyen de convoyeurs électriques.

« En dehors des bâtiments de l'usine, est une grande installation de force motrice, qui, terminée, sera le dernier mot dans ce genre d'appareils à l'usage d'une usine. Contenant deux vastes chaudières avec des machines, générateurs, pompes, etc., cette installation fournira la vapeur et le chauffage, et sera la génératrice de toute la force nécessaire pour l'entreprise, aussi bien pour le présent, que pour les extensions futures.

« A l'intérieur de ce bâtiment, des bains-douches ont été aussi installés pour les hommes employés dans cette installation, pendant qu'un système moderne pour l'expulsion des cendres, assurera la propreté de la salle des chaudières.

« Les bureaux de la société sont meublés en acajou, et rivalisent avec ceux des plus grandes compagnies de chemin de fer de Wilkès-Barré.

« En cas d'incendie, le sauvetage dans l'usine sera assuré grâce à l'organisation d'un corps de pompiers volontaires qui auront à leur disposition des voitures, extincteurs, et autres équipements. Malgré le fait que la construction en ciment armé et en briques, est incombustible, le supérintendant J. H. Bleckley organisera un système d'exercices de sauvetage capable de faire évacuer l'usine en moins d'une minute.

« L'ouverture officielle de la nouvelle construction sera inaugurée un peu plus tard, lors du retour du président J. L. Duplan, de France, et à cette époque le public aura la faculté de visiter la nouvelle usine. »

Alors que chez nous un journal exigerait de l'industriel un nombre respectable de billets de banque pour lui faire une telle réclame, en Amérique les journaux écrivent tout cela pour rien. Pourquoi? Parce qu'ils font le calcul très réfléchi qu'une belle usine amène du monde à leur ville, et que plus il y viendra de monde, plus ils vendront de numéros et placeront de publicité.

La prévoyance avisée des journaux américains fait passablement honte aux nôtres. C'est plaisir d'observer avec quelle intelligence ils savent découvrir les expédients qui feront venir l'eau au moulin.

L'homme a généralement devant lui deux sortes d'intérêt : l'intérêt immédiat, lequel souvent le conduit à une perte, et l'intérêt lointain qui, au travers d'un sacrifice momentané, lui assure un plus large profit.

Chez nous, les grands quotidiens soutiennent systématiquement le droit à l'alcoolisme. Certes ils y ont un bénéfice immédiat, celui de n'être pas boycottés par le syndicat des boissons; mais quand ils auront contribué ainsi à l'abrutissement et à l'extinction de leurs propres lecteurs, à qui débiteront-ils leur papier?

Aux États-Unis, par contre, les lois de tempérance sont provoquées par des campagnes de la presse, qui sait que son importance s'accroîtra du fait même du développement de la cité.

Toute l'économie sociale, politique, industrielle, législative de la France est dirigée par les intérêts immédiats qui n'engendrent que des mesures de circonstances.

Il en est de même de la conduite respective des citoyens. Chaque ménage en limitant le nombre de ses enfants, en retire un avantage momentané, jusqu'au jour où, tous ayant agi de même, la nation manque d'hommes pour défendre son territoire.

* *

La *Duplan-Silk* n'est d'ailleurs pas la seule usine française de tissage en Amérique; l'importante Société André Martin, de Tarare, exploite une vaste fabrique de velours à Norwich (Connecticut). De nombreuses firmes de Roubaix et de Tourcoing ont des tissages aux États-Unis. Notre plus grande maison lyonnaise de teinture, qui a des ateliers dans la plupart des pays industriels, possède à Potterson, centre des fabriques de soieries, une usine de tout premier ordre; Michelin a fondé, aux États-Unis, une succursale à ses manufactures de caoutchouc de Clermont-Ferrand.

D'origine française sont également les Dupont de Nemours, propriétaires de formidables usines de produits chimiques et d'explosifs dans le Delaware.

Bien que depuis longtemps américanisée, la famille Dupont de Nemours n'a point oublié son berceau. Il y a quelques années, un de ses membres qui n'était jamais venu en France, débarqua à Lyon pour y visiter quelques arrière-cousins, et, dès le lendemain de son arrivée, il demanda à ses hôtes de le conduire dans le vieux cimetière afin d'y porter des fleurs sur la tombe de leurs communs ancêtres.

CHAPITRE XII

La maison d'éditions Curtis

de Philadelphie

Livres et lecteurs. — Les Magazines. — Le plus grand éditeur
du monde. — 75 tonnes de papier par jour. — Hygiène et
confort. — Purification de l'air et de l'eau. — Le dernier cri
de l'automatisme. — Les chaudières sont au quatrième étage.
— Chaque revue doit arriver dans toutes les villes le même
jour. — Tous les livres au massicot.

Tout traité de géographie politique qui décrit les
territoires, jauge les cours d'eau, mesure les montagnes, dénombre les habitants, énumère leurs ressources, examine leurs institutions, apprécie leurs
mœurs, observe leur degré d'instruction, devrait soigneusement aussi faire état dans chaque pays de la
nature et de l'abondance plus ou moins grande des
livres et des lecteurs. Retrouvant les chiffres de 1908[1],
je constate que l'Angleterre éditait alors 9000 ouvrages par an, la France, 16.000, la Belgique 2.500,
l'Italie, 5.000, les États-Unis, 9000 et l'Allemagne,
32.000.

Sans vouloir insister sur la qualité et le caractère

---

1. *L'Allemagne au travail*, p. 97 (librairie P. Roger, et Cie,
Paris).

respectifs de ces diverses littératures, on doit constater que les États-Unis occupent, vu leur population, un rang assez reculé dans la phalange des nations où l'on imprime. C'est un pays d'hommes d'action et non pas de liseurs. Les affaires y tiennent lieu d'étude et le sport absorbe les heures où d'autres se recueillent.

Ce phénomène frappe tout observateur attentif; car il peut se promener longtemps dans New-York sans trouver une librairie. Par contre on rencontre, à chaque instant, des boutiques et des étalages surchargés de journaux, de revues illustrées, littéraires ou scientifiques et d'innombrables magazines périodiques.

Ces publications, d'ailleurs très soignées et très substantielles, forment l'aliment préféré, pour ne pas dire unique des cerveaux américains. Les salons d'hôtels en regorgent et, en quittant les trains, les voyageurs en abandonnent des quintaux métriques dans les wagons.

Cependant toute maison américaine qui se respecte possède une bibliothèque plus ou moins riche, mais assez rarement ouverte. Quant aux villes, elles tiennent à honneur de posséder des livres par centaines de mille. Tout y est prêt pour le jour où les Américains deviendront des lecteurs assidus.

Comme toutes entreprises aux États-Unis, les maisons d'éditions affectent une allure industrielle et commerciale plus caractérisée que partout ailleurs. Ce sont des établissements grandioses où la mécanique règne en maîtresse, et dans lesquels le manager a pour objectif, non pas de tirer un grand nombre d'ouvrages, mais un chiffre colossal d'exemplaires du même livre.

La visite d'une grande maison d'édition, qui aux États-Unis, est presque toujours aussi une imprimerie, vous ouvre des horizons absolument inconnus en Europe.

La plus célèbre est la firme Curtis de Philadelphie. Je ne sais si cet établissement lance beaucoup de livres d'art, de science ou d'imagination, mais il a pour base commerciale la publication de trois magazines, dont deux sont tirés à 1 750 000 exemplaires par semaine et le troisième à la moitié de ce chiffre.

C'est avant tout une usine aux dimensions monumentales. L'architecture extérieure, d'un style très pur de briques rouges et de marbre blanc alternés, en est extrêmement soignée, mais sans aucun luxe tapageur. Par contre, le confort, l'opulence et les aménagements merveilleusement étudiés de l'intérieur commencent à vous captiver, à peine franchie la belle colonnade classique à fûts monolithes qui surmonte l'entrée des ateliers.

Point n'est besoin que l'employé supérieur qui vous reçoit vous fasse remarquer avec quelle entente cet immense bâtiment a été conçu et exécuté en vue de sa destination. L'empressement sincère qu'on met à vous le faire visiter montre clairement que l'impression qu'il produit est un moyen de publicité à la fois élégant et sûr, et, par une souveraine habileté des directeurs, le charme agit non moins sur le personnel, pour l'attirer et le retenir, que sur les visiteurs pour en faire des clients.

« Il est indispensable, proclame-t-on, que les dispositions intérieures des ateliers rendent le travail attrayant. Quand il est confiné dans des locaux malsains et laids l'ouvrier hait son travail et ne rêve qu'anarchie, ou plutôt comme dit William Morris : « Si j'ai à dépenser dix heures à un travail que j'exècre, je passerai mes soirées dans l'agitation politique, et plus vraisemblablement encore à boire au cabaret. »

Tout ici les écarte de telles suggestions. Hommes et femmes sont séduits, non seulement par une besogne agréable à leur cerveau, mais aussi par la satisfaction incessante de leurs aspirations au confort matériel, par la pureté de l'air, la clarté du jour, l'élégance des salons de repos, la propreté des réfectoires et toutes les distractions qui s'offrent à eux, aux heures de délassement.

« Les sentiments d'envie, la haine de classes, les idées anarchistes s'émoussent et disparaissent dans un tel milieu ; la santé physique et la salubrité morale y sont également entourées de sollicitude. »

L'établissement Curtis se compose d'un unique bâtiment de onze étages, situé sur l'une des principales places de Philadelphie ; sa superficie est de 8 000 mètres carrés, de sorte que la surface totale des locaux est de près de 9 hectares.

Le neuvième étage est occupé tout entier par le restaurant des ouvrières, magnifique salle de 50 mètres de longueur ornée de peintures, et par un vaste salon qui sert de lieu de réunions, de conférences et de représentations cinématographiques ; le dixième contient leur salon de repos, la salle de lunch, l'infirmerie, la boulangerie, la pâtisserie et les cuisines.

Sur les toits en terrasse ont été ménagés des jeux de plein air de toutes sortes à l'usage du personnel.

Après être monté à ces hauteurs dans un ascenseur,

on en redescend par un escalier somptueux, à rampe
de bronze, qui conduit aux divers bureaux du conseil
d'administration, de la direction, des rédacteurs, des
dessinateurs, qui l'emportent comme opulence sur tout
ceux que j'ai jamais vus dans aucun pays; et l'on veut
bien me faire remarquer que la décoration est l'œuvre
d'un architecte, ancien élève de l'École des beaux-
arts de Paris.

Quant aux ateliers, nulle part il n'en existe où le personnel ait à exécuter si peu de travail manuel pénible.
Ce sont les machines qui font tout, depuis la composition des caractères jusqu'au brochage des magazines et au paquetage des expéditions.

Au point de vue professionnel, les établissements
Curtis sont le plus intéressant sujet d'étude et d'imitation que nos éditeurs et nos propriétaires d'imprimerie puissent se proposer.

Et je donnerai le même conseil aux architectes et
aux ingénieurs qui se destinent à la spécialité, aussi
nécessaire que méconnue chez nous, de l'organisation
des manufactures.

**

La production de l'énergie électrique et sa distribution dans les services de cette vaste imprimerie
jouent un grand rôle dans le rendement des opérations
de la compagnie Curtis. Ce département comprend
l'éclairage, le chauffage, la ventilation, l'alimentation
en eau, les ascenseurs. On en comprendra l'ampleur si
l'on songe que l'établissement est vaste de 14 millions
et demi de pieds-cubes (environ 500 000 mètres cubes).
Les Américains, comme les Allemands, font toujours

état, dans les constructions, du cube et non pas de la superficie. Les ascenseurs sont au nombre de quatorze pour les personnes, huit pour les marchandises, plus deux ascenseurs de sous-sols. Les travaux journaliers de la manufacture se chiffrent par 36 millions de pages imprimées, exigeant 175 tonnes de papier.

Il n'est pas inutile de comparer ce tonnage à celui de nos plus importantes imprimeries françaises, c'est-à-dire des grands quotidiens; elles dépassent rarement 50 000 kilogrammes de papier ordinaire, tandis que, chez Curtis, c'est du papier de luxe destiné à recevoir des illustrations.

Les divers moteurs électriques en action dans l'établissement absorbent 4 000 chevaux et l'ensemble de l'éclairage, 575 kilowatts.

Chaque étage mesure 7 500 mètres carrés et tous les étages réunis 92 700 mètres carrés, plus de 9 hectares!

Les approvisionnements de combustibles (anthracite) sont maintenus considérables, tant à cause des grèves possibles, qu'en vue de constituer en été les réserves pour l'hiver; aussi la quantité en magasin est-elle toujours de 10 000 tonnes, reçues par la *Pensylvania Railroad*. De plus, un coffre à charbon de 1 000 tonnes est placé au cinquième étage au-dessus des chaudières; il y est transporté par des wagons à traction électrique et des ascenseurs. Le combustible est pesé pendant ce parcours, au départ, puis encore à l'arrivée. Le coffre est en ciment armé relié à l'armature métallique du building. C'est de ce coffre qu'il est distribué automatiquement aux chaudières, où il est de nouveau pesé.

Les chaudières, au nombre de neuf, sont placées

Société de publications « Curtis ». — Salon de repos des ouvrières.

au quatrième étage du bâtiment ; leur puissance est de 3 100 chevaux. Elles sont chargées à la main sur des grilles inclinées et à tirage forcé à l'aide de ventilateurs. La vapeur est ensuite surchauffée de 125 degrés. Des économiseurs accompagnent chaque générateur, ainsi que des appareils analyseurs de gaz et contrôleurs de leur température. Les cendres et mâchefers tombent automatiquement dans des trémies et de là dans des wagonnets qui les conduisent au dehors.

Au troisième étage, c'est-à-dire sous les chaudières et à côté des cendriers, sont les pompes et les réchauffeurs d'eau d'alimentation ; ce réchauffage est obtenu à l'aide de vapeur prise sur la conduite de vapeur et, en hiver, par les condensations des radiateurs de la manufacture. Ces eaux sont centralisées dans un réservoir placé dans les sous-sols d'où elles sont pompées pour être réintroduites dans les chaudières.

La salle des machines est située au premier étage ; la station électrique comprend dix-huit dynamos d'une puissance totale de 3 600 kilowatts, chacune actionnée par une machine à vapeur compound. Le courant est à 230 volts pour les moteurs et 110 volts pour l'éclairage.

Les fondations de la chaufferie et de la machinerie, ainsi placées entre le quatrième et le premier étage, sont formées de massifs de béton et de poutres d'acier qui reposent sur des murs, avec des assemblages sur les colonnes qui soutiennent l'édifice, afin d'amortir les vibrations ; résultat qui est d'ailleurs parfaitement atteint.

Chaque travée de la salle des machines est pourvue d'un pont roulant électrique.

Des réservoirs de vapeur sont disposés sur chaque batterie de chaudières. Quatre conduites rassemblent la vapeur et l'amènent dans la salle des machines en passant en dessous, de sorte qu'aucune tuyauterie ne se voit dans cette salle.

Les conduites d'échappement sont disposées de même; de ce sous-sol des machines cet échappement monte par une gaine métallique jusqu'au haut du toit. Sur cette gaine sont branchées les prises de vapeur pour le chauffage.

Une conduite spéciale de vapeur vive se dirige vers les pompes à incendie, les pompes servant de chauffage et la machine de secours des compresseurs à ammoniaque producteurs de froid.

Des tuyaux spéciaux, munis de détendeurs, prennent de la vapeur vive qu'on utilise comme supplément de chauffage dans les grands froids.

L'huile de graissage circule constamment du réservoir d'huile placé sur le sol de la salle des chaudières aux cylindres graisseurs des machines, des pompes, etc., et redescend finalement dans un autre réservoir, placé dans le sous-sol.

Le tableau principal de distribution est dressé dans la salle des machines; il a 42 pieds de longueur, divisés en quatorze panneaux de marbre; un second tableau indépendant est affecté à l'éclairage; il reçoit son courant du tableau principal, mais, en cas d'accident, peut le recevoir automatiquement de la compagnie électrique de Philadelphie.

L'alimentation d'eau est faite par des branchements pris dans les quatre rues qui bordent l'établissement, sur les canalisations de la ville. Ces branchements conduisent l'eau dans un immense réservoir en sous-sol où puisent toutes les pompes, y compris les pompes à incendie. Cette eau est élevée ainsi dans des bacs situés dans les combles, d'une capacité de 275 mètres cubes. Toutes les pompes sont mises en marche et arrêtées automatiquement suivant la hauteur d'eau dans le réservoir supérieur. Il y a, dans le bureau des ingénieurs un indicateur du niveau de l'eau aux réservoirs.

La protection contre l'incendie est assurée par de nombreux tuyaux flexibles et des sprinklers dans les pièces et extérieurement au bâtiment[1]. Tout un système de réservoirs et de pompes est affecté à ce service; ces réservoirs en cas d'incendie sont reliés automatiquement au grand réservoir supérieur de l'usine. Les pompes fixes à incendie peuvent débiter 12 mètres cubes et demi par minute.

Il est fait usage d'air comprimé chez Curtis pour la manœuvre des portes d'ascenseurs, le nettoyage des chaudières et l'enlèvement de la poussière dans les moteurs électriques. Le matériel se compose d'une machine à vapeur, de deux machines électriques actionnant des compresseurs et d'un réservoir à air comprimé où les variations de pression mettent en marche ou arrêtent automatiquement les moteurs.

Ainsi que je l'ai souvent répété, l'automatisme est général dans les usages américains. A ce sujet, je me permets une digression et prie le lecteur de m'en excuser : dans certains cabinets de bain il suffit de marquer avec un index sur un thermomètre la tempé-

1. Voir chapitre IX.

rature à laquelle on désire son bain pour que le mélange d'eau chaude et d'eau froide arrivant par les robinets ait exactement la température voulue.

On trouve également dans la salle des machines un appareil complet de réfrigération qui s'applique à la fabrication de la glace, au refroidissement de l'eau potable, et au rafraîchissement des locaux, offices et salles à manger. Ce sont des compresseurs à ammoniaque qui agissent sur de l'eau extraite d'un puits artésien à l'aide d'une pompe électrique.

L'eau potable est purifiée par une installation stérilisante de quatre unités placées dans la salle des chaudières et débitant 45 litres à la minute. Après stérilisation et filtration, cette eau tombe dans un refroidisseur dans le sous-sol. Ainsi rafraîchie elle est pompée et envoyée dans les diverses parties de l'édifice. Il n'est guère d'usine en Amérique où le personnel ne trouve pas dans tous les ateliers un robinet d'eau potable, presque glacée, dont il fait un fréquent usage. L'eau glacée est passée aux États-Unis à l'état de besoin national.

Le bâtiment entier est pourvu dans toutes ses parties d'un système central de nettoyage par le vide, avec prises de vide multiples à tous les étages. Deux pompes motrices avec un réservoir à vide, qui les contrôle automatiquement, sont, à cet effet, placées dans le sous-sol.

Des tubes pneumatiques pourvoient au transport des petits paquets ou correspondances au travers des divers départements de l'usine. Le diamètre de ces tubes est de 4 pouces (10 cm. 16). La station centrale est au cinquième étage et dessert cinquante-neuf postes d'expéditions et autant de réceptions. La puissance de cet aménagement permet le transport de 325 courriers par minute. Deux pompes à vide, à moteur électrique, y concourent, l'une servant de secours à l'autre. On remarquera la préoccupation constante dans les exploitations, de toujours doubler, pour le cas de panne, les organes moteurs de chaque service. Comme partout ailleurs, ces moteurs se mettent en marche automatiquement dès que le vide menace d'être insuffisant.

Les ascenseurs fonctionnent tous par l'électricité; le mécanisme de marche se trouve dans les combles. Les ascenseurs à passagers sont du type à traction directe; les monte-charges sont à tambour et chaînes avec double vis. Les premiers, au nombre de quatorze, ont une capacité ascensionnelle de 3000 livres (1350 kilos environ) à une vitesse de 150 mètres à la minute. Les monte-charges peuvent recevoir 2275 kilos à la vitesse de 45 mètres à la minute. L'un d'entre eux a une puissance de 4550 kilos à 20 mètres de vitesse; il existe en plus deux ascenseurs pour les sous-sols. Tout un système de signaux, d'appareils de sécurité et de portes à fermeture automatique, est adapté à ces engins.

Le chauffage et la ventilation ont été installés avec un soin et une précision extraordinaires. Il semble que les architectes-ingénieurs américains soient pénétrés des conclusions tirées des expériences physiologiques du docteur Abbe, de la maison Karl Zeiss à Iéna, « qu'un atelier vaste, bien chauffé en hiver, bien ventilé d'air pur, sans poussières pénibles, est aussi profitable à la caisse du patron qu'à la santé de l'ouvrier[1] ».

1. *L'Allemagne au travail* (librairie P. Roger et C¹ᵉ, Paris.).

Tous les bâtiments sont alimentés d'une façon constante, grâce à des ventilateurs, d'air extérieur purifié. Cet air, par les temps froids, est chauffé avant son introduction.

Deux systèmes de chauffage lui sont appliqués : le système *indirect* pour les températures modérement basses, auquel s'ajoute le système *direct* par les très grands froids.

Le système indirect de chauffage opère à l'aide de radiateurs qui se règlent automatiquement à la température voulue. Le système direct entre en service automatiquement dès que l'indirect ne donne plus la température que l'on désire dans chaque service.

La vapeur est fournie normalement aux radiateurs par l'échappement des machines, avec addition dans les grands froids de vapeur vive. C'est sur la colonne verticale d'échappement que sont branchées toutes ces conduites. L'eau de condensation se rend, ai-je dit, dans le sous-sol, d'où elle est pompée pour le service des chaudières. La surface totale des radiateurs est de 6800 mètres carrés.

L'air fourni aux bâtiments est puisé au dehors par des ventilateurs électriques et distribué aux salles dans des tuyaux en fer galvanisé. Cer air, sur son trajet, passe d'abord sur un radiateur réchauffeur, de là dans un laveur-humidificateur et finalement à travers de nouveaux radiateurs /

Le laveur consiste en une grande chambre arrosée par une cascade d'eau en pluie très fine tombant dans des récipients où s'accumulent avec elle les poussières enlevées à l'air; cette eau est remise constamment en circulation pour le même travail. Toutefois on la renouvelle de temps en temps à cause des impuretés microbiennes dont elle pourrait se charger.

Des appareils permettent de mesurer l'humidité de l'air à la sortie du laveur. Conséquemment à ces mesures, l'eau de lavage est chauffée automatiquement afin que l'air qui traverse la pluie soit amené au degré d'humidité normal qu'il doit contenir.

L'air, ainsi en circulation est mû par huit ventilateurs, actionnés par des moteurs électriques placés dans les combles, fournissant 16000 mètres cubes à la minute ; il est distribué aux diverses salles par des tubes en fer galvanisé débouchant dans les plafonds avec registres de distribution.

L'air à évacuer au dehors est appelé par treize ventilateurs à moteur électrique, situés dans les combles, d'une puissance totale de 16000 mètres cubes également.

Un système supplémentaire d'évacuations d'air est installé dans les *lavatory*. D'ailleurs toutes les conduites d'évacuation d'air usé sont indépendantes les unes des autres ; leur débit varie suivant les locaux. En moyenne l'air de l'usine se renouvelle entièrement toutes les quatre minutes dans les *lavatory*, toutes les douze minutes dans les salles de publications, toutes les vingt minutes dans les ateliers mécaniques.

Telles sont les précautions dont la société Curtis entoure le système pulmonaire de ses trois mille employés.

En les détaillant ici je n'ai pas cédé seulement à la tentation de décrire des installations de ma spécialité technique, mais surtout à la préoccupation de montrer à nos ingénieurs et à nos architectes ce qu'est, aux États-Unis, l'organisation d'une grande usine,

* *
*

Les revues et journaux illustrés aussitôt achevés sont transférés au premier étage d'où on les expédie aux wagons de chemins de fer, à l'aide de transporteurs actionnés par des moteurs électriques. Il règne, entre le premier et le cinquième étage, quatre transporteurs, avec des haltes de recettes à chaque étage; deux autres transporteurs fonctionnent entre le premier et le troisième.

Au premier étage les transporteurs déposent leurs fardeaux sur des rubans horizontaux qui les distribuent aux endroits voulus. La capacité de transport de tous ces appareils est de cinq cent quatre-vingt-huit piles de magazines par minute, chaque pile ayant 3o centimètres de hauteur.

Entre le premier et le septième étage règne un petit ascenseur électrique et un distributeur automatique de lettres et de petits colis. L'étage où chaque colis doit être déposé est précisé d'en bas par un bouton électrique.

Les colis à remettre au chemin de fer sont empaquetés au premier étage. Certains d'entre eux partent immédiatement; ce sont ceux qui vont dans les régions les plus éloignées. Les autres partent à des intervalles déterminés par un barème de distances afin qu'ils arrivent tous à destination à la même date qui est celle portée sur la couverture du magazine. Conséquemment, les derniers sont mis en réserve dans un magasin d'attente, où les transportent trois ascenseurs.

Aux États-Unis il est constant que les livres et magazines soient rognés avant leur départ de chez l'éditeur. Ces rognures sont entraînées au fur et à mesure par un courant d'air où elles sont séparées et recueillies par un cyclone placé sur le toit, d'où elles tombent par une gaine dans le sous-sol. Reçues dans des coffres elles y sont puisées et conduites sous des presses qui les agglomèrent en ballots. La quantité de ces résidus varie de 10 à 20 tonnes par jour.

Si nos éditeurs veulent bien retenir de tout ce chapitre qu'ils sont à peu près seuls dans le monde à livrer au public des livres non coupés, ils n'auront pas complètement perdu leur temps à le parcourir. Qui sait pourquoi l'éditeur inflige aux lecteurs un travail insipide qu'il lui serait si aisé de leur éviter?

L'Industrie automobile

La maîtrise française. — Les convoitises allemandes. — Tardif départ de l'Amérique. — L'automobile et la route. — Ford et le Far-West. — Un demi-million de voitures par an ! — Avenir de la construction française. — L'automobile à la bataille de la Marne. — Nécessité de l'union des efforts. — Standardisons. — Le dernier cri du taylorisme.

Il y a lieu de s'étonner que la construction automobile, industrie mécanique au premier chef, n'ait pas, dès son apparition, pris aux États-Unis un développement rapide.

Née en Autriche avec Daimler, après les laborieux essais de propulsion à la vapeur de Serpollet, la voiture à moteur à essence fit ses premiers pas et accomplit tous ses progrès dans notre pays. Elle est le plus beau fleuron de notre couronne industrielle moderne et même la seule des innovations de ces vingt-cinq dernières années où la France se soit montrée nettement supérieure à l'étranger. Chez nous, l'automobilisme a eu la chance d'attirer des techniciens expérimentés et hardis et, phénomène plus rare, des capitaux abondants.

L'engouement du public pour le nouveau mode de

locomotion a été général, favorisé, d'ailleurs, par notre admirable réseau de routes et de chemins.

Les courses automobiles, avec leur programme sévère et leurs conditions rigoureuses de poids, puis de consommation, furent le stimulant le plus efficace de nos constructeurs.

Pendant nombre d'années la France resta imbattable dans ces épreuves où les rares voitures américaines qui se présentaient n'enregistraient que des échecs.

L'Allemagne fut la première, constatons-le avec dépit, à nous tenir tête et même à remporter des succès signalés, parce qu'elle apporta bien vite une ténacité rageuse à conquérir le premier rang.

Une anecdote, dont je n'ai pas perdu le souvenir, en donnera la mesure; elle est utile à citer, comme tout ce qui peut nous renseigner sur les procédés de nos ennemis.

Vers 1905, les Allemands gagnèrent, sur le circuit d'Irlande, leur première victoire, avec, comme conducteur, Iénatzy, qui, d'ailleurs, était Belge. Quelques semaines après, ils s'empressaient de la célébrer avec ce bluff un peu lourd qui est dans leur manière.

Je me trouvais alors à Berlin et fus invité au grand banquet que le Club Impérial Automobile Allemand offrait à Iénatzy. Il était présidé par le duc de Ratibor, qui avait à sa droite le duc héritier de Mecklembourg et à sa gauche S. Exc. von Mœllar, ministre du Commerce de Prusse.

Les convives étaient nombreux et animés. Les discours, suivant la tradition dans les banquets allemands, commencèrent dès le premier service. Ce n'étaient que compliments, congratulations, hoch et hourras à la Grande Allemagne. Le plus piquant était qu'Iénatzy, le triomphateur, qui ne savait pas l'allemand, n'en comprenait pas un mot; d'ailleurs, on parlait peu de lui, mais presque exclusivement de la marque qu'il pilotait. Le discours du ministre fut carastéristique. Il dit, en substance, qu'il n'était pas trop tôt que l'Allemagne affirmât sa supériorité dans l'automobile comme elle l'avait déjà conquise dans toutes les industries; qu'on ne comprenait pas comment la France avait pu jusque-là la maintenir; que, grâce à Dieu, ses victoires avaient pris fin, et que l'Allemagne, dans toutes les épreuves à venir, s'assurerait la première place; il le souhaitait patriotiquement, que dis-je, il l'ordonnait, à la mode prussienne, à tous les constructeurs présents, leur promettant tous les encouragements de l'autorité supérieure. Ce jour-là, le pangermanisme coulait à pleins bords.

Malgré ces impérieuses objurgations, et en dépit de succès ultérieurs, la construction allemande resta très inférieure comme importance à l'industrie automobile française.

* *
*

Pendant ce temps, les États-Unis restaient en retard, bien que presque tous nos chefs-d'œuvre d'exécution, qui suscitaient l'enthousiasme des visiteurs dans nos salons annuels, fussent accomplis avec de l'outillage américain.

On a répété, avec raison, que le retard des Américains dans la construction des voitures mécaniques tenait en grande partie à leur pénurie en routes carrossables, motif qui tend, d'ailleurs, à s'effacer, car, en ce moment, les États et les Villes dépensent des sommes fabuleuses pour se doter de voies publiques autres que les chemins de fer, et il n'est pas paradoxal d'écrire que, tandis qu'en France ce sont les routes qui ont donné l'essor à l'automobile, aux États-Unis, c'est l'automobile qui a provoqué la construction de beaucoup de routes.

Je voudrais pouvoir décrire les procédés cyclopéens que les Américains mettent en œuvre pour aménager des voies larges, unies et indestructibles, dans la composition desquelles le goudron à haute dose sert d'agent de liaison entre les matériaux. Le prix de revient en est très élevé; mais, une fois coulée et roulée, la chaussée ne demande aucun entretien jusqu'au jour où, après plusieurs années, elle se fissure et se casse. Alors, on devra la refaire entièrement. Mais, durant toute son existence, les véhicules n'y soulèvent ni boue ni poussière. Des centaines de millions de dollars sont jetés ainsi sur ces nouvelles artères de communication. Il existe, une publication périodique, richement illustrée, qui, sous le nom de *Better Road*, donne la technique toute nouvelle de ce genre de travaux. Je souhaite que nos services des ponts et chaussées les étudient et surtout qu'ils se persuadent que leurs procédés, jadis excellents, mais qui commencent à susciter des plaintes justifiées, ne sont plus, par définition, les meilleurs du monde.

Avant que ces nouveaux travaux ne fussent aussi avancés, les constructeurs américains s'étaient décidés à imaginer des types d'automobiles capables de circuler dans les territoires où il n'y a pas de routes. Le

Far-West leur offrait et leur offre encore un incommensurable champ d'action. Là, des distances énormes séparent les fermes des villes ou des stations de chemins de fer. Nulle région n'était plus avide de moyens rapides de locomotion. Ford fut leur bienfaiteur providentiel.

Modeste constructeur mécanicien jusqu'au commencement du siècle, Ford, tout en travaillant dans les cycles, rêvait et combinait le moyen de mettre l'automobile à la portée, à la fois des bourses modestes et des grands agriculteurs de l'Ouest. L'idée était si juste et sa réalisation fut si remarquable que sa réussite tient du prodige.

C'est à Détroit qu'il inaugura cette fabrication, qu'elle grandit avec une rapidité tellement extraordinaire que les chiffres de la production actuelle nous confondent.

D'après le bilan officiel au 30 juin 1915, la société Ford a construit dans son année cinq cent huit mille voitures qui ont donné un bénéfice net de 59 994 118 dollars. (Au change actuel, ce résultat représente plus de 350 millions de francs.)

Le nombre des membres de son personnel a atteint cinquante mille, dont trente-quatre mille gagnent un salaire supérieur à 5 dollars par jour. D'ailleurs Ford annonçait déjà, en 1914, qu'aucun ouvrier mâle, dans sa maison, ne recevait moins de 28 dollars par semaine. En outre, la participation aux bénéfices leur est depuis longtemps assurée. Le premier, il adopta spontanément la journée de huit heures; il ne perd jamais l'occasion d'affirmer qu'étant donné les méthodes de travail adoptées dans ses ateliers, le rendement de l'homme travaillant utilement huit heures est supérieur à celui de l'ouvrier qui fait dix heures de présence à l'usine sous une direction médiocre et en se désintéressant du résultat de son effort.

Mais Ford ne s'en tient pas là; son ambition est d'employer plus de monde encore et d'arriver à produire annuellement un million de voitures. Pour cela, il se propose de remettre dans son affaire la plus grande partie de ses bénéfices. Déjà, le 4 juin 1915, il a porté le capital de sa société à 100 millions de dollars. Ainsi, à 375 dollars par voiture, il ferait un chiffre d'affaires de 2 milliards de francs; qui n'est approché par aucune société industrielle au monde.

Ces divers chiffres suggèrent bien des réflexions. Le nombre d'ouvriers occupés, dans les usines Ford, à la construction proprement dite ne dépasse pas trente-cinq mille. Le surplus sont des employés, des agents, des femmes, des maçons, etc. Chaque ouvrier exécute quatorze voitures par an. Si une usine moyenne, faisant mille voitures pouvait être comparée à celle de Ford, elle devrait fonctionner avec soixante-dix ouvriers et la main-d'œuvre à 30 francs par jour n'entrerait que pour 600 francs dans le coût d'une voiture, chiffre d'autant plus surprenant par sa modicité que, chez Ford, on fabrique absolument tout : les châssis, les roues, les moteurs, la carrosserie, les phares, etc. L'établissement reçoit du métal, du bois, du caoutchouc, du cuir et des verres à vitres, et il en sort des voitures ou plutôt cinq cent mille fois la même voiture. J'ai décrit dans *Notre avenir*[1] comment s'exécute le montage.

1. *Notre avenir* (librairie Payot).

La maison Ford n'est, d'ailleurs, que la plus énorme des trente-quatre fabriques d'automobiles concentrées à Détroit. D'importance très inégales, quelques-unes, comme Maxwell, construisent quatre vingt mille autos; d'autres qui font la voiture très soignée n'en livrent que quelques milliers par an; mais toutes ont adopté les méthodes et l'outillage du roi de l'automobile.

Les Américains, avec leur optimisme incoercible, n'hésitent pas à déclarer que bientôt chacune des vingt millions de famille de l'Union aura son auto, et que cet instrument deviendra aussi nécessaire à leur existence que le téléphone.

Déjà, on compte aux États-Unis une automobile par cinquante habitants, soit deux millions de voitures; leur diffusion est en accroissement de 36 p. 100 sur l'année précédente, et la valeur totale de ces véhicules est estimées à 4 milliards de francs. Cette industrie, disent-ils, tient le quatrième rang dans leur production, après les chemins de fer, l'agriculture et la métallurgie.

*
* *

Que deviendra, au travers de ce déluge des voitures américaines, la construction française ? Sans doute, après ces années de guerre, pendant lesquelles elle n'a rien pu exporter et a dû abandonner sa clientèle mondiale à l'envahissement américain, sa situation se présentera difficile. Le bon sens indique qu'elle devra, avant tout, maintenir ses qualités d'élégance et de fini. Si cette industrie, chez nous, a perdu de l'expansion, du moins elle a gagné de l'opulence, grâce aux fournitures qu'elle a faites à l'armée. Et ce n'est que justice;

Tour automatique à aléser les volants d'automobile.

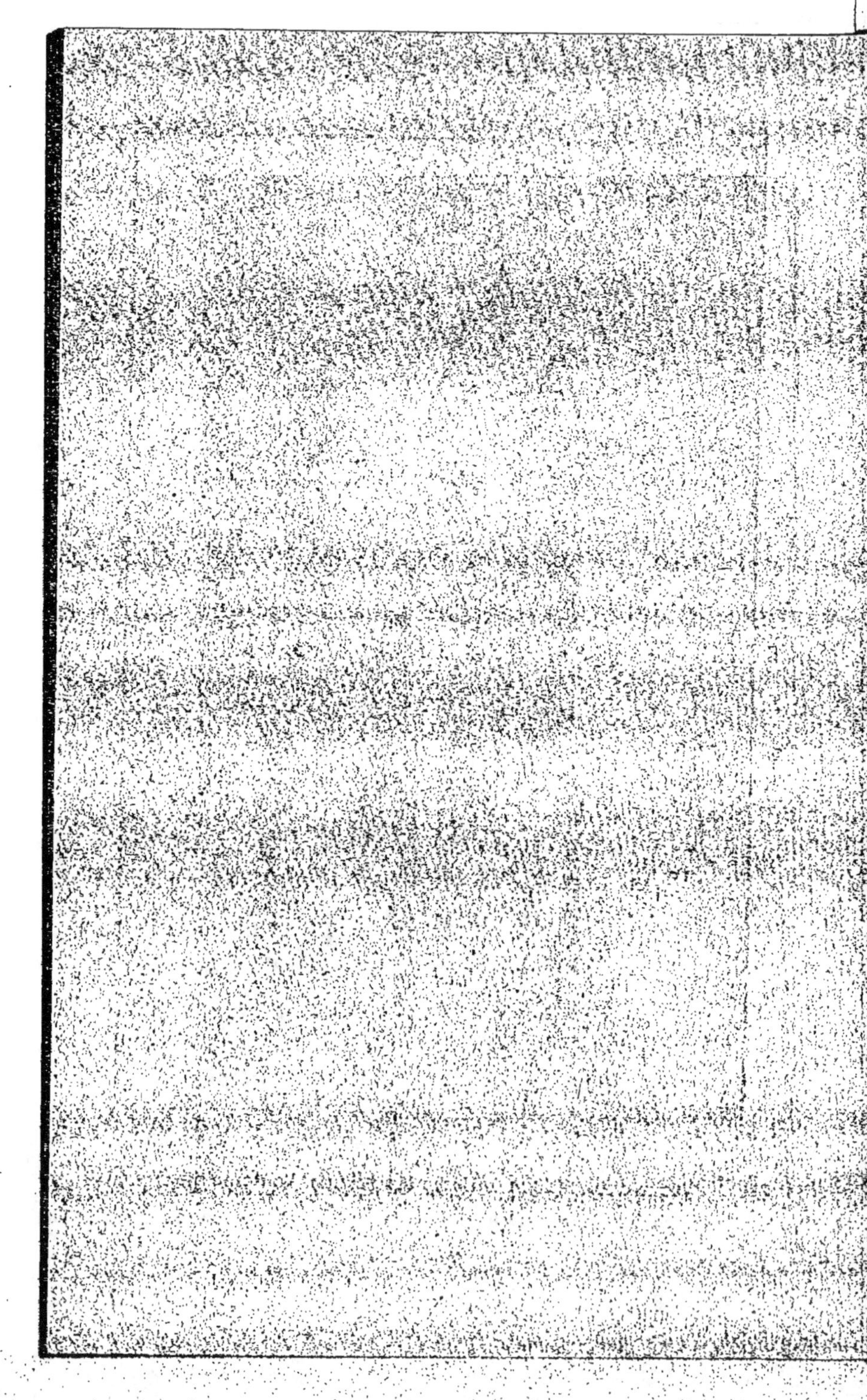

Usine Ford à Detroit. — Hôpital des automobiles après essais défectueux et quai d'embarquement.

sans elle la défense militaire était impossible. L'automobile n'a-t-elle pas sauvé la France à la bataille de la Marne !

Mais, malgré toute la perfection de son outillage, elle devra se perfectionner encore. Le soin dans l'exécution n'a rien d'incompatible avec l'organisation rationnelle du travail. Certes, Ford a réussi parce qu'il produit en grande série, mais aussi parce qu'il est le tayloriste le plus complet du monde entier. Il faut, il est indispensable que nos constructeurs soient aussi des tayloristes. Le temps est passé où on construisait une à une des voitures de luxe comme un sculpteur exécute une statue. La fabrication en série, la distribution logique du travail, l'étude des manutentions rapides et économiques s'imposent là comme partout ailleurs. Les constructeurs devront s'unir et chacun choisir son type spécialisé qu'il maintiendra uniforme, sauf les améliorations à y apporter ; les uns faisant la petite voiture, les autres les grands châssis, d'autres les camions. Ce n'est point entre les constructeurs français que la concurrence doit s'établir, mais entre eux tous et les constructeurs étrangers.

Quant aux fabricants de pièces détachées, d'accessoires, ils devront en réduire la diversité. A quoi bon les modèles innombrables de radiateurs, de capots, de boîtes à vitesse, sinon à en augmenter le prix de revient? Le mot de standardisation doit être le mot d'ordre de tous nos techniciens; aussi bien l'unité de type, l'interchangeabilité facilite-t-elle singulièrement les réparations.

Même dans l'outillage déjà si amélioré, il y a encore des progrès à accomplir. J'ai vu fonctionner à Détroit un type d'outil merveilleux, qui coûte, d'ailleurs, 14 000 dollars, auquel on remet un volant de moteur brut de fonte, pas même ébarbé et qui rend automatiquement un volant tourné, alésé, rodé, poli, percé de ses trous de boulon et de sa rainure à clavette. L'opération dure une minute et quart, et six unités y sont soumises à la fois. Nous n'avons rien de semblable ici, et cependant cet outil peut aussi bien s'appliquer à la construction d'une voiture de grand luxe qu'à une Ford de 2 000 francs. Toute la question est d'avoir à tourner assez de volants du même modèle pour justifier l'achat d'un tel appareil. Il en est de même de beaucoup d'autres.

Il faut encore que nos constructeurs aillent se rendre compte comment leurs rivaux de Détroit aménagent leurs ateliers, car ces derniers attribuent à la disposition des locaux une influence capitale sur le coût d'exécution.

Enfin, ils ont la prétention d'être nos maîtres pour l'harmonie et l'homogénéité de résistance de toutes les parties de la voiture.

Quand on demande à Ford dont les voitures font un bon service, mais ne supportent pas les réparations, par où elles périssent :

« Par tous les organes à la fois, répond-il fièrement ; plus rien ne tient. »

Ça, c'est le dernier cri du Taylorisme.

CHAPITRE XIV

Les Américains en France

Notre disette de capitaux. — Un article de foi de nos financiers. — L'invasion pacifique américaine. — Hôteliers, garde à vous ! — Nos ressources cachées. — Plus d'industries d'État. — A chacun selon ses œuvres. — Nos futurs associés. — Celui qui fut un chef : Abraham Lincoln. — Heureux peuple !

Lorsque les difficultés de la paix succéderont aux horreurs de la guerre, bien des constatations qui ne sont apparues qu'à quelques-uns parmi nous, éclateront aux yeux de tous.

La première sera qu'il ne suffit pas de sortir victorieux d'une telle lutte pour que soient faciles à réparer les désastres qu'elle aura produits. Le véritable vainqueur sera celui qui se relèvera le plus vite de ses ruines.

De l'argent, des outils, des hommes, et une tête pour commander la manœuvre, voilà ce dont chaque peuple belligérant aura l'impérieux besoin. Nous savons dès aujourd'hui que ces quatre éléments nous font défaut.

Rares seront les capitaux. Ne l'étaient-ils point déjà bien avant la guerre ? J'entends les capitaux à la disposition du travail. Depuis longtemps nos économies avaient coutume de prendre le chemin de l'étranger. C'est un fait que personne ne nie, pas même les établissements de crédit qui en étaient les convoyeurs intéressés; cet exode, ils l'avaient mis à la base de leurs opérations financières.

Un jour, il y a bien des années, à l'assemblée générale du Crédit Lyonnais, un actionnaire demanda au président du conseil d'administration, M. Henri Germain, pourquoi cet établissement employait ses fonds disponibles à tant d'émissions étrangères, au lieu de soutenir l'industrie et le commerce français. M. Germain lui fit alors cette réponse bien souvent citée :

« Nous n'entrons pas dans cette voie pour plusieurs raisons. D'abord, pour qu'une affaire marche bien, il faut qu'elle soit dirigée par des hommes capables; et nous n'avons pas la prétention d'avoir autour de nous des milliers de gens capables de diriger une affaire. Nous éprouvons nous-mêmes beaucoup de difficultés pour en diriger une, et ce n'est pas toujours facile.

« Il faut, pour qu'une affaire soit bonne, que la direction soit parfaite; et les directeurs capables sont très rares : un dixième, c'est déjà énorme. La prétention de trouver autant de gens capables est une pure utopie qui a ruiné tous ceux qui ont voulu entrer dans cette voie. Si nous voulions placer sous vos yeux la quantité de banquiers et de financiers qui ont déposé leur bilan dans ces conditions, vous en seriez effrayés.

« Quant à nous, nous ne voulons pas en arriver à déposer notre bilan, nous vous le disons franchement... »

Doit-on s'inscrire en faux contre les paroles d'Henri Germain, qui fut un financier de tout premier ordre?

Personne ne porta jamais un jugement plus sévère contre nos négociants et nos industriels. Il ne paraît pas qu'aucun d'eux l'ait jamais relevé, et cette formule devint un article de foi pour toute la grande finance française. Le commerce et la production y adhérèrent puisqu'ils ne cessèrent pas de lui apporter leurs économies, leurs réserves et leurs fonds de roulements à tel point que les comptes courants créditeurs allaient toujours croissant et s'élevaient à des chiffres fabuleux, auprès desquels les disponibilités des quelques banquiers régionaux, qui soutenaient jadis les affaires locales, pouvaient passer pour négligeables.

Le silence que gardent en ce moment les établissements financiers, l'absence chez eux de bureaux sérieux d'études industrielles et le refus qu'ils ont apporté aux demandes d'avances des personnalités industrielles les plus éminentes des pays envahis, n'autorisent personne à espérer que leurs procédés bancaires seront modifiés en quelque façon dans l'avenir.

Par contre les Américains, je puis le garantir, ne demandent qu'à nous aider. Et d'abord, avant de recevoir les avances de leurs financiers, la France palpera les dollars de leurs touristes. Il est peu d'Américains à cette heure qui ne caressent le projet de venir en France après la guerre; et pour eux un projet tourne vite en réalité. Leur curiosité ou plutôt leur sympathie sont attirées par le spectacle sans précédent que présenteront les lieux où nous combattons avec cet héroïsme qui soulève leur admiration. Ils vérifieront de leurs yeux les dévastations systématiques dont on leur a parlé et que nos ennemis ont eu le cynisme de nier.

En outre, ils auront été dans la formidable lutte, des

travailleurs de l'arrière qui viendront contempler l'œuvre
de leurs aciers et de leurs explosifs. Mais surtout ils
arriveront en amis nous féliciter de la victoire, combien
chèrement achetée. Fasse Dieu qu'ils trouvent des
navires pour s'embarquer! Plaise à nos hôteliers d'avoir
assez de logements, confortables surtout, à leur offrir!
Et ils viendront par centaines et centaines de mille.
A 1 000 dollars par touriste, ce qui est peu, nous pouvons récupérer là plusieurs milliards. Ce seront nos
premières rentrées.

Ainsi les hôteliers français tiendront, en quelque
sorte, et sans s'en douter, dans leurs mains, les destinées
économiques de notre pays. Toutefois si ces clients
généreux, mais exigeants, ne trouvaient pas dans ces
établissements le confort et la tenue auxquels ils sont
accoutumés, ils fuiraient en Suisse, quelques-uns
même vers l'Allemagne, où leur seraient offerts en
abondance les avantages qu'ils recherchent, et dès lors
ce serait la porte ouverte à des éventualités fâcheuses
pour nous. Qui nous assure qu'un tel contact entre les
Américains et nos ennemis ne renverserait l'échafau-
dage d'espérances conçues par nous? On arrive à
prendre les goûts et les habitudes des pays où l'on sé-
journe, ces pays fussent-ils l'Autriche et la Germanie.
Jusqu'à présent nos amis des États-Unis ont été préservés de tout penchant vers l'esthétique et la vie allemandes; il importe qu'ils n'aillent pas subir sur place
cette influence. A nos yeux, leur pénétration dans l'Europe occidentale doit au contraire, raffermir encore
leur goût pour la civilisation française. Nous avons à
leur faire connaître notre vieille patrie avec tout ce
qu'elle renferme de pittoresque, de délicat et d'artis-

tique, trésors dont nous-mêmes méconnaissons trop la valeur unique au monde.

Il faut connaître l'intérêt passionné que l'Américain d'aujourd'hui porte à nos richesses d'art, pour se rendre compte de l'ardeur qu'il mettra à les passer en revue. Vieux bibelots et vieilles pierres, il admirera tout et voudra tout avoir. Ne nous en effrayons point : ce sera la maîtrise française qu'il emportera à son foyer ; elle y régnera.

Mais, comme chez le Yankee l'homme d'affaires ne s'isole pas du voyageur, il verra aussi ce que notre territoire recèle de ressources inexploitées. Ses initiatives hardies s'allumeront à ce coup d'œil et cette invasion pacifique sera le prélude d'une foule d'entreprises.

Ici je me fais un devoir de signaler d'avance à nos amis d'Amérique une utile précaution. Leurs capitaux sont attendus et guettés par une légion d'aigrefins qui songent à les happer. Je connais telle mission officielle qui alla les relancer jusqu'au fond du Canada. Nos visiteurs devront s'en garer.

Préparons dès aujourd'hui des comités techniques, sérieux pour étudier et présenter les affaires sur lesquelles le capital américain pourra s'employer avec sécurité. Si habiles qu'ils soient, les financiers d'un pays étranger ont besoin de guides sûrs et compétents. Pour peu qu'ils deviennent victimes de metteurs en scène sans scrupules, le bruit s'en répandra et c'en sera fait de leur précieux concours.

J'entends les récriminations : les Américains viendront à notre propre foyer nous frustrer du bénéfice que devraient assurer aux seuls Français des entreprises françaises. Pauvre objection! puisqu'ils ne partageront avec nous que les ressources que nous avons négligé, volontairement ou par impuissance, de mettre en valeur, ou bien que nous avons si médiocrement exploitées que le patrimoine public en profite mal.

Ne craignons point que les Américains s'attaquent, pour les écraser, à celles de nos affaires qui sont bien conduites. La logique de leur réflexion les oriente toujours vers celles où une lacune, une fissure entrevues leur permettent de réussir sans concurrence dangereuse. Cette mentalité mérite d'être mise en vedette.

Chez nous, comme en tout pays latin, il est de tradition invétérée que, lorsqu'une place est vide, personne n'en veut, mais que, si quelqu'un vient à l'occuper, tout le monde s'y précipite. Tant qu'une industrie manque dans une cité, nul n'y songe; vienne un homme qui l'entreprend et y réussit, dix concurrents surgissent pour l'empêcher de prospérer, sans prospérer euxmêmes. L'Américain, au contraire, qui voit une installation solidement campée s'en détourne et cherche autre chose. C'est la bonne méthode.

Lors donc que les Américains viendront en France, ils n'entreprendront de concurrencer que les entreprises mal venues ou mal dirigées; tant pis pour elles mais tant mieux pour le pays.

Partout où se créeront des affaires américaines on verra s'élever des installations supérieurement agencées, telles que celles qu'il m'a été donné de voir chez eux et de décrire ici, qui seront d'admirables modèles pour nos sociétés et nos ingénieurs. Apportant avec eux leur cortège de procédés expéditifs et de matériel perfectionné, les Américains nous les montreront en action et cet exemple nous sera plus suggestif que tous les préceptes enseignés dans les écoles.

Leurs méthodes de travail audacieuses, et cependant précises, nous étonneront d'abord parce que nous n'y croyons pas encore, mais bientôt nous les imiterons pour notre plus grand profit.

Sans doute ils se heurteront chez nous à un outillage public défectueux, en retard d'un demi-siècle sur le leur; et leur surprise sera grande de voir que ceux qui l'ont créé le maintiennent jalousement, sans que leur obstination ait pu même être entamée par les événements actuels.

Ports, arsenaux, poudreries, usines de l'État, formations sanitaires, procédés de fabrication et de transport, services géographiques, méthodes de travail, tout est apparu insuffisant et démodé dès les premiers jours de la lutte. Ce fut une faillite générale des services publics; et bien que le génie d'improvisation de nos industries privées ait sauvé la France, l'aveuglement de nos corps administratifs, non seulement refuse d'en convenir, mais repousse encore avec hauteur les collaborations compétentes étrangères à leurs petites églises. Ils n'ont rien oublié ni rien appris. Par là ils ont trompé nos chefs et mis la défense nationale en péril. Qu'ils s'attendent bien à ce que la littérature qu'on écrira sur la guerre soit sévère à leur insuffisance! — Les Américains ont caractérisé cela d'un mot que je lis dans le *Scientific American* : « La guerre, en Europe, a été funeste à la science pure. »

Leurs procédés sont diamétralement opposés; le relief du contraste frappera les imaginations; la différence, quant aux résultats, entre l'organisation améri-

caine et l'absence de méthode de nos théoriciens, cul-
butera leur tyrannie. On comprendra enfin qu'il ne
faut confier aux services de l'État aucune industrie
monopolisée, sous peine de la condamner à déchoir.

Quant à nos ressources naturelles, qu'une certaine
école politique maintient pour nous sous le verrou, il
est vraisemblable qu'on en donnera l'accès aux capitalistes américains, comme on l'avait fait naguère aux
financiers allemands. Pour être démagogue, on n'en
est pas moins déférent envers le prestige des millions.
Les trésors que la France renferme pourront enfin
sortir de terre.

Et le danger d'absorption, si menaçant de la part des
Allemands, sera nul avec les Américains. Ils accueille-
ront, rechercheront même nos collaborations avec un
empressement égal au dédain mêlé de pitié avec lequel le Teuton les repoussait. Tout ce que les Allemands implantaient chez nous était allemand; les
créations des Américains seront franco-américaines.
Ils ont maintenant en haute estime, je le répète, le
mérite et la science de nos ingénieurs civils.

Assurément, leur manière de les choisir ne cadrera
pas avec les traditions dont nos officiels sont jaloux.
L'examen, auquel les Américains soumettent les
hommes, est celui de leurs actes, et non la justification
de connaissances plus ou moins bien digérées. Mais
quand ils se sont assurés ainsi de leur valeur réelle,
aucune rémunération ne leur semble trop élevée pour
reconnaître leurs services. Les États-Unis sont la
nation où toujours l'homme est payé ce qu'il vaut.

En France nous n'avons à peu près jamais connu
cette aubaine. On se plaignait, non sans raison, que

sous l'ancien régime les places se donnassent à la
faveur; parmi nos millions de fonctionnaires ou d'employés combien pourraient témoigner qu'ils ne doivent
pas leur avancement à des protections?

Et, le même principe, les Américains l'appliquent à
tout le monde du travail. Dès les premiers contacts, les
théories dont on a bourré le crâne de nos ouvriers
chancelleront surleurs bases factices, et quand ces derniers verront qu'un travail consciencieux et soutenu
leur procure des salaires inespérés, nul doute qu'ils ne
jettent au rancard les sophismes égalitaires qui, sans
leur procurer de bien-être, interdisent à celui qui les
fait vivre de prospérer comme il y a droit. L'ouvrier
français, délivré des insinuations perfides, est assez
intelligent pour comprendre et adopter la mentalité de
ses camarades, de par delà l'Atlantique, qui reconnaissent que les industries fortunées engendrent les
salaires avantageux. Ils sentiront qu'il est contraire au
bon sens de faire au capital une guerre ouverte ou
sourde, puisque partout où fait défaut le capital, l'individu sans ressources est obligé de s'expatrier ou de
mourir de faim.

Prendre à tâche de niveler les fortunes privées au
lieu d'accroître la fortune publique, est une manœuvre
de politiciens et non un geste de patriotes.

Enfin, si nous voulons bien confesser qu'il y avait
depuis longtemps en France un laisser aller, une
imprévoyance et une étroitesse de vues qui paraly-
saient nos facultés, nous reconnaîtrons sans hésiter
que la pénétration parmi nous de représentants nombreux de l'énergie, de la hardiesse et de l'ampleur de
conceptions américaines, sera un bienfait national et

que le partage de bénéfices, que d'ailleurs nous n'aurions jamais réalisés sans leur concours, ne saurait être jugé trop onéreux.

Quelle inappréciable influence exerceront sur nous ces hommes pour qui la course aux entreprises et aux progrès est un sport enivrant !

Quelle objection pourrait-on faire ? Tout le monde reconnaît aujourd'hui, après l'avoir méconnu, qu'il nous faudra tirer de l'étranger une masse incalculable d'objets ; ne vaut-il pas mieux appeler nos fournisseurs à les venir fabriquer ici, afin qu'ils répandent sur nous la manne bienfaisante de rémunérations élevées, que de sacrifier pour obtenir ce qui nous est nécessaire le peu d'or qui nous restera?

Mais, lorsque les Américains viendront parmi nous, si beaucoup d'entre eux s'implantent plus profondément dans le sol français, vivant la même vie que nous, ils ne tarderont pas à découvrir les vices de nos institutions, les erreurs de notre politique, l'incohérence de notre état social. Alors une pitié mêlée de sollicitude les remuera, autant par intérêt personnel que par amitié pour nous. Ils nous exhorteront à nous amender.

Ils nous enseigneront qu'eux aussi ont passé, il y a un demi-siècle, par de sanglantes et presque mortelles épreuves ; ils nous diront qu'à cette époque l'Union Américaine fut sauvée par le plus illustre de ses hommes d'État après Wasinghton, celui dont tout Américain, quand il est dans la peine ou l'anxiété, invoque le souvenir, Abraham Lincoln ; ils nous liront, comme me le lisait dernièrement un ami, ce passage magnifique d'un discours prononcé par un professeur de l'Université de Colombia, qui servira de conclusion à cet ouvrage que je souhaiterais être utile aux Français de notre temps.

« La philosophie de la vie d'Abraham Lincoln est restée la grande directrice de l'âme américaine. Sa raison et son intelligence étaient telles, que cinquante ans après son assassinat, il est encore le maître supérieur de la réalité dans la vie américaine.

« Non seulement il savait gouverner, mais il savait gouverner vers un but.

« Le plus merveilleux pilote de l'ère moderne a été ce nautonier illustre. Depuis le moment où il s'est embarqué dans un frêle esquif sur le Mississipi jusqu'à l'heure où il périt sur l'écueil de l'assassinat, il a toujours su prendre la responsabilité de la direction des hommes.

« Regardez quelle image impressionnante et juste il a tracée des êtres qui s'agitent sur l'océan de la vie.

« Lincoln classait les hommes en trois catégories : les maîtres de la réalité, ceux qui naviguent, sachant où ils se dirigent ; les esclaves de la réalité qui flottent au caprice des circonstances ; les dupes de l'irréalité qui ne savent ni naviguer, ni flotter et vont au fond de l'abîme.

« La maîtrise avec laquelle Lincoln a gouverné notre nation à travers une époque plus difficile peut-être encore que celle que traverse aujourd'hui l'Europe, peut être donnée en exemple aux chefs d'État de tous les pays.

« Heureux le peuple, qui lorsque tout semble se dissoudre, sait trouver dans son sein un Abraham Lincoln ! »

Je me fais un strict et agréable devoir de remercier ici toutes les personnes dont la bienveillance a facilité mon enquête. En aucun pays je n'ai rencontré autant d'empressement et de cordialité qu'aux États-Unis pour mener à bien une pareille tâche.

Outre que les renseignements y abondent et sont soigneusement tenus à jour, chacun s'efforce de vous montrer tout ce qui peut vous instruire.

La première récompense d'un tel accueil est l'admiration du visiteur.

Qu'on me permette de citer parmi ceux à qui va ma reconnaissance le brillant et hautement sympathique représentant de la France, mon camarade d'enfance, Jusserand, qui m'a fait connaître les splendeurs de Washington et les plus éminentes personnalités qui y résident;

Notre compatriote, Léopold Duplan, à qui je dois d'être allé aux États-Unis, car j'étais certain d'y trouver un ami, et de m'avoir appris ce qu'est une fabrique modèle de soieries, puis quelles richesses renferme ce prodigieux État qui s'appelle la Pensylvanie, l'avisé directeur de ses usines, M. le directeur Buhler, qui m'a fait apprécier en sa personne un grand chef d'industrie américain;

M. Blum, avec qui j'ai parcouru les interminables ateliers de tissage, de teinture et d'apprêts de Paterson;

Mon jeune camarade, l'ingénieur Paul Isaac, de Lyon, que 3o centimètres de neige n'ont pas empêché de me conduire d'une main sûre à travers la Nouvelle-Angleterre;

Un autre Lyonnais, M. Darte, ingénieur à Welland (Canada), qui m'a montré comment on fabrique en grand, autour du Niagara, les alliages de métaux au four électrique;

M. Turnhauer, qui vint tout exprès de New-York pour me promener à Détroit dans les immenses manufactures d'automobiles de Ford et de Maxwell, et à Chicago, au sein de la vie américaine poussée au paroxysme de l'activité;

Mes camarades Hedde, ingénieur à Gary, et Négrier à Philadelphie, l'apôtre infatigable des procédés Taylor;

Enfin, mon vieil ami, l'ingénieur G. R. Blot, qui m'aida à dépouiller ici la volumineuse documentation grâce à laquelle je peux garantir au public l'exactitude de tout ce qu'il vient de lire.

Table des Matières

Pages.

DÉDICACE IV
PRÉFACE. V

Chapitres.

I. — L'Américain 1
II. — A travers les villes 21
III. — L'Industrie américaine 52
IV. — L'Enseignement technique 75
V. — Les Chemins de fer 102
VI. — La Navigation et les ports. 128
VII. — Le Niagara et l'industrie électrique 143
VIII. — Le Taylorisme 162
IX. — Les Assurances préventives contre l'incendie . . . 187
X. — La Métallurgie aux États-Unis 200
XI. — Les Soieries aux États-Unis 216
XII. — La Maison d'éditions Curtis. 243
XIII. — L'Automobile en Amérique 258
XIV. — Les Américains en France. 267

Imprimerie de J. Dumoulin, à Paris.

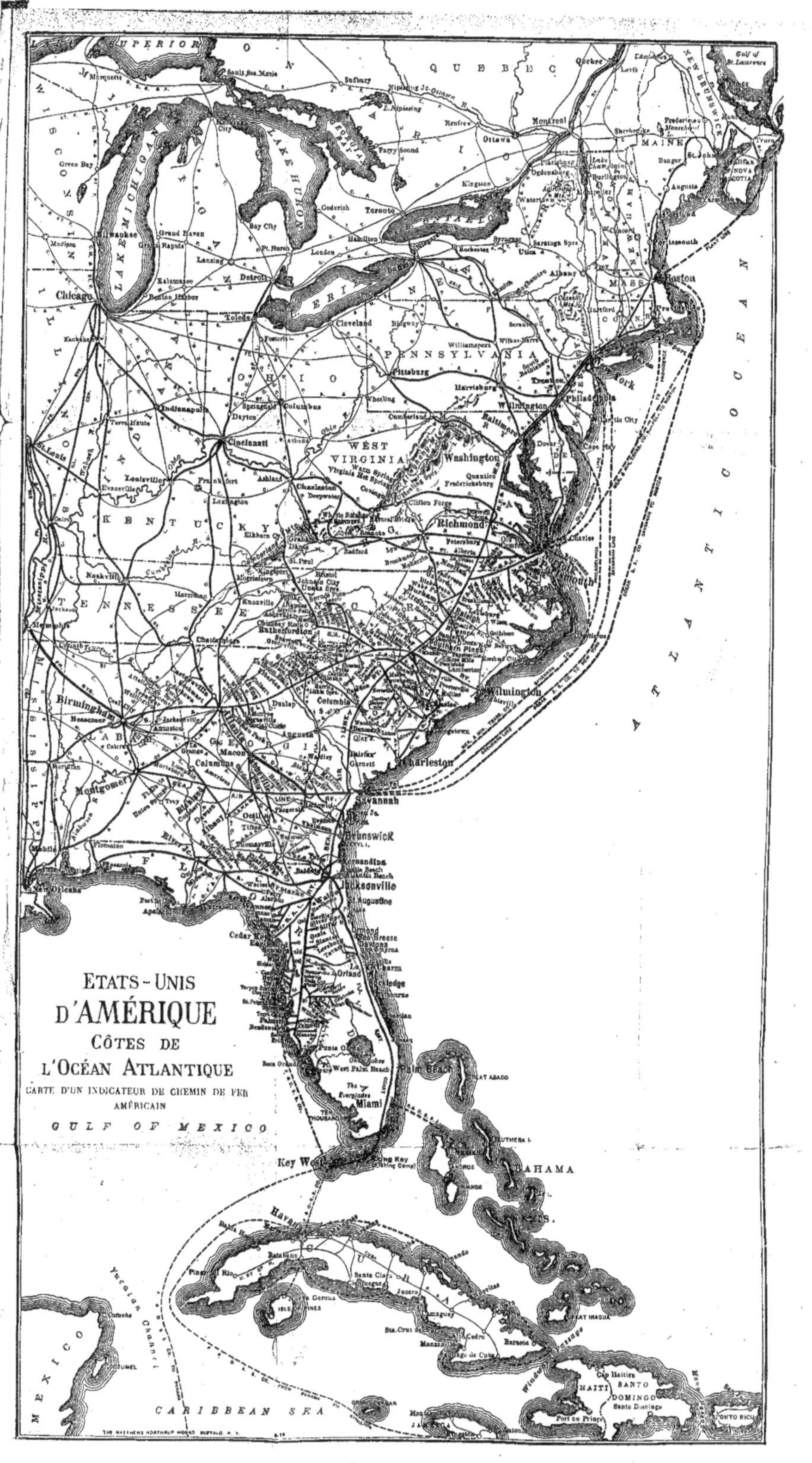

ETATS-UNIS
D'AMÉRIQUE
CÔTES DE
L'OCÉAN ATLANTIQUE
CARTE D'UN INDICATEUR DE CHEMIN DE FER
AMÉRICAIN

www.ingramcontent.com/pod-product-compliance
Lightning Source LLC
LaVergne TN
LVHW050204030726
842520LV00002B/387